本书系 2019 年度教育部人文社会科学青年基金项目“亚投行贷款条件性制度设计与‘一带一路’倡议实施研究”（19YJC820055）和广东省 2018 年普通高校特色创新类项目“‘一带一路’倡议下国际基础设施融资的法律风险与对策”（2018WTSCX094）的研究成果。

法｜学｜研｜究｜文｜丛

——国际经济法——

# 国际金融机构贷款条件性法律问题研究
## 以 IMF 和亚投行为视角

王　萍◉著

知识产权出版社
全国百佳图书出版单位
——北京——

**图书在版编目（CIP）数据**

国际金融机构贷款条件性法律问题研究：以 IMF 和亚投行为视角 / 王萍著．—北京：知识产权出版社，2022.9

ISBN 978－7－5130－8296－9

Ⅰ．①国…　Ⅱ．①王…　Ⅲ．①国际金融体系—银行法—研究　Ⅳ．①F831②D996.2

中国版本图书馆 CIP 数据核字（2022）第 147648 号

**责任编辑：**彭小华　　**责任校对：**潘凤越

**封面设计：**智兴设计室　　**责任印制：**刘译文

**国际金融机构贷款条件性法律问题研究：以 IMF 和亚投行为视角**

王　萍　著

**出版发行：**知识产权出版社有限责任公司　　**网　　址：**http：//www. ipph. cn

**社　　址：**北京市海淀区气象路 50 号院　　**邮　　编：**100081

**责编电话：**010－82000860 转 8115　　**责编邮箱：**huapxh@ sina. com

**发行电话：**010－82000860 转 8101/8102　　**发行传真：**010－82000893/82005070/82000270

**印　　刷：**天津嘉恒印务有限公司　　**经　　销：**新华书店、各大网上书店及相关专业书店

**开　　本：**880mm×1230mm　1/32　　**印　　张：**10. 125

**版　　次：**2022 年 9 月第 1 版　　**印　　次：**2022 年 9 月第 1 次印刷

**字　　数：**262 千字　　**定　　价：**78. 00 元

ISBN 978－7－5130－8296－9

# 英文缩略语

CESCR：Committee on Social，Economic，Social and Cultural Rights 经济、社会及文化权利委员会

CFF：compensatory financing facility 补充性贷款便利

CCL：contingent credit line 临时信贷安排

ESAF：enhanced structural adjustment facility 加强结构性调整便利

ECOSOC：Economic and Social Council 经济及社会理事会

ESF：exogenous shocks facility 外部冲击贷款

FCL：flexible credit line 灵活信贷安排

GAB：general arrangement to borrow 借贷总安排

ICCPR：International Covenant on Civil and Political Rights《公民权利和政治权利国际公约》

ICSID：The International Center for Settlement of Investment Disputes 国际投资争端解决中心

ICESCR：International Covenant on Economic，Social and Cultural Rights《经济、社会及文化权利国际公约》

IMF：International Monetary Fund 国际货币基金组织

NAB：new arrangement to borrow 借贷新安排

PRGF：poverty reduction and growth facility 减少贫困和发展便利

SAF：structural adjustment facility 结构性调整便利

SAPs：structural adjustment programme 结构性调整项目

SDRs：the special drawing rights 特别提款权

STLF：short-term liquidity facility 短期流动性贷款

# 自　序

新冠肺炎疫情延缓了世界经济复苏的进程，增加了地缘政治变数，也对国际货币体系走向产生深远影响。在一系列不利因素的影响下，近来全球金融治理日趋走向分裂，国际储备货币格局多元化进程不断加快。在“逆全球化”抬头背景下，如何推动构建有利于中国的国际金融治理格局，是值得我们认真思考的重大问题。国际金融机构贷款问题是国际金融体系的重要组成部分，也是影响国际金融治理的首要问题，对该问题开展研究，在当前国际金融体系加速演变的形势下，极为重要且具有相当的紧迫性。亚洲基础设施投资银行（以下简称亚投行）作为中国“研发”的国际公共产品且作为“一带一路”建设融资的主要平台，贷款条件的合理设置有利于贷款项目的可持续发展，也有助于人民币的国际化进程。

国际金融机构“条件性”是多边金融机构贷款的重要特征。IMF 贷款条件性是 IMF 贷款资助职能下最为显著的特征，它是 IMF 为“保障”资金安全而要求成员方采取的一系列政策和要求。由于 IMF 贷款条件的独特性，它往往成为其他多边金融机构贷款渠道是否准予的“模板”或者“前置要求”，具有一定的参考价值。2015 年，在中国倡议下，亚投行成立，并成为“一带一路”建设融资的重要平台。与其他多边开发金融机构相比，亚投行是一家侧重于基础设施建设融资且尽量降低政治贷款条件性的政府间国际金融机构，旨在为区域基础设施发展提供更多高质量的项目融资，促进区域内基础设施互联互通。这既是对现有国际金融安排的补充，也是国际金融的重大创新。把亚投行贷款条件性法律问题放在多边金融机构贷款条件性法律问题框架下，并结合“一带一路”倡议的实现要素进行研究，才能探索出融资需求符合“亚洲口味”、操作方式符合“中国本位”的贷款条件性法律制度。

“一带一路”倡议的充分实现，需要深入研究基础设施建设投融资规则的最新动向，本书以传统国际金融机构为基础，以亚投行为先锋，积极探索国际货币体系变革，为国际金融机构贷款条件的设置提出了既有利于全球金融治理又有利于中国的方案。希望本书能为“一带一路”倡议下亚投行贷款条件设置提供智力支持，笔者也将继续为我国参与国际金融治理献计献策。

王萍

2022 年 5 月 6 日

# 目录

CONTENTS

# 导　论

## 一、选题背景和意义

贷款条件性是一个涉及法律、政治、经济、历史等问题的复杂结构体，其存在不仅牵动着贷款申请方的敏感神经，也关乎整个国际社会、地区的金融秩序稳定。亚洲基础设施投资银行（以下简称亚投行）作为一个刚成立不久的政府间多边开发机构，如何对待贷款条件性是如今最为迫切需要解决的问题。国际货币基金组织（International Monetary Fund，以下简称IMF）贷款条件性问题为亚投行贷款条件设置提供了有益借鉴，具有一定的参考价值。

IMF作为布雷顿森林体系的产物，一直致力于执行其“稳定各国汇率，鼓励国际贸易”的伟大构想。但伴随着布雷顿森林体系的解体及牙买加体系的建立，IMF逐渐从一个单纯的货币金融组织转变为重要的国际经济组织，在全世界范围内通过对各国货币汇率政策实行严格监督，并协调成员方的经济政策，来实现其宗旨和目标。由于各国货币政策的运用被视为国家主权范畴，除非如欧洲央行那样拥有特别授权，否则像 IMF 和世界银行这样的国际组织，很难直接对成员方的货币政策进行有效干预。并且，浮动汇率已成为极端的周期性不稳定根源，其中受金融危机打击最大的往往是发展中国家和欠发达国家。对此，IMF 在面对成员方国际收支困难时，通过提供类型多样的贷款，以帮助成员方恢复国际收支平衡。由此，IMF 便从无权干涉一国货币政策，便转为要求成员方在接受 IMF 贷款时遵循一定的条件性，如削减财政赤字等要求。这些附加的贷款条件性对国家主权、人权的实现产生了巨大影响，进而也促使 IMF 不可忽视其对贷款条件性制定和实施过程中的可问责性问题的研究。

尽管 IMF 认为这种贷款条件性的设置是为了“合理保障”贷款实施，但由欧美国家主导下的 IMF 对新兴市场国家提出的改革却并未获得预期的效果，为此 IMF 贷款条件性改革迫在眉睫。国际货币体系的改革伴随着 IMF 的改革，更为准确地讲，IMF 改革的成效决定着国际货币体系的命运。后新冠肺炎疫情时代，各国经济缓慢复苏，然而国际社会对于贷款的需求却有增无减。面对 IMF 贷款所呈现出的种种问题，IMF 应在新金融形势下不断改革贷款条件性的设置、实施、评估、保障等内容。除了 IMF 自身治理结构的改革外，多边开发金融机构、跨国银行在后危机时代蓬勃发展，不仅在一定程度上补充了 IMF 等国际金融机构贷款资源不足和分配不对称性等问题，而且对地区经济发展和全球金融繁荣都起了巨大的推动作用。中国作为世界比较大的经济体之一，尽管国际收支状况良好且拥有雄厚的外汇储备，但是仍肩负着重大的金融危机预防与应对的任务。中国不仅应积极推动 IMF 改革，而且应该推动亚投行贷款条件设置以实现全球金融治理中话语权和决策权的提升。

## 二、选题动机与目的

在上述背景下，之所以选择对 IMF 及亚投行贷款条件性进行专门研究，主要基于以下几个方面的原因：

一是 IMF 仍是成员方面临国际收支失衡时最为重要的贷款提供者之一。依据《国际货币基金协定》（以下简称《IMF 协定》）第 1 条第 5 款规定，IMF 职能之一便是为成员方暂时提供贷款支持，以纠正成员方国际收支失调。IMF 作为“二战”后布雷顿森林体系下重要的国际货币机构，担负着振兴全球经济的重任。IMF 成立之初，其贷款支持对象主要为“二战”后发达国家，之后随着发达国家经济复苏和牙买加体系的建立，贷款对象转向欠发达国家，而 IMF 贷款条件性便转而成为大国利益输出的渠道。尽管能够提供贷款资金的金融机构很多，但成员方却仍需以获得 IMF 贷款作为确认其本国信用的基础，由此导致当一国出现国际收支困境时往往不得不先寻求 IMF 的资助。由于 IMF 贷款条件性是某些多边金融机构批准贷款的准则与前提。因此，研究国际经济贷款资助离不开对 IMF 贷款条件性的研究。

二是随着人民币正式加入 IMF 特别提款权（SDR）货币篮子，亚投行作为我国“一带一路”倡议的重要组成部分，拥有切实可行的贷款条件方案是亚投行今后能长久运行的保障。首先，本书的研究成果将包括丰富的多边金融机构的贷款资助数据、案例、法律分析和应对之策，从而为我国的外交决策提供智力支撑。其次，党的十八届六中全会提出“打造亚投行新平台”的目标。积极推进亚投行建设，这就需要我国联合主要的成员方制定合理的贷款制度。本书将从宏观、中观、微观三个层面对亚投行贷款条件性设置的可行性、适用路径及具体方案进行分析，使结论既有理论上的支撑，又有方向上的指导，还有制度上的设计，变千篇一律的适用为主动的超前性研究，使之能直接服务于亚投行的宗旨。最后，21 世纪以来，贷款条件性出现了一些新的发展趋势。本书将在 IMF 贷款条件性法律分析基础之上，提出一系列针对亚投行贷款条件设置的制度建议。

三是形势逼人。一方面，中国虽拥有大量的外汇储备和平稳的国际收支状况，但作为世界比较大的经济体之一，不能认为中国永远不会面临短期性国际收支不平衡或特殊领域收支困难的状况。为此，中国除积极推动 IMF 改革外，更应有前瞻意识，深入研究 IMF 贷款条件性有关问题，适时依靠亚投行提升本国应对金融危机的能力。另一方面，随着中国货币宽松政策的推动以及资本账户逐渐地自由化，人民币国际化将使中国面临更多的金融风险，但世界银行项目援助已不足以满足中国经济转型的需要，只有借助和吸收 IMF 及其他多边机构贷款资助上的有关经验和教训，才能使亚投行在推动中国经济发展和全球金融稳定中发挥更为强劲的作用。

四是国内外研究的不足。国外学者针对 IMF 贷款条件性研究虽有专著论及，但是往往更多的是对该制度本身的研究，对条件性影响对象如国家主权、国际人权等的研究则明显不足。国内研究方面则没有发现对 IMF 贷款资助机制的专门性著作，与国际公法、国际人权法相结合进行研究的也甚少。虽然国外很多论著都提到了与本书研究内容相关的问题，但是存在没有抓住关键、研究深度不够、问题层次不够清晰、缺乏对问题的提炼和系统性视角缺位等诸多方面的问题。这也许与一些学者研究的侧重点有关系，但总体上看，与国际社会愈加强烈的预防金融危机的积极性和贷款资助需求日益增长相比，这种研究上的缺乏似乎难以适应现实发展的需要。经过一段时间的研究，发现 IMF 贷款资助随着 IMF 改革的不断深入和职能的不断扩大，“条件性”本身与其所起的实际作用存在严重矛盾之处。只有对 IMF 贷款条件性进行研究，才能认清和解决其中的问题。另外，以研究 IMF 贷款条件性为参考，分析亚投行贷款条件所产生的实际法律效果，评估条件性本身所蕴含的法律意义，对于辩证认识亚投行贷款资助的作用至关重要。如果能从国际法渊源、程序与实体等角度入手，探清亚投行贷款条件的本质属性，认清亚投行贷款在金融危机处理中的真正作用，再结合有关实践对其进行考察，验证这种法律推理，那么就能提升对这个关键问题的认识，并用来指导我们的实践。

希望通过研究，实现以下几个方面的目标。

一是指出和提炼关于 IMF 贷款条件性需要研究的问题，以期抛砖引玉，为亚投行贷款条件设置提供某方面的参考。有的时候，指出问题比解决问题可能更为重要。本书指出 IMF 成员方在寻求贷款资助时，在权利“自主限制”基础上应适当尊重成员方经济主权。并且，通过提炼出 IMF 贷款条件性程序、实体及效果评析等关键问题，引申出国际货币体系改革大背景下 IMF 贷款资助如何起作用、起什么作用以及起多大作用等重要问题。当然，IMF 自身的改革也离不开其贷款条件性的改革，通过对 IMF 贷款的深入分析，有助于推动 IMF 治理结构的不断完善。

二是在 IMF 职能不断转变的情境下，结合国际法有关理论，探讨 IMF 贷款资助的法律效果，以期对国际借贷中贷款机制问题的研究贡献绵薄之力。目前绝大部分学者对 IMF 贷款的条件性问题都是基于理论性的研究，这种研究具有讨论范围广泛、层次较高等优点，但理论研究难免存在应用性不强等缺陷。因此，在金融危机周期性爆发的背景下，当 IMF 贷款条件性成为国际社会普遍关注的问题时，这种研究的局限性就暴露无遗了。只有从法律渊源、程序与实体、法律实效等角度出发，进行严密的推理和论证，并以 IMF 有关案例作为实践检验的工具，才有可能得到可靠的结论。IMF 是否批准成员方的“备用安排”往往成为某些多边金融机构贷款的前提要求，如能结合 IMF 贷款条件性具体内容与国际法基本原理深入研究，在一定程度上可以弥补国际借贷实践性研究的空白。

三是希望研究成果对实践具有一定的参考作用。本书最终得出了 IMF 贷款条件性曾经对成员方经济产生了负面影响，但是该条件性伴随着 IMF 不断改革和职能的扩展，其对金融危机的预防、解决也起到了不可替代的作用，同时也推动了国际金融秩序的稳定和新型国际货币体系的建立。这与 IMF 20 世纪救援亚洲金融危机所造成的印象形成鲜明对比，毕竟韩国等事实摆在眼前，以致有些学者一味强调简化 IMF 贷款条件性而不顾实际的金融情形。该结论的得出，在一定程度上可以扭转这种被误导的观念，提示 IMF 设定贷款条件性不仅仅是为了提供经济层面的资助，更多的是为了凸显 IMF 在金融舞台上作为国际货币体系的核心角色定位。而且，在分析 IMF 贷款条件性问题过程中，本书也指出了 IMF 贷款条件性能够对成员方经济增长和人权实现起一定的积极作用，并且这已经被作为一种客观事实存在。这些都有助于亚投行更加高度重视贷款条件的设置及亚投行的宗旨和职能，并试图以 IMF 为亚投行对外进行基础设施建设投资时提供一种宏观层面的参考。

四是为亚投行贷款资助提供一个比较客观的视角。中国作为世界比较大的经济体之一，虽然拥有雄厚的外汇储备及稳健的国际收支状况，但是随着中国货币政策的不断宽松化、资本项目的自由化以及人民币自由兑换等形势的出现，中国如何在金融实践中更好地理解和运用国际法，对维护本国权益具有重要的意义。本书也以亚投行贷款资助的国际实践和国际法为视角，对亚投行贷款条件性问题进行全方位的研究，为中国如何更好地融入全球金融治理机制以预防今后可能出现的经济困境和灵活运用亚投行金融工具提供客观的建议。

## 三、国内外研究现状

贷款条件性以法律形式规定于金融机构贷款资助之中，肇始于《IMF 协定》第 1 条第 5 款。分析贷款条件性中的法律问题，是晚近国际金融机构设置贷款制度亟待解决的问题。虽然目前国内还没有专门探讨 IMF 贷款条件性问题的论著，但涉及该问题的国外论著并不少，很多情况下，只要涉及 IMF 职能或改革方面的主题，论者或多或少会提及与此相关的问题。当然，这些论著中，专门讨论该问题的篇幅通常不是很长，而且大部分主要是综合性著作。因亚投行成立时间不长，关于贷款条件的相关论著仍以 IMF 作为主要参考对象。因此，这就难免导致问题停留在相对简单和粗浅的层面，所得出的结论也并不能释疑解惑。探讨贷款条件性问题的主要文献仍以 IMF 自身的工作报告、有关研究手册、执行董事会决定和相关数据为主，而具体探讨 IMF 贷款条件性对国际人权的影响以及可问责性的国内外文章则更为少见。通读这些论文，令人印象最为深刻的是，虽然每篇论文所述主题各有千秋，但随着多边金融机构职能及地位的不断变迁，对其贷款条件性改革的问题却反复出现，这是一个需要不断更新研究成果的论题。从这个角度讲，多边金融机构贷款条件性问题已经成为国内外学者共同关注的问题。

### （一）国内研究现状

从主题相关程度看，关于 IMF 贷款条件性的国内研究大体可以分为三类。第一类是直接论述贷款条件性问题。例如，徐崇利在其论文《国际货币基金组织贷款条件的利益分析和法律性质》中较早论述了 IMF 贷款条件性的历史沿革、发展取向、法律性质以及我国应采取的态度❶；温树英等在其论文《国际货币基金组织贷款条件改革的法律分析》中专门从理论和实践角度探讨了 IMF 贷款条件性存在的弊端，并提出确立借款国的申请程序、修改评审程序和确立答辩磋商程序❷；鄂晓梅在其论文《析 IMF 贷款条件的法律效力》中主要论述了 IMF 贷款条件性的性质问题，并探讨它的实际法律效力❸；蔺捷的《金融危机背景下 IMF 贷款条件性改革》一文较为详细地论述了 IMF 贷款条件性与 IMF 贷款条件之间的区别，并讨论了实体内容和程序性问题，指出 IMF 贷款条件性的改革方向❹。从法学研究角度专门论述 IMF 贷款条件性的文章大致如上，但缺少专门性著作，该类文章主要以研究 IMF 贷款条件性的性质、内容、弊端及改革方向为主，但却对该课题的研究缺乏系统性分析。

第二类主要是间接论述了 IMF 贷款条件性问题。从数量上看，这类法学文章比较多，可以从不同角度进行归纳。有的从论述世界银行贷款条件性交叉角度谈到 IMF 贷款条件性，如缪心毫所著

---

❶ 徐崇利：“国际货币基金组织贷款条件的利益分析和法律性质”，载《中国法学》1995 年第 5 期

❷ 温树英，冯丽：“国际货币基金组织贷款条件改革的法律分析”，载《山西大学学报》（哲学社会科学版），2006 年第 4 期。

❸ 鄂晓梅：“析 IMF 贷款条件的法律效力”，载《法学评论》2002 年第 5 期。

❹ 蔺捷：“金融危机背景下 IMF 贷款条件性改革”，载《国际商务研究》2011 年第 5 期。

《世界银行与国际货币基金组织贷款交叉条件的法律分析》一文，则分析了世界银行贷款协议和IMF条件性之间的性质区别，并指出交叉条件性的发展趋势和中国的应对策略❶；有的则从国际货币体系改革角度，分析IMF的改革措施，其中便论述了IMF贷款条件性问题，如廖凡的《国际货币体制的困境与出路》等❷；该类文章主要是间接涉及本主题，因此存在一定程度上分析不深入及缺乏系统且针对性等缺陷。

第三类主要是从政治经济学角度分析IMF贷款条件性问题的论著。该类型论著较为丰富。著作类方面有，刘振亚所著《"世界政府"国际货币基金组织》❸、董小君所著《金融风险预警机制研究》❹、王曼怡和朱超所著《国际金融新论》❺ 等，都从一定角度谈到了IMF贷款条件性问题，但缺乏系统性和全面性。论文方面成果则比较多，如曹勇的《国际货币基金组织贷款条件研究：以阿根廷为例》❻ 及《国际货币基金组织贷款的政治经济学分析：模型与案例》❼ 都从实践角度分析了IMF贷款条件性的实质特征和内容；又如李元旭所著《金融危机与IMF的贷款条件性改革》❽ 从政治经济学角度论述了IMF贷款条件性改革的方向；周先平的

---

❶ 缪心毫："论世界银行政策性贷款条件的合法性与有效性"，载《国际经济法学刊》2010年第4期。

❷ 廖凡："国际货币体制的困境与出路"，载《法学研究》2010年第4期。

❸ 刘振亚：《"世界政府"国际货币基金组织》，人民出版社1993年版。

❹ 董小君：《金融风险预警机制研究》，经济管理出版社2004年版。

❺ 王曼怡，朱超：《国际金融新论》，中国金融出版社2009年版。

❻ 曹勇："国际货币基金组织贷款条件研究：以阿根廷为例"，载《国际金融研究》2005年第11期。

❼ 曹勇："国际货币基金组织贷款的政治经济学分析：模型与案例"，载《国际政治研究》2005年第4期。

❽ 李元旭："金融危机与IMF的贷款条件性改革"，载《世界经济文汇》1999年第6期。

《IMF 贷款条件指导方针研究》[1] 则更为细致地从 IMF 贷款指导方针的角度论述 IMF 贷款条件性问题；张磊的《关于 IMF 援助条件的本质辨析——以亚洲金融危机的反思为视角》[2] 则涉及金融危机下 IMF 条件性本质的分析。

专门针对亚投行贷款条件的国内研究成果相对偏少，主要是站在比较法的视野，将世界银行、亚开行等贷款条件与亚投行贷款条件进行比较，如廖凡的论文《比较视野下的亚投行贷款条件研究》[3]。同时，也有学者从亚投行贷款条件的设计理路、亚投行贷款条件问责机制等角度对亚投行贷款制度设计提出设想[4]。

### （二）国外研究现状

总体上看，国外贷款条件性相关研究要多于国内，而且水平更高、论述更为深入，以 IMF 研究为主。

论文方面，从研究路径归纳，IMF 贷款条件性的国外研究主要有以下四种路径。

一是通过研究 IMF 治理结构最新发展趋势和改革动向，从中将 IMF 贷款条件性研究作为一个方面进行阐述。例如，沃尔夫冈·伯格塔尔和泰勒在其论文《国际货币基金组织最近的法律发展》[5] 中以 2008 年国际金融危机为引，介绍 IMF 现今所面临的主要挑战，

---

[1] 周先平："IMF 贷款条件新指导方针研究"，载《国际金融研究》2003 年第 2 期。

[2] 张磊："关于 IMF 援助条件的本质辨析——以亚洲金融危机的反思为视角"，载《新金融》2006 年第 3 期。

[3] 廖凡："比较视野下的亚投行贷款条件研究"，载《法学杂志》2016 年第 6 期。

[4] 孟于群："'一带一路'之亚投行贷款条件的设计理路"，载《江西社会科学》2018 年第 2 期；王萍："'一带一路'框架下亚投行贷款条件性问责机制研究"，载《社会科学家》2019 年第 4 期。

[5] Wolfgang Bergthaler and Wouter Bossu, "Recent Legal Developments in the International Monetary Fund", *European Yearbook of International Economic Law*, Vol. 1, 2010, pp. 391—404.

如 IMF 如何有效地促进金融系统稳定、预防货币不对称性贬值、IMF 贷款资助如何帮助成员方有效预防外部性金融危机，以及 IMF 如何改革其治理结构以使更多的新兴市场经济体和发展中经济体利益得到维护；伯哈德·斯坦基和沃尔夫冈·伯格塔尔在其论文《国际货币基金组织最近的金融改革：概述》❶ 中以 2008 年金融危机爆发为背景从两个方面讲述 IMF 需要改革的方向。第一，IMF 针对 2003 年至 2007 年不断减少的未支付贷款情况，IMF 需要扩展收入来源以维持其行政开销。第二，2008 年金融危机使 IMF 提升贷款能力迫在眉睫；沃尔夫冈·伯格塔尔和安德鲁·吉丁斯的论文《国际货币基金组织最近的配额和治理改革》❷ 主要论述了 IMF 在成员方配额分配和治理结构改革方面的最近进展。文章讲述了 2008 年、2010 年的份额分配改革和 IMF 管理层特别是理事会的改革，文章认为 IMF 需要不断增强它的合法性和责任性，等等。

二是直接论述 IMF 贷款条件性问题的文章。这方面研究的论文比较多，且主要发表于 20 世纪，分析和介绍 IMF 贷款条件性的构成及法律性质等。其中，最为著名的学者约瑟夫·戈尔德的一些文章便以 IMF 贷款条件性作为主题进行论述。如约瑟夫·戈尔德所著《国际货币基金组织资源的使用："有条件" 和 "无条件" 作为法律类别》❸ 文章中，通过仔细分析《IMF 协定》最初版本和

---

❶ Bernhard Steinki & Wolfgang Bergthaler, Recent Reforms of the Finance of the International Monetary Fund: An Overview, *European Yearbook of International Economic Law* (EYIEL), Vol. 3, 2012.

❷ Wolfgang Bergthaler and Andrew Giddings, Recent Quota and Governance Reforms at the International Monetary Fund, *European Yearbook of International Economic Law*, Vol. 1, 2013, pp. 371—389.

❸ Joseph Gold, "Use of the International Monetary Fund's Resources: 'Conditionality' and 'Unconditionality' as Legal Categories", *Journal of International Law and Economics*, Vol. 6, No. 1, 1971.

之后修改协议中 IMF 条件性贷款类型的区别以及适用条件等，论述 IMF 贷款资助中除储备部分成员方可“自动”申领贷款外，信用部分贷款则受制于备用安排等条件性规定。同时，针对特殊贷款类型如补充性贷款便利尽管不属于储备部分“自动”贷款中成员方依据 IMF 章程所享有的一般提款权，但是其“无条件”性的贷款规定使得其明显区别于信用部分贷款类型；曼努埃尔·吉蒂安所著《国际货币基金组织贷款条件性》❶ 论文讲述了 IMF 条件性贷款的原则，主要包括统一对待和灵活对待原则，并从理论和政策角度论述该原则的适用条件和影响因子。文章以时间顺序论述布雷顿森林体系之后至 20 世纪 80 年代有关贷款条件性的变革，如贷款类型的更新和创立、与世界银行的合作、宏观微观变量对贷款时间设定和政策的影响等；奥弗埃尔达所著《国际货币基金组织条件改革：自我施加条件的建议》❷ 一文则直接研究 IMF 贷款条件性的弊端，指出 IMF 可通过“自我设定条件”使其贷款资助更为合理；布莱恩·特鲁比特所著《国际货币基金组织贷款条件性及受害成员的选择》❸ 一文则介绍了 IMF 贷款条件性类型及政策，并从债权方和债务方角度分析 IMF 贷款条件性对它们的影响以及反应。

三是从研究世界银行项目贷款角度探析 IMF 贷款条件性问题。对于此类型的文章，主要是介绍世界银行和 IMF 贷款资助职能间的交叉条件以及它们不断增加的结构性贷款条件。例如，厄内斯

---

❶ Manuel Guitián, Fund Conditionality: Evolution of Principles and Practices, *International Monetary Fund Pamphlet Series No. 38*, 1981.

❷ Ofer Eldar, "Reform of IMF Conditionality: A Proposal for Self - imposed Conditionality", *Journal of International Economic Law*, Vol. 8, No. 2, 2005.

❸ Brian Trubitt, "International Monetary Fund Conditionality and Options for Aggrieved Members", *Vanderbilt Journal of Transnational Law*, Vol. 20, No. 4, 1987.

特·斯特恩所著《世界银行结构性调整融资项目》[1] 其中便谈及IMF贷款条件性逐渐向宏观领域延伸，并且结构性贷款便利数量也呈现上升趋势；艾里尔·贝拉的《世界银行和国际货币基金组织面临的挑战：发展中国家的观点》[2] 一文则从发展中经济体角度探讨世界银行和IMF所面临的挑战，其中便谈及贷款条件性对发展中经济体的影响以及改革方向。

四是IMF专门对其贷款条件性的研究手册，由不同的专家学者撰写，各抒己见。（1）约瑟夫·戈尔德所著《基金备用安排的法律性质及其重要性》[3] 一文则主要探讨IMF备用安排的法律性质。文章作者认为，IMF所要求的“意向书”和备用安排都不构成IMF与成员方间的协议，双方并不承担一定法律义务。作者从文书表述、格式、意图等角度，认为备用安排是IMF的一个决议，且《IMF协定》第二次修订也确认了这个观点。（2）约瑟夫·戈尔德所著《国际货币基金组织的财政援助：法律和实践》[4] 一文分为三个部分。第一部分讲述IMF资金来源，第二部分主要讲述IMF的贷款类型，包括储备部分、信用部分以及特殊便利等，第三部分主要从私人实体和市场角度谈论IMF资源的利用。文章整体描述了IMF自身资金来源、金融借贷、贷款资助等方面的内容。

---

[1] Ernest Stern, World Bank Financing of Structural Adjustment, in Williamson,. *IMF conditionality*, 87 – 107. Stiglitz, Joseph. 2003.

[2] Ariel Buira, ed. , *Challenges to the WorldBank and IMF: Developing Countries Perspectives*, London: Anthem Press, 2003.

[3] Joseph Gold, The Legal Character of the Fund's Stand – By Arrangements and Why It Matters, *International Monetary Fund*, *Pamphlet Series No. 35*, 1980.

[4] Joseph Gold, Financial Assistance by the International Monetary Fund Law and Practice, *International Monetary Fund*, *Pamphlet Series No. 27*, 1979.

(3) 迈克尔·安利所著《借贷总安排》❶ 一文主要讲的是 IMF 贷款资金池来源的有关内容。文章主要从《借贷总安排》条款的内容、执行、改革、前景展望等方面论述，较为全面展示了 IMF 如何运用 GAB 实现其贷款资助的职能。(4) 胡克所著《国际货币基金组织：演变、组织和实践》❷ 一文主要介绍 IMF 的组织构成、职能、特别提款权以及金融资助下的贷款类型和条件性。文章重点突出 IMF 治理结构以及 IMF 贷款资助的机制构成、条件性以及分类别的贷款便利。(5) 阿南德·钱德瓦尔卡所著《国际货币基金组织：金融组织和实践》❸ 一文内容丰富，主要以 IMF 贷款资助职能为内容，从 IMF 资金来源、贷款条件性与贷款便利、特别提款权管理部门、IMF 与其他国际机构的关系角度论述 IMF 有关的活动。

著作方面，国外专门研究 IMF 贷款资助职能的著作似乎也比较少，更不用说专门研究 IMF 贷款条件性的专著了。目前，国外学者对此方面的研究大致可分为两大类。

一类是综合性著作中某一章节或部分涉及 IMF 贷款条件性研究，但往往由于篇幅限制，而致使研究不够深入。例如，马蒂亚斯·赫雷丁在其《国际经济法原则》❹ 一书中仅用了三页篇幅简要介绍了 IMF 作为"最后贷款人"提供金融资助时，成员方根据《IMF 协定》第 5 条第 3 款所应遵循的条件、IMF 可提供的三种贷

---

❶ Michael Ainley, The General Arrangements to Borrow, *International Monetary Fund*, *Pamphlet Series No. 41*, 1984.

❷ A. W. Hooke, The International Monetary Fund: Its Evolution, Organization, and Activities, *International Monetary Fund*, *Pamphlet Series No. 37*, 3rd edition, 1983.

❸ Anand G. Chandavarkar, The International Monetary Fund: Its Financial Organization and Activities, *International Monetary Fund*, *Pamphlet Series No. 42*, 1984.

❹ Matthias Herdegen, *Principles of International Economic Law*, Oxford University Press, 2013.

款类型以及“华盛顿共识”下 IMF 贷款条件性现呈现以宏观经济领域调整为主的发展趋势；华金·芒斯所编辑的《调整、条件和国际融资》❶ 一书于 1984 年出版，主要是基于 1983 年智利召开的关于“IMF 在调整过程中的地位”研讨会编辑而成。其中沃尔特·切克所撰写的《重新审视国际货币基金组织的条件性》❷ 主要从四个方面重新审视 IMF 贷款条件性问题。第一，IMF 贷款条件性的法律基础为《IMF 协定》第 4 条各款。第二，在调整过程中 IMF 贷款流动性受制于一些因素，如项目审核评估的强制性、备用安排许可的前置性约束以及贷款实际时限等。第三，IMF 调整政策的实施过程中除了要关注需求管理和供应政策外，还应结合其他政策工具共同寻求解决问题的办法。第四，IMF 调整过程应该以成员方实际情况为基点，同时扩大 IMF 贷款资金来源或放松成员方依据配额获取贷款的限制；马里奥·乔瓦尼所编辑的《国际货币基金组织》❸ 一书第一章第三节讲述布雷顿森林体系转变历程中“条件性”的演变，该节从历史角度，讲述 IMF、世界银行以及国际金融机构（IFIs）在贷款条件性方面转向为更加尊重成员方经济自主权。21 世纪贷款条件性表现为“治理”，即布雷顿森林体系下金融机构贷款所附条件涉及面更广，包含了政府机构、经济、社会等各层次的改革，其中结构性贷款表现得更为突出。文

---

❶ Joaquín Muns, *Adjustment, Conditionality, and International Financing*, International Monetary Fund, 1984.

❷ E. Walter Robichek, The IMF's Conditionality Re – examined, available at: file: ///C: /Users/lymy2/AppData/Local/Temp/MicrosoftEdgeDownloads/0644c773 – 4662 – 4d62 – b1be – 5e720e7afaec/ [9780939934287% 20 –% 20Adjustment,% 20Conditionality,% 20and% 20International% 20Financing]% 20The% 20IMF% E2% 80% 99s% 20Conditionality% 20Re – Examined. pdf.

❸ Mario Giovanoli ed., *International Monetary Law: Issues for the New Millennium*, Oxford University Press, 2000.

章以布雷顿体系下金融机构贷款条件性的变革为视角，突出不断扩展的条件性所引起的法律、政策等问题，建议尊重成员方对经济改革的“主权”并不断加强与国际金融机构之间的合作以促进可持续发展。丹尼尔·布拉德洛所编辑的《国际借款：谈判和构建国际债务交易》❶ 一书中，其中第五部分主要介绍了 IMF 的主要情况。该部分介绍了 IMF 的结构和职能、IMF 提高监管有效性的方案、设立调整项目的程序以及 IMF 贷款对 GDP 增长的影响等内容。书中分析了 IMF 的贷款便利、贷款目的、收支调整项目所采取的金融工具等内容。罗莎·拉斯特拉所编辑的《国际金融结构的改革》❷ 一书以国际金融秩序改革为视角，多方面分析和解构 21 世纪初金融秩序所应改革的方向。文章第三章从 IMF 监管、条件性贷款资助和技术援助三个主要职能出发进行论述，IMF 在应对金融危机时不宜作为“最后贷款人”，危机应急方案容易引起道德风险，IMF 角色应定位于向贫困国家提供优惠性贷款和债务减免，推动全球减贫；艾丽卡·古尔德所著《货币谈判：国际货币基金组织、条件性及补充性贷款》❸ 一书指出 IMF 贷款资金来源需要依靠外部资助，由此导致为 IMF 提供贷款资金的国家，如美国常常在 IMF 贷款条件性设置中进行“利益输出”。同时该书通过大量的数据分析，研究 IMF 贷款条件性的演变历程以及多样化的资金提供者如主权国家、私人金融机构、多边组织在 IMF 贷款资助中的作用。该书并未仔细分析 IMF 贷款条件性的实质内容等重

---

❶ Daniel D. Bradlow ed., *International Borrowing: Negotiating and Structuring International Debt Transactions*, 3rd ed., Springer Netherlands, 1997.

❷ Rosa M. Lastra ed., *The Reform of the International Financial Architecture*, Kluwer Law International, 2001.

❸ Erica R. Gould, *Money Talks: The International Monetary Fund, Conditionality, and Supplementary*, Stanford: Stanford University Press, 2006.

要问题，而是从 IMF 贷款资金提供者角度分析 IMF 贷款条件性的利弊与改革方向。

另一类则是专门研究 IMF 贷款条件性的法学著作，目前为止发现有两本较为契合。约瑟夫·戈尔德所著《备用安排》❶ 发表于 1970 年，该书一共三个章节主要讲述 IMF 设置贷款条件性下备用安排的有关问题。文章先是论述备用安排的法律性质、解释规则、批准程序等一般性问题。第三章则是作者对备用安排各方面作出的评述，涉及不同贷款便利下备用安排批准程序、批准数量、成员方回购本币的规定以及多样化绩效标准等内容。埃里克·丹特斯所著《国际货币基金组织贷款条件性法律和政策分析》❷ 是一本专门研究 IMF 贷款条件性的专著。《IMF 协定》第 1 条第 5 款要求成员方利用 IMF 资源时必须采取“合适的保障措施”，该书以此为核心，多方面探讨 IMF 贷款条件性有关问题。例如，IMF 条件性所能产生的机制性功能（第二章），IMF 决定成员方贷款资助的权力增强（第三章），备用安排的性质、IMF 与联合国及其他特殊机构的合作（第六章），IMF 与成员方间针对贷款条件性的解释和争端解决（第七章）等。该书以 IMF 协调国际收支平衡的职能为出发点，以 IMF 贷款条件性为分析视角，认为应该重新审视 IMF 的目标和宗旨，并改革现有贷款资助不合理的地方。该书比较全面且细致地分析了 IMF 贷款条件性的历史沿革、批准程序、解释规则、与其他贷款渠道的合作及条件性规定所涉影响因子等内容。

---

❶ Joseph Gold, *Stand - By Arrangements*, International Monetary Fund, 1970.

❷ Erik Denters, *Law and Policy of IMF Conditionality*, Kluwer Law International, 1996.

## 四、研究内容与方法

本书通过全面分析 IMF 贷款条件性的历史沿革、资金来源、程序实体内容、法律效果，探讨 IMF 贷款对国家主权、国际人权以及责任机制构建的影响，并提出有关 IMF 贷款条件性改革方案的建议；另外，亚投行本身存在及时性救助、区域化资金归集、危机有效预防等优势，这使亚投行前景光明。本书立足于“一带一路”倡议高度，从国际和国内两个层面，宏观、中观和微观三个视角出发，探究亚投行在 IMF“前车之鉴”基础上，如何合理安排贷款条件性。

遵循这个主题和逻辑思路，本书的主要研究方法如下：

首先，实证分析法。本书的研究是建立在实践的基础之上，尤其注重对国际多边金融机构以往贷款条件性具体内容的分析。本书还将紧密跟踪贷款条件性国际实践的最新发展，挖掘出规律性认识，并对其发展趋势进行预判。

其次，比较研究法。各不同类型的贷款便利以及不同多边金融机构的贷款条件性之间既存在共性，也有很多不同。本书将对其共性和个性进行研究，在此基础上，对亚投行贷款条件性设置性应选择的路径进行论证。

最后，跨学科研究方法。国际贷款资助涉及法律、经济、政治等学科的问题，贷款条件性亦是如此。本书将综合运用上述学科的方法，以期从多个视角对问题进行探讨，尤其是在对贷款条件性的理论基础、法律效力、实施路径等问题上，将寻求多学科知识的结合，以增加研究论证的力度和结论的科学性。

# 上　篇

# 国际金融机构贷款条件的变革及路径选择：以 IMF 贷款条件性为视角

CHAPTER 01 >> 第一章

# IMF 贷款条件性：定义与法律分析

《IMF 协定》于 1944 年 7 月 22 日在布雷顿森林会议上通过，次年生效，这标志着 IMF 作为全球最大的国际货币组织正式成立。IMF 贷款条件性是 IMF 贷款资助职能下的重要内容，关于它的法律分析一直备受学者关注。探讨 IMF 贷款条件性实体和程序性内容，可以使我们更加全面地了解条件性的本质内涵。

## 第一节 国际金融机构贷款条件性的概述

对 IMF 贷款条件性进行准确定义和分类有助于更为深入地从法学角度剖析 IMF 贷款所体现的法律问题。IMF 贷款具有其特定的模式，且种类丰富，分析贷款条件性下不同贷款类型，有助于对条件性的实际法律含义进行准确定位。

## 一、贷款条件性的界说与发展

条件性即“conditional”，在法律词典中有多种解释，其中一种与贷款条件性性质较为相近，即“承诺性条件”。[1] 该种解释下认为条件同样也是一种承诺，条件成为承诺的主体。在此情况下，条件成为承诺作出的实体内容，具有法律意义。国内有学者认为，IMF 贷款条件性是成员方作出的一般性承诺。[2] 从贷款条件性实体内容看，这种观点有它的合理性，即条件性主要指成员方承诺所要采取的调整项目。另又依据《21 世纪大英汉词典》中条件性英文术语即“conditionality”的字面意思指“限制条款”。可见，条件性的含义也指“限制”或“约束”某主体行为的规定，以符合该限制条款的方式控制某主体的行为自由。据此，可以将贷款条件性字面上理解为，贷款主体作出的限制其行为自由的一般性承诺。

### （一）狭义定义

条件性[3]的说法最初并没有出现在《IMF 协定》中，它第一次使用是在 1964 年 IMF 年度报告中，但当时并没有准确的法律意义。直到 1968 年《IMF 协定》第一次修订才将贷款条件性及其相关内容列入第 5 条第 3 节“使用基金普通资金的条件”a 项。

---

[1] See *Black's Law Dictionary*, 8th edition, West Publishing Company, 2004, p. 889.

[2] 曹勇：“国际货币基金组织贷款的政治经济学分析：模型与案例”，载《国际政治研究》2005 年第 4 期。

[3] 贷款条件性与贷款条件属于不同的概念。一般而言，贷款条件指的是 IMF 贷款资助中实体内容。See Tan, Celine, “Governance through Resource Dependency: The Legal Aspects and Political Context of Structural Adjustment Programmes”, in Bradlow, Daniel and David Hunter ed., *International Law and International Financial Institutions*, Kluwer Law International, 2006, p. 14。

《IMF 协定》虽经历多次修订，但对于贷款条件性的定义 IMF 始终并未作出明确答复。然而，IMF 官方文件中涉及条件性所做的说明则是，“IMF 在向成员方提供金融援助时，成员方必须确保实施消除国际收支失衡的政策，以使 IMF 普通提款权必须遵守《IMF 协定》的规定和政策”。[1] 2002 年《贷款条件指导方针》提出了关于条件性定义的几个要素：第一，是 IMF 为了帮助成员方解决国际收支困难并建立合适的“保障措施”[2]；第二，旨在执行帮助成员方加强经济和金融的政策[3]；第三，促使成员方满足特定目标（基于结果的条件）或采取特定行动（基于行动的条件）[4]；以上关于条件性要素的规定较为全面地阐释了其本质内涵。

关于 IMF 贷款条件性的定义主要出现于相关著作或论文。约瑟夫·金（Joseph Gold）是最为著名的研究 IMF 贷款条件性的专家，他认为条件性是成员方以符合《IMF 协定》宗旨和条款的方式而使用 IMF 贷款资金而遵循的政策。[5] 该政策的实施旨在帮助成员方克服国际收支不平衡问题，防止其采取损害本国或国际经济繁荣的措施。埃里克·丹特斯（Erik Denters）教授则认为，条件性指的是《IMF 协定》第 1 条第 5 款的“充分保障”，即保障贷款提供的暂时性及使用资金与 IMF 宗旨相符合所采取的一系列政策或要求。[6] A. W. 胡克认为，条件性是成员方为解决国际收支失衡

---

[1] See Financial Support of Member Countries Complements Economic Policy Changes, *IMF Survey*, 1992, p. 12.

[2] See Guidelines on Conditionality (Decision I), principle 1.

[3] See Guidelines on Conditionality (Decision I), principle 2.

[4] See Guidelines on Conditionality (Decision I), principle 7 (c).

[5] See Joseph Gold, Conditionality, *IMF Pamphlet Series No. 31*, Washington D. C., 1979. p. 2.

[6] See Erik Denters, *Law and Practice of IMF Conditionality*, Kluwer Law International, 1996, p. 6.

问题而使用 IMF 资金所要遵循的政策。❶ 埃里克·丹特斯教授认为，条件性指《IMF 协定》第 1 条第 5 款所指的一系列充分保障的要求。❷罗斯·莱科（Ross Leckow）将条件性定义为“IMF 所确立的成员方进行必要经济改革所采取的政策作为利用 IMF 金融资助的条件”❸。IMF 政策发展部研究员马苏德·艾哈迈德（Masood Ahmed）认为：“贷款条件性是 IMF 与需求 IMF 资金的成员方之间就贷款政策执行的连接点”，等等。❹

国内学者对条件性也没有统一的定义。李元旭教授认为，IMF 贷款条件性是 IMF 提供贷款时成员方必须履行的政策和要求达到的标准。❺ 北京大学鄂晓梅从界定对象出发，认为贷款条件指的是 IMF 成员方在利用 IMF 资金时所同意遵循和要求实施的政策措施。❻ 中南财经政法大学曹勇教授认为贷款条件是指成员方与 IMF 在利用 IMF 资金时所作出的一般承诺，这种承诺旨在保证成员方及时还款从而确保 IMF 有限资金的周转性。❼ 学者缪心毫则将之前的观点综合起来，认为：“从提供贷款的国际金融机构角度看，贷款条件是其为保障贷款安全与功能实现的限制性政策；从借贷方

---

❶ A. W. 胡克：《国际货币基金组织：他的演变、组织机构与业务活动》，中国金融出版社 1983 年版，第 41 页。

❷ See Erik Denters, *Law and Practice of IMF Conditionality*, Kluwer Law International, 1996, p. 6.

❸ See Ross Leckow, “Conditionality in the International Monetary Fund”, *Current Development in Monetary and Financial Law*, Washington DC, Vol. 3, 2005, p. 53

❹ “IMF Conditionality” Press Briefing by Masood Ahmed, Deputy Director, IMF Policy Development and Review Department, March 21, 2001.

❺ 李元旭：“金融危机与 IMF 的贷款条件性改革”，载《世界经济文汇》1999 年第 6 期。

❻ 鄂晓梅：“析 IMF 贷款条件的法律效力”，载《法学评论》2002 年第 5 期。

❼ 曹勇：“国际货币基金组织贷款的政治经济学分析：模型与案例”，载《国际政治研究》2005 年第 4 期。

看，贷款条件是借款方对金融组织所作出的一般性承诺。”❶

以上对于贷款条件性的定义，大部分认为它指的是 IMF 贷款资助所涉及的政策要求。笔者认为此种定义认识到了条件性本身所蕴含的实质内容，但对于条件性产生的程序却缺乏分析，由此往往导致“只见树木不见森林”，为此笔者将该种界定认定是对贷款条件性的狭义定义。

### （二）广义定义

然而，对于一个概念的界定，往往需要全面考察其实质内容和产生程序。IMF 经济学家曼纽尔·吉特兰（Manuel Guitlan）则从不同角度对贷款条件性作出定义：“成员方资金获取是由长期紧密关系的经验发展而来的具有实用性和灵活性的政策和程序整体。”❷ 该定义从实体和程序角度明确了贷款条件性的实质内涵，与上述狭义定义的区别在于，程序方面的内容认为是准确界定贷款条件性不可分割的一部分。条件性是 IMF 针对成员方获取贷款资助而制定的一系列政策和程序。❸ 而关于条件性在程序方面的规定主要体现于 1979 年 3 月 2 日理事会决议通过的关于使用 IMF 资金的若干原则。这些原则也被称为《贷款条件指导方针》，指明了成员方利用 IMF 资金所需要采取的政策和程序，即条件性指潜在借贷方通过意向书向 IMF 展示其财政、货币及汇率政策等改革计

---

❶ 缪心毫：“世界银行与国际货币基金组织贷款交叉条件的法律分析”，载《现代法学》2010 年第 5 期。

❷ See Manuel Guitian, Fund Conditionality: Evolution of Principle and Practices, *IMF Pamphlet Series No. 38*, Washington D. C., 1981, p. 1.

❸ See Rosa M. Lastra ed., *The Reform of the International Financial Architecture*, Kluwer Law International, 2001, p. 80.

划以谋求贷款资助。[1]

对于条件性的定义不能孤立于当时的经济制度。[2] 随着宽松贷款便利及新程序的设立，关于条件性的界定在过去几十年逐渐呈放松趋势。条件性的界定是一个动态的过程，其本身所蕴含的实体与程序内容往往也会随当时的金融状况而发生某种程序的改变。例如，补充性贷款便利（compensatory financing facility）中对成员方政策的要求仅仅是“成员方在必要时需要和 IMF 合作找出解决收支困难的方法”[3]，上述任务完全不同于最初《IMF 协定》第 5 条第 3 款 c 项所强制性规定的成员方政策必须与 IMF 目标相一致并采取适当的保障措施以使 IMF 确信资金援助是成员方在符合“条件性”规定下进行的。该类特殊贷款便利所附加的“条件性”往往程序性意义大于实体内容，因此如果依据狭义定义，该类型贷款便利所附加的条件性往往不能体现其本质内涵。笔者认为，条件性广义定义包含两个内容，一是 IMF 提供贷款资助所设立的各类贷款项目即条件性的实体内容；二是针对贷款项目 IMF 定期评估贷款实施情况的测评工具，即有关程序性内容。为此，笔者在本书中对条件性采取广义定义，认为条件性指的是成员方为获得 IMF 资金以符合《IMF 协定》宗旨和条款的方式所遵循和采取的一系列政策和程序。

### （三）IMF 贷款条件性的历史沿革

IMF 贷款条件性自 IMF 成立以来发生了巨大的改变，具体可

---

[1] See Rosa M. Lastra ed., *The Reform of the International Financial Architecture*, Kluwer Law International, 2001, p. 80.

[2] See Manuel Guitián, *Conditionality: Past, Present and Future*, IMF Staff Papers, December 1995.

[3] See Report on Stabilization of Prices of Primary Products, pp. 14—15.

以分为三个时期：

第一，布雷顿森林体系时期。“二战”后主要资本主义国家在马歇尔计划下经济得了快速恢复，特别是20世纪50年代至60年代国际经济相对稳定，以美元为中心的固定汇率制度在一定程度上避免了贸易战、货币战的再次发生，促进了国际贸易自由化。尽管《IMF协定》最初并没有纳入条件性这一概念，但是条件性作为一项原则在1952年IMF借贷政策中得到体现。❶ 这一时期贷款条件性的主要特征是备用安排的设置以及要求成员方宏观经济领域政策的调整。布雷顿森林体系时期，贷款主体主要是需求经济恢复的发达经济体。

第二，20世纪末亚洲金融危机期间。这一时期布雷顿森林体系解体，浮动汇率制度确立。主要工业国家面临严重的经济萧条，这时急需临时的金融援助缓解财政赤字，为此IMF设立了“宽松条件性”为特征的贷款便利。例如，IMF在1974年设立的关于石油进口价格突涨的贷款便利。❷ 此外，这一时期成员方调整政策中经济结构性改革被提出，反映了贷款条件性逐渐从关注宏观经济变量转为对微观经济领域问题也予以考虑，此时条件性范围得到扩展，涉及政府、经济、社会等多方面，这也在1997年IMF公布的“治理问题”指导方针中得到体现❸。IMF在这一时期特别加强与世界银行的合作❹，共同推动成员方经济结构性调整，甚至将属

❶ IMF执行董事会决议No. 102 – （52/11）. pp. 37—40.

❷ 石油贷款便利于1976年停止，在两年的持续时间里，为55个成员方提供了特别提款权大概70亿美元的资金援助。

❸ See IMF, The Role of the IMF in Governance Issues: Guidance Note（IMF执行董事会于1997年7月25日批准）.

❹ See Manuel Guitián, Fund Conditionality: Evolution of Principles and Practices, *IMF Pamphlet Series No. 38*, Washington D. C. , p. 27.

于世界银行的结构性条件性纳入其职能范围❶。贷款条件性此时更多地注重成员方的“治理”能力建设，即通过结构性调整措施，促使成员方完善经济制度，提升经济治理能力。

第三，2008 年国际金融危机时刻。国际金融危机的爆发暴露了 IMF 在应对危机时的“无能”，对 IMF 改革的呼声愈加强烈。20 世纪 IMF 贷款资助似乎并没有使成员方摆脱经济下滑的命运，有些国家的经济反而遭受巨大损害，如韩国，为此 IMF 忽视成员方具体国情的贷款条件性设置备受诟病。21 世纪以来，IMF 致力于精简条件性规定，尊重成员方调整项目的主导权，并将条件性设置限制于 IMF 职能范围。❷ 此次的金融危机，使 IMF 了解到要促使贷款资助安排在金融危机预防和应对中发挥更大的作用。为此，IMF 加强危机管理能力❸，发挥独立评估工作组的作用，改革 IMF 的治理结构，目的在于使贷款条件性中结构性调整政策更尊重成员方意志。

## 二、贷款条件性与贷款资助项目

《IMF 协定》第 1 条第 5 款规定，IMF 可为成员方在“充分保障”的前提下，提供暂时性普通资金，以纠正成员方国际收支失调。在此，“充分保障”往往被认为是 IMF 在提供资金援助时所附加的“贷款条件性”，即要保障 IMF 资金提供的暂时性及使用资金与宗旨相符合。然而，实际生活中人们往往将 IMF 贷款条件性与贷款资助项目等同，其实二者的含义存在细微差别。IMF 拥有众

---

❶ See Ross Leckow, Conditionality in the International Monetary Fund, *Current Developments in Monetary and Financial Law*, Vol. 3, 2005, p. 53.

❷ See Ross Leckow, Conditionality in the International Monetary Fund, *Current Developments in Monetary and Financial Law*, Vol. 3, 2005, p. 53.

❸ See Mario Giovanoli ed., *International Monetary Law: Issues for the New Millennium*, Oxford University Press, 2000, p. 87.

多贷款资助项目，包括一般贷款资助项目和特殊贷款资助项目，内容实际是成员方具体的调整政策。有些特殊贷款便利往往不附加具体内容的“贷款条件性”，仅仅要求成员方在出现贷款项目适用情形时便可请求 IMF 提供贷款资助，诸如涉及原材料的特殊补充性贷款便利则并不要求成员方必须遵守一定的政策，只要 IMF “认为”成员方会承担与之合作找出解决收支平衡方法的义务，IMF 便会提供贷款给成员方。[1] 可见，某些特殊且临时性贷款便利所附加的“条件性”并不具有实质内容，但要求成员方采取贷款调整项目这一要求确实存在。IMF 贷款资助项目更多地表现为“躯干”，即成员方具体调整方案，而条件性则是贯穿躯干的“经络”，更多地表现为 IMF 所设定程序与实体规则，学者往往将两者等同看待。尽管如此，贷款条件性仍可以总结为其是 IMF 贷款资助项目的充分非必要条件。

IMF 的贷款不同于普通私人贷款和世界银行、政府贷款等，它是一种具有特色的贷款模式，最重要的特点就是贷款提供的临时性和资助性，以 IMF 资金账户下一般提款权为表现形式，主要指《IMF 协定》的储备部分和信用部分贷款。尽管《IMF 协定》将贷款资助作为其主要职能之一，但 IMF 为此也设立了除一般提款权外特殊贷款便利类型。IMF 贷款下一般提款权和特殊贷款种类所设置的贷款条件性存在巨大差异，详见下文分析。

## 三、IMF 资金账户中贷款条件性的规定

IMF 项下有两个管理资金账户的部门，一个是一般账户管理部门，它由三个独立账户组成：普通资金账户、特别拨款账户以

---

[1] See Report in Stabilization of Prices of Primary Products, pp. 14—15.

及投资账户，这三个账户中的资金构成 IMF 的主要“资金来源”。同时，一般账户管理部门所持有其他部门的资产要求与 IMF 设立两个资金账户部门的宗旨密切相关。[1] 另一个是特殊提款权部门，主要管理特殊提款账户下有关特别提款权的交易、分配等活动，但是通过特殊提款账户所进行的特别提款权交易所产生的资金或者收益却很少储存于该账户中，如表 1－1 所示。

**表 1－1 IMF 资金账户中贷款条件性规定**

| IMF 成员方所占份额 | IMF 成员方行使提款权的范围 | 提款额度 |
| --- | --- | --- |
| 25% | 100% | 储备部分 |
| 50% | 125% | 第一档信用额度 |
| 75% | 150% | 第二档信用额度 |
| 100% | 175% | 第三档信用额度 |
| 125% | 200% | 第四档信用额度 |

### （一）IMF 普通资金账户中贷款的“自动性”规定

1978 年签订的《牙买加协定》促使了原先《IMF 协定》的修订，新《IMF 协定》要求 25% 黄金缴纳部分以特别提款权或可自由使用货币缴纳，其余 75% 仍以本国货币缴纳。普通资金账户是 IMF 最重要的资金账户，是由成员方以本国货币与储备货币按照份额认缴而构成的货币池。普通资金账户中储备部分的资金，成员方在需要时可随时自动地使用，这实际上是成员方基于 25% 份额而享有的提款权。根据《IMF 协定》的规定，成员方所享有的一般提款权主要由储备部分提款权和信用部分提款权构成，其上限为其份额的

[1] See J. J. Polak, Thoughts on an International Monetary Fund Based Fully on the SDR, *IMF Pamphlet Series No. 28*, Washington D. C., 1979, p. 14.

125%。其中，IMF针对成员方在储备部分提款权的行使，并不附加任何条件，也无须事先获得IMF的批准，提款上限为25%。而备用安排（stand-by arrangement）和扩大安排（extended arrangement）是成员方除基于IMF储备部分贷款外，根据IMF信用部分贷款而制定的诸多贷款条件。因此，成员方申请IMF贷款并不必然附加贷款条件，而是根据贷款金额设置贷款条件的实施界限。在1968年IMF理事会向董事会做的“关于修改《IMF协定》第一段第34部分的报告”中，提出“停止在普通资金账户下设立新的无条件性贷款”。而之后新采纳的《IMF协定》第5条3（d）反映了IMF不能在普通资金账户下针对无条件使用资金设立新的贷款类型，除了储备部分25%的提款权。可见，在普通资金账户下只有储备部分资金贷款提取不附加条件，而且该成员方提取该部分资金的权利早已明文确定，当成员方出现需要“储备部分”资金贷款时，该内在权利可由成员方“自动”行使，IMF无权肆意干涉。

### （二）IMF特殊提款账户中贷款的“无条件性”规定

特殊提款账户中所提及的“无条件性”并不是指IMF提供资金贷款时并不附加任何条件，而是相对于普通资金账户下信用部分提款权的四档贷款所设立的宽松、自我约束、意向型条件。例如，补充性贷款便利中对成员方政策的要求仅仅是“成员方在必要时需要和IMF合作找出解决收支困难的方法”❶，上述任务完全不同于最初《IMF协定》第5条第3款c项所强制性规定的成员方政策必须与IMF目标相一致并采取适当的保障措施以使IMF确信资金援助是成员方在符合“条件性”规定下进行的。又如，依据IMF所收集的数据，出口浮动补充性贷款便利主要适用于成员方上一年

❶ See Report on Stabilization of Prices of Primary Products, pp. 14—15.

度出口额低于预估中期五年浮动平均值，该类型贷款资助不与一般提款权储备部分相重叠❶。值得一提的是，普通资金账户中也存在特别提款权，IMF 在其之下获取的特别提款权是基于《IMF 协定》第 15 条第 7 款 b、c 项而适用于特定普通资金账户下项目类型。特殊提款账户中诸如此类特殊补充性贷款便利并不要求成员方必须遵守一定的政策，IMF 只要"认为"成员方会承担与之合作找出解决收支平衡方法的义务，IMF 便会提供贷款给成员方。❷

综上而言，IMF 设立了两个完全不同资金管理部门以执行金融贷款。一般账户管理部门采取一揽子货币或者出售黄金等形式提供贷款，成员方所获贷款数额跟其在 IMF 所占份额挂钩，且成员方以此所获得的贷款不能视为该方的储备资产。❸ 在普通资金账户下，IMF 贷款主要以成员方购买其他国家货币冲抵该国国际收支失衡。在此种情况下，被购买国家所持的外汇储备将下降，但成员方从被购买国家回购本国货币将使国际收支出现再平衡。此处，有学者认为这种贷款方式不存在作为价值运转特殊形式的信用的内涵，只是不同货币或资产间的交换或买卖。❹ 其实，IMF 向成员方提供国际通货（国际储备），成员方以本国货币购买，可以看作贷款的抵押并还款时再购回。实际生活中的借贷交易一般以同样的货币偿还，除特别约定外，而 IMF 有权要求成员方以 IMF 所需要的任何通货偿付❺。可见，尽管成员方有回购资金的义务，但是此项义务来自《IMF 协定》的规定，并且 IMF 贷款资助有附

---

❶ See IMF Selected Decisions, at 50.

❷ See Report in Stabilization of Prices of Primary Products, pp. 14—15.

❸ 成员方储备资产主要是其在 IMF 所持有的黄金或者特别提款权，或者另一方通过 IMF 贷款所持有的该方货币。

❹ 李仁真主编：《国际金融法》，武汉大学出版社 2005 年版，第 164 页。

❺ 王贵国：《国际货币金融法》，北京大学出版社 2002 年版，第 68 页。

加利息，因此 IMF 贷款不能视同于普通资金兑换或买卖。

两个资金账户部门的共性是，都能使处于财政赤字的国家获得金融贷款，并影响一国的汇率安排。两个不同的资金管理部门，两种不同的主要资金账户在金融贷款安排和方式上存在巨大差异。普通资金账户无条件性贷款（自动性授予贷款）的设立需要理事会大多数投票通过，而通过特殊提款账户分配特别提款权则需董事会参与者 85% 的通过。普通资金账户中除储备部分外其余资金使用都受制于一定的条件和短期回购的承诺。然而，特别提款权的使用是无条件性的，仅仅受制于所谓的“重构规则”。本质上，特殊提款权管理部门相较于另一个部门是一个更为简单、更为新型的机构。

常常人们将 IMF 贷款资助的“自动性”与“无条件性”相等同。“自动性”主要是为了确保成员方享有使用 IMF 资金的权利，且 IMF 不能简单地依据成员方应对危机时的政策而否定该项权利，这也称为“疑罪从无”，确保 IMF 不能针对储备部分的一般提款权而质疑成员方对该项权利的行使。从某种意义上讲，一般提款权的行使是《IMF 协定》内在规定而授予成员方的一项权利，是自动的。然而，相对于补充性贷款便利而言，获取该贷款是“无条件”但非“自动性”的，[1] 成员方只有在满足适用贷款便利的要求下，该“意向型”贷款种类才有可能适用于成员方。纵观 IMF 不同资金账户贷款条件性规定可知，IMF 除少部分“无条件”性贷款（储备部分和补充性贷款便利）外，大部分 IMF 贷款便利要求成员方依据一定的程序和实体规则并遵循特定的条件，同时其他贷款渠道以成员方接

[1] See Joseph Gold, “Use of the International Monetary Fund's Resources: ‘Conditionality’ and ‘Unconditionality’ as Legal Categories”, *Journal of International Law and Economics*, Vol. 6, No. 1, 1971, p. 26.

受 IMF 贷款条件性为判断是否予以贷款的依据，这些都使得 IMF 贷款条件性具有“准规则”的性质，使成员方在获得贷款资源上存在一定的滞后性和不确定性。

## 四、IMF 贷款便利的类型

### （一）IMF 贷款条件性一般分类

IMF 对贫困国家借贷设定了两类政策条件，即量化条件和结构性条件。量化条件即一系列宏观经济目标，如财政赤字所要达到的程序。结构性条件旨在推动成员方国内经济机制改革，如贸易改革、私有化、自由化等。其中，结构性条件分为有约束力和无约束力两类，此处的“约束力”并非法律上的拘束力。有约束力的结构性条件主要指结构性优先行动（structural prior actions），即下文提到的前提条件以及绩效标准。而无约束力条件指的是结构性基准（structural benchmarks），即改革虽未达到要求，但也不自动使成员方丧失贷款“资格”并中止 IMF 贷款的发放[1]。

### （二）IMF 贷款条件性具体分类

#### 1. “普通”贷款便利类型

IMF 贷款条件性主要存在于信用部分提款权，额度越高所附加的条件性越高。《IMF 协定》中并未出现普通贷款这个词，而一般提款权一般被认为是“普通”贷款，又称为基本信用便利，即信用部分四档信用贷款安排，这要求成员方需要支付利息并满足备用安排、前提条件、绩效标准等要求。《IMF 协定》第 5 条第 2

---

[1] See Goldstein Morris, *IMF Structural Programs.* Paper Prepared for NBER Conference on “Economic and Financial Crisis in Emerging Market Economics” Woodstock, Vermont, 2000, October 19 – 21, p. 32.

款 a 项规定："除本协定另有规定外，基金的业务限于根据成员方的请求，用 IMF 普通资金账户中的普通资金向其提供特别提款权或其他成员方货币。"该规定被认为是普通贷款便利的法律基础。另外，还有几种普通的贷款便利类型。扩大贷款便利于 1974 年 9 月设立，其旨在提供更长期限更大金额的贷款以帮助成员方解决国际收支困难。补充性金融贷款便利是指从 20 世纪 70 年代后期开始，由盈余国家提供资金借款给面临国际收支困难的国家。该贷款便利要求成员方贷款超过信用部分和扩大贷款便利额度，并且贷款期限一般一至三年不等。[1] 备用与扩大安排为成员方在普通贷款额之外提供了贷款便利。

2. "宽松条件性" 下贷款便利安排

针对"宽松条件性"所涵盖的贷款便利类型所附加的条件性则会随着不同情形而发生相应的变化。具体又可分为优惠性贷款便利、特殊贷款便利和紧急贷款便利。

优惠性贷款便利主要指结构性调整便利。它于 1986 年设立旨在为低收入国家提供优惠性贷款以支持中期宏观经济调整政策和结构性改革。该类型贷款便利利率比较低且回购时间可长达 10 年，直到 1993 年 11 月，执行董事会批准结构性调整便利下不再有新的贷款项目。然而，取为代之的是加强结构性调整便利（enhanced structural adjustment facility，ESAF）。1999 年 IMF 将加强结构性调整便利变换为减少贫困和发展便利（poverty reduction and growth facility，PRGF），旨在促进贫困国家的可持续发展[2]。

特殊贷款类型不影响成员方申请"普通"贷款便利类型，即

[1] See The International Monetary Fund, Its Financial Organization and Activities, *IMF Pamphlets Series No. 42*, Washington D. C. , p. 47.

[2] See IMF Survey of 10 January 2000, Vol. 29, No. 1, p. 1.

成员方依据《IMF 协定》所享有的一般提款权，但是两者必须贷款的起因不同。特殊贷款便利中“特殊”一词出现于《IMF 协定》第二修订案第 5 条第 3 款 a 项，具体有以下几种典型的特殊贷款便利。

（1）出口波动金融补贴便利（compensatory financing facility）。这是 IMF 于 1963 年在普通资金账户下设置的，是它第一个特殊性贷款便利类型。它的设计旨在帮助成员方克服无法控制的短期出口下降而导致的国际收支困难，该贷款便利适用于所有成员方，特别是主要出口原材料的发展中国家。该类型贷款便利期限为 3—5 年，在该项便利下成员方在储备部分和低信用档部分提款权不受影响。

（2）缓冲库存金融便利（buffer stock financing facility）。IMF 于 1969 年 6 月设立缓冲库存金融便利，从一定程度上讲是出口波动金融补贴便利的必然发展。[1] 它的设定旨在利用 IMF 资金支持成员方防止出口价格波动，并逐渐消除出口收入影响因素，进而缩小出口收入的巨大变化。

（3）中期贷款。该类贷款便利于 1974 年 9 月设立，旨在帮助那些正经历结构性经济改革的成员方提供期限较长的资金。它的主要适用对象是那些由于生产和贸易结构严重失衡，价格和成本扭曲广泛存在，导致国际收支困难的国家。中期贷款期限一般为 3 年，甚至可以延长到 4 年，而还款最长期限可达 10 年之久。它是对信用部分贷款进行的一种补充，因此两者共同提款额度不得超过成员方份额的 165% 。

（4）减贫与增长便利。该项贷款于 1976 年设立，资金池主要

---

[1] See The International Monetary Fund: Its Evolution, Organization, and Activities, *IMF Pamphlet Series No. 37*, Washington D. C. , third edition, p. 48.

来自当时 IMF 溢价出售黄金所得款项而设立的信托基金以及某些成员方提供的贷款和捐助。该类贷款便利主要向长期面临收支困难的低收入发展中国家提供优惠贷款，并且要满足国际开发协会（IDA）优惠贷款的资格标准，最后由 IMF 执行董事会同意。此种贷款便利额度为份额的 140%，某些特殊情形下可达 180%。具体贷款额度取决于成员方经济调整规划的具体内容、国际收支困难程度、使用 IMF 贷款历史记录等。

（5）紧急援助便利。与 1962 年设立，旨在帮助成员方在面临突然和不可预见的自然灾害时引起国际收支困难时提供资金帮助。1995 年后，申请该贷款便利的原因扩展为包括军事原因在内而造成国际收支不平衡问题。2000 年以后，信用部分贷款以外的专门政策要独立适用于该类贷款便利，额度为份额的 25%。

紧急贷款便利，主要指 IMF 的补充储备便利。该类贷款便利由 IMF 于 1997 年 12 月设立，是 IMF 对当时亚洲金融危机作出的反应。在亚洲金融危机时刻，成员方一般都出现了储备资产迅速缩水，短期外汇需求突增，市场信心崩溃，国际收支极其困难等情形。IMF 设立该项贷款便利旨在向面临短期金融需求的成员方提供金融援助，帮助提升自由市场经济国家人民的信心，帮助它们脱离困境，恢复金融市场正常运转。[1] 该贷款便利利率比较高，且 IMF 规定了详尽且苛刻的经济改革政策。尽管该类贷款便利不受明确贷款额度限制，但是它不同于信用部分贷款和中期贷款，它主要根据成员方资金需要量和还款能力来确定相应的贷款资金。之后，1999 年，IMF 在此贷款便利基础上采纳了临时信贷安排（GCL），该安排是为那些还未遭受金融危机却面临潜在经济停滞

[1] See IMF Survey, 12 January 1998, p. 7.

的国家提供援助，使 IMF 逐渐成为“最后贷款人”。

综上，关于 IMF 特殊贷款便利并未穷尽且可能不断更新变化。关于条件性具体内容的说法随着宽松贷款便利和新程序的设立，如今出现“严格条件性”（普通贷款便利即一般提款权）和“宽松条件性”（成员非歧视性对待下的特殊贷款便利）共存的局面。❶

## 第二节 IMF 贷款条件的程序与实体规则分析

IMF 贷款条件性❷设置独树一帜，以备用安排和扩大安排为形式，以绩效标准为核心，以国家结构性经济调整为内容，旨在帮助成员方解决国际收支困难问题，以防止危害世界经济繁荣措施的实施。IMF 除资金账户和贷款便利设定外，还对贷款条件性实体和程序内容作了详细规定。

### 一、申请 IMF 贷款的“适格”条件

法律意义上的“适格”往往指的是某主体参与诉讼程序的一种资格。而 IMF 贷款资助的“适格”条件不仅指的是一种资格，更多地体现为某种“前置要求”。IMF 审查成员方是否“适格”申请贷款资助，存在事实和身份两个层面的考察。

#### （一）事实层面的“适格”要求

《IMF 协定》第 5 条第 3 款规定了 IMF 成员方想要以本方相当

---

❶ See Rosa M. Lastra ed. *The Reform of the International Financial Architecture*, Kluwer Law International, 2001, p. 80.

❷ 贷款条件性与贷款条件属于不同概念，一般将贷款条件视为贷款条件性的实体内容。蔺捷：“金融危机背景下 IMF 贷款条件性改革”，载《国际商务研究》2011 年第 5 期。

数额的货币购买其他成员方货币所需满足的条件，其中（a）（i）便要求该成员方处于“现在急需”该种货币而向 IMF 提出购买要求。对于成员方是否处于该种境地而同意其援用 IMF 资金，IMF 拥有对此的抗辩权❶。如上所述，成员方援用储备部分资金是其固有权利，因此其“适格”条件是《IMF 协定》所明文规定的，IMF 一般对此不能提出异议。

IMF 贷款资助一般通过外汇交易或备用安排进行。❷ 现实中，外汇交易所提取的贷款限制于储备部分资金。外汇交易不同于贷款协议，它涉及某种货币的购买与回购。法律上的区分意义在于，外汇交易不产生债权人—债务人之类的法律关系，❸ 但不能否认回购不产生法律关系。因此，成员方申请 IMF 贷款资助的“适格”条件除《IMF 协定》关于储备部分的规定外，信用部分资金援助则由成员方是否处于“现在急需”资金解决国际收支困难的情况所决定，而其中 IMF 拥有最终的决定权。

### （二）身份方面的“适格”要求

成员方是否能申请 IMF 贷款资助身份上的要求是，主权国家能继续在 IMF 行使“合格”的会员权❹。对于上述“合格”的定义较为模糊，一般是指成员方依据《IMF 协定》可以使用 IMF 普

---

❶ See Erik Denters, *Law and Policy of IMF Conditionality*, Kluwer Law International, 1996, p. 76.

❷ See A. W. Hooke, The International Monetary Fund: Its Evolution, Organization and Activities, *IMF Pamphlets Series*, Washington D. C. , No. 37, 1983, p. 14.

❸ See Daniel D. Bradlowed. , *International Borrowing: Negotiating and Structuring International Debt Transactions*, 3rd ed. , Springer Netherlands, 1997, p. 404.

❹ See Joseph Gold, Order in International Finance, the Promotion of IMF Stand – By Arrangements, and the Drafting of Private Loan Agreement, *IMF Pamphlet Series No. 39*, Washington D. C. , 1983, p. 18.

通资金账户下的资金而未被 IMF 宣布为主体不适格[1]。具体而言，成员方在申请 IMF 贷款资助时，不能与 IMF 的宗旨相违背。然而，特殊提款账户下资金交易不受 IMF 宣布某成员方“不适格”影响，[2] 同时在该账户下可将资金转移到普通资金账户。如若成员方对 IMF 宣布其不适格主体资格的决定存在异议，则该决定将暂停生效，IMF 和成员方将对此进行协商以促成新的谅解达成。

## 二、成员方申请 IMF 贷款的程序性步骤

### （一）磋商与谈判

当成员方出现国际收支困难需求信用部分贷款资助时，成员方先向 IMF 提出贷款请求。在 IMF 收到成员方请求后，派出代表团前往成员方与之展开磋商和谈判。该代表团由 IMF 工作人员组成，归 IMF 总载领导，磋商的目的在于确定成员方所要达成的目标和获得 IMF 援助需要采纳的政策。同时，代表团也讨论成员方自身所提方案的一致性，协助成员方进行政策选择。总裁随时以合适的方式告知执行董事会关于谈判的进展情况。磋商主要发生于高级信用档贷款额度内，且作为一项义务规定在《IMF 协定》当中[3]。磋商与谈判是国际法上处理问题常采取的形式，它不仅能顾及谈判各方的利益，而且也能够使有关成果更易于执行。在 IMF 批准贷款资助之前以及贷款实施过程中，磋商与谈判都起着不可替代的作用。

---

[1] 《IMF 协定》第 XXVI，Section 2（a）.

[2] 《IMF 协定》第 V，Section 12（f）。依据该条款，黄金分配给发展中经济体的进程将停止，直到成员方不适格主体资格取消或 IMF 决定立即进行分配。

[3] 《IMF 协定》第 IV，Section 1.

## （二）意向书

成员方在谈判和磋商之后拟订意向书的具体内容，随后将之提交给 IMF 总裁。在这一过程中，代表团往往先与成员方谈判作为一项备用安排的前提条件，在前提条件确定后，代表团再与成员方就意向书内容进行谈判。意向书的核心内容是成员方需要采纳的调整项目以及客观反映项目实施情况的绩效标准。IMF 总裁在参考代表团报告后决定是否接受成员方的意向书。总裁如果认为意向书中某一项安排符合《IMF 协定》，并认为会实现，便会建议执行董事会批准该成员方申请使用 IMF 普通资金的请求，即决定是否将意向书中某些内容作为备用安排中的条件。

意向书并不产生法律意义上的执行力，不旨在创设权利和义务，它是一项“君子协议”❶。意向书的发出意味着成员方试图寻求 IMF 接受一项备用安排。意向书这一程序性步骤的设置主要有两个目的。第一，它使 IMF 在制定备用安排时将细化具体调整方案的任务转移给成员方。❷ 意向书简单地说就是备用安排的具体细化，由于它一般经过成员方货币机关的批准，因此，IMF 可以认为调整方案是成员方国内自主决定并认可的内容而非 IMF 的决定。第二，意向书作为一国政府的文件，使政府更易于选择是否向公众披露具体内容并获得支持，因为 IMF 备用安排一般是不予公布的。❸

---

❶ See E. Lauterpacht, “Gentleman’s Agreements”, Festschrift fuer F. A. Mann, ed. by Werner Flume, et al, *InternatioanlRecht und Wirtschafsordnung* (*International Law and Economic Order*), Munich, 1977, p. 383.

❷ See Erik Denters, *Law and Policy of IMF Conditionality*, Kluwer Law International, 1996, p. 88.

❸ IMF 仅仅公布它的出版物，不会全盘披露备用安排的具体内容，但有些成员方确实全盘公布了意向书。关于意向书公布的评析见 Gold（1970），pp. 269—270 Annex G.

### （三）备用安排：内容与法律性质

备用安排的设定主要是保证成员方在需要时随时提款。由于协商和谈判往往耗时长，有时可能导致成员方金融状况进一步恶化。或者，成员方虽在短时间内没有贷款需求，但是随着经济调整方案的实行，可能后期有这种贷款需求却希望 IMF 无须审查成员方申请是否符合 IMF 使用资金的条件。因此，1952 年 IMF 创造了备用安排这一制度，保证成员方在既定时间内可以向 IMF 提取特定额度的资金而无须 IMF 进一步审查，且采取分阶段提款方式。

作为 IMF 条件性贷款资助的重要工具备用安排一般具体包含如下几个实体内容，即绩效标准、磋商谈判、分期提款安排。具体备用安排条款由成员方与 IMF 协商达成。一旦 IMF 收到成员方的意向书便开始起草备用安排。意向书具体内容、成员方所要求的贷款数额和类型以及 IMF 自身政策都影响着备用安排的具体条款。备用安排起草完毕，总裁便会向执行董事会递呈，并附加解释性备忘录和赞同的推荐意见。执行董事会没有义务必须接受该推荐意见，并且它拥有对备用安排的最终决定权。成员方可利用备用安排服务于 3 个不同的目的，成员方可以利用备用安排满足短期外汇需求或出于预防性目的以应对今后外汇需求以及作为向现在和潜在债权人表明该国金融政策已获得 IMF 的“核准戳记”（seal of approval）。就“核准戳记”而言是指备用安排为 IMF 向成员方提供资金援助设置了一个防御性保障，即备用安排赋予成员方资信上的信誉使很多商业银行在放贷时视有否备用安排为先决条件。

备用安排是 IMF 作出的一项决定[1]，它是一个拥有法律意义的文件[2]。从民法学合同构成要件来分析其法律性质可知，首先，备用安排内容具有不确定性，意向书并不构成合同法意义上的“要约”，因为意向书仅仅是单方文件，详尽表明成员方意欲采取的调整政策，且备用安排中磋商机制、绩效标准等也表明内容会随国内经济形势不断发展。其次，备用安排不能充分反映“当事人”的意思自治。由于备用安排磋商过程欠缺透明度，是否体现成员方真实意愿不得而知，而且成员方为获得贷款资助而妥协退让的情况也可能存在。备用安排协商过程中，无论双方达成谅解的形式多么正式，内容多么详尽，如若当事人都不意在创设“合同”，则备用安排不能被认为协议。[3] 最后，正是由于备用安排对成员方没有法律上的拘束力，因此违反备用安排并不产生法律责任。即使 IMF 暂停成员方继续使用资金，重新达成谅解或使成员方丧失提款资格，都不被认为是成员方违约所要承担的责任，仅代表 IMF 为回收资金而进行的保障和补偿制度。上文提到外汇交易中成员方有回购本国货币的义务，备用安排确实设定了该种义务，但是义务履行的法律依据不是备用安排本身而是《IMF 协定》的有关规定[4]。

---

[1] 《IMF 协定》第 XXX（b）；Decision No. 2603 –（68/132），September 20，1968，Selected Decision of the International Monetary Fund and Selected Documents，Eighth Issue（Washington，May 10，1976），pp. 47—49；Decision No. 6056 –（79/38），March 2，1979，Annual Report of the Executive Board for the Financial Year Ended April 30，1979，pp. 136—138.

[2] See Joseph Gold，The Legal Character of the Fund's Stand – by Arrangement and Why it Matters，*IMF Pamphlets No.* 35，Washington D. C.，1993，p. 10.

[3] See Joseph Gold，The Legal Character of the Fund's Stand – by Arrangement and Why it Matters，*IMF Pamphlets No.* 35，Washington D. C.，1993，p. 11.

[4] 《IMF 协定》第 5 条第 7 款；François Gianviti，The International Monetary Fund and External Debt，*Recueol Des Cours*，Vol. 215，1989，p. 254. 备用安排不为成员方创设使用 IMF 资金的权利，仅仅宣誓承认成员方有权使用 IMF 的资金。

如上，备用安排不是合同[1]，因为成员方所提出的意向书和 IMF 的备用安排是“平行”的两个文件，[2] 而不是相互间确定权利义务的国际协议。[3] 因此，必须避免任何涉及合同内涵的词语出现[4]，同时国际条约法并不适用，也不需要根据《联合国宪章》第 102 条进行备案。将备用安排定性为“决定”而非“国际协定”有如下好处：第一，非强制性约束力的备用安排使成员方无须置于 IMF 的权力控制之下，[5] 也相对减轻了国内政治压力，避免了国内烦琐的批准程序，为今后政策调整留下了足够的空间；第二，非国际条约性质的备用安排，免除了条约缔结程序的烦琐，有利于 IMF 和成员方能够迅速展开行动应对突然的金融形势。

综上，备用安排是《IMF 协定》规定的除储备部分提款权外，IMF 所设定的条件性工具。备用安排非协议性的定位是 IMF 调和与成员方之间矛盾的方法，反映了 IMF 贷款的灵活性。

## 三、IMF 贷款条件性的实体规则分析

### （一）前提条件

前提条件与备用安排是两个独立的文件。根据 1979 年《贷款

---

[1] 备用安排与贷款协议分属两个不同文件。成员方与 IMF 之间签订的贷款协议属于国际条约，对双方产生权利与义务。而备用安排属于贷款协议下的附加文件，不意在创设双方的权利义务。

[2] See Daniel D. Bradlow ed., *International Borrowing: Negotiating and Structuring International Debt Transactions*, 3rd ed., Springer Netherlands, 1997, p. 405.

[3] See Guidelines on Conditionality (Decision I), para 9, 2005；也不需要向联合国备案。

[4] See Decision of the Executive Board No 12864 – (02/102) of 25 September 2002, as amended by Decision No. 13814 – (06/98) of 15 November 2006, “Guidelines on Conditionality” (Decision I), para 9, 2005.

[5] See Erik Denters, *Law and Policy of IMF Conditionality*, Kluwer Law International, 1996, p. 101.

条件指导方针》第 7 条规定："总裁在认为成员方提出的方案符合 IMF 有关规定和政策并能得到实施的情况下建议执行董事会批准成员方申请使用信用部分普通资金的要求。成员方在一项备用安排被 IMF 批准前被期待采取一些纠正措施，但仅限于使成员方采取和实施与 IMF 有关规定和政策相符的方案所必需。"其中，该规定所指的"纠正措施"就是所谓的前提条件，它指的是成员方在遵循有关 IMF 规定和政策基础下为了确保立即使用 IMF 资金所需采取的政策或行动[1]。前提条件一般根据《IMF 协定》第 4 条，由成员方与 IMF 进行磋商而加以确定。前提条件的具体内容体现在 2002 年《贷款条件指导方针》第 2 条中，即"通过正式和非正式磋商、多边监督、建议和技术援助，基金鼓励成员方采取健全的经济和金融政策，预防国际收支困难的出现，或在困难早期采取纠正措施"。可见，前提条件性既包括为预防困难发生而采取的经济和金融政策，也包括在困难早期采取的纠正措施。前提条件中的措施应尽可能的少，并且仅是关于为执行 IMF 相关规定而必须采取的措施。[2]

前提条件的设定体现了 IMF 条件性贷款下的"保障措施"，确保了成员方政策的切实可行。前提条件最初并不作为条件纳入 IMF 贷款调整项目中，但是考虑到某些成员方不良的履行记录，为了确保贷款条件性至少达到最低要求而将之作为实体内容纳入调整项目中。[3] 如若前提条件未被执行，则总裁将不会建议执行董事会批准一项备用安排。指导方针中将前提条件是否与 IMF 有关规定

---

[1] See Joseph Gold, Conditionality, *IMF Pamphlet Series No. 31*, Washington D. C. , p. 28

[2] See Erik Denters, *Law and Policy of IMF Conditionality*, Kluwer Law International, 1996, p. 104.

[3] See Revised Operational Guidance to IMF Staff on the 2002 Conditionality Guidelines, IMF Staff Report, 2014, p. 23.

和政策相符合以及是否政策会被执行交由总裁判断，这便使总裁需要考虑成员方在 IMF 中过去的信用记录。一旦 IMF 认为成员方在前提条件中所采取的措施适当，则成员方援用第一档信用贷款时 IMF 可不适用绩效标准和分期提款安排。前提条件的不遵守并不产生法律责任，备用安排实施期间成员方提款权也不受影响，唯一的后果便是要求成员方制定新的备用安排。❶ 因此，前提条件可以看作是成员方向 IMF 展示其金融改革的决心，也是 IMF 制定备用安排的参考。

（二）绩效标准

分期提款安排是备用安排下所规定的 IMF 根据成员方“表现”分期给予资金援助。❷ 绩效标准源自政策调解❸，是 IMF 条件性贷款的核心内容，直接反映了《IMF 协定》的宗旨和目标，是评估成员方调整项目执行情况的试金石。2002 年《贷款条件指导方针》第 7 条对条件的范围作了规定：“条件一般包括 IMF 核心责任领域内的宏观经济变量和结构性措施。基金的核心责任包括：宏观经济稳定；货币、财政和汇率政策，包括根本制度安排和密切相关的结构措施；涉及国内和国际金融市场运作的金融体系。”第 11 条进一步对绩效标准作了规定：“绩效标准是一个变量或措施，其遵守或实施被确立为 IMF 安排下贷款资助的正式条件。”其中，适用绩效标准的原则为宏观经济变量以及那些为执行

---

❶ See Erik Denters, *Law and Policy of IMF Conditionality*, Kluwer Law International, 1996, p. 110.

❷ See Joseph Gold, Conditionality, *Pamphlet Series No. 31*, Washington D. C. , p. 29.

❸ 政策谅解主要规定于意向书中，它主要基于国际收支困难的程度和性质作出相应的规定。See Erik Denters, *Law and Policy of IMF Conditionality*, Kluwer Law International, 1996, p. 106.

《IMF 协定》与政策所必要的特殊条款。[1] 纵观 IMF 所制定的若干调整项目，绩效标准是为了客观监控明确的变量或措施，绩效标准的几个基本内容：一是实行紧缩的财政和货币政策，包括提高利率和紧缩政府开支，提高税率，调整财政支出结构，削减政府对经济领域的直接投资，有力地紧缩货币供应量；二是加强私有经济在国民经济中的地位和作用，实行私有化，减少政府对经济的直接干预，尤其要增加政府经济政策的透明度，防止政府腐败；三是建立稳健的金融体系，对银行实行严格的资本充足规定，对金融机构实行严格的市场准入和有效监管；四是加快实现对外贸易和投资的自由化进程，开放本国商品和金融市场。绩效标准的具体内容由 IMF 执行董事会根据成员方所处的环境以及国际收支困难的程度来作出规定，每个调整项目的绩效标准会因成员方客观的金融状况而发生相应的变化。

绩效标准具体形式分为两类，即量化性绩效标准和结构性绩效标准。[2] 量化性绩效标准由一系列量化目标所组成，关注成员方关键性宏观经济变量是否于调整项目期间得到实施。典型的例子就是国际储备水平、财政赤字规模以及非优惠性外部借贷水平等。结构性绩效标准指的是那些对调整项目成功至关重要的结构性措施的实施。这些条件性常常包括法律改革如新银行或破产法的制定等。当成员方未满足绩效标准时，如果不遵守的情况很微小（或是自我修正行为）或成员方正采取措施使调整项目回归“正道”，执行董事会可授予“豁免”，使贷款继续发放。

违反绩效标准不产生相应的法律责任或“经济制裁”，仅将导

---

[1] See Guidelines on Conditionality, 9a, 1979.

[2] See Ross Leckow, “Conditionality in the International Monetary Fund”, *Current Development in Monetary and Financial Law*, Washington DC, Vol. 3, 2005, p. 54.

致 IMF 金融资助的中止。绩效标准不阐释调整项目的具体目标，而是作为试金石评估项目的实施进程。绩效标准中的规定应尽可能的明确、简洁、客观❶，主要关注成员方经济的宏观领域，只有当微观经济变量足以影响宏观经济政策时才加以考虑。但是，由于成员方金融状况有时难以准确认定，为此绩效标准过于注重量化因素这一特征常受到诟病。❷ 绩效标准不同于前提条件，后者不受调整范围的限制。另外，分期提款安排受绩效标准影响，一般将前提条件和绩效标准相结合进行考察。如果成员方未达到一定的绩效标准则之后的提款安排会受到限制，直到确立新的备用安排。

### （三）评估条款

如图 1－1 所示，某些情形下绩效标准的制定往往根据的是成员方下一年度预算安排或经济计划，由于备用安排期限常超过 1 年，因此绩效标准常不能准确判断调整项目的实施情况。2002 年《贷款条件指导方针》第 10 条规定了关于在合适时期为后续绩效标准达成谅解而需要评估的情形。❸ 该条仅在评估绩效标准必要情形时适用，总裁需将情形告知执行董事长。该条款的设计是为了确保“评估”不延伸至调整项目其他不需要复审的方面，同时“评估”也不意味着重新协商，一旦备用安排获得通过，成员方有权援用该条款而对绩效标准进行审核。该评估条款的主要内容在于评估成员方的宏观经济政策，并在必要时达成新的谅解。2002 年《贷款条件指导方针》第 12 条则是关于对调整项目实际实施情况的“评估”，这样 IMF 可以判断成员方政策是否遵循了之前所制

---

❶ See Internal Minute of the Legal Department of 31 August 1987, IMF.

❷ See Joseph Gold, Conditionality, *Pamphlet Series No. 31*, Washington D. C., p. 34.

❸ See Guidelines on Conditionality 11 (c), 2005.

定的政策谅解。综上，评估条款的设定不仅能够使 IMF 检测调整项目的实际执行情况，更多的是为成员方今后金融状况改变留下了足够的政策调整空间。

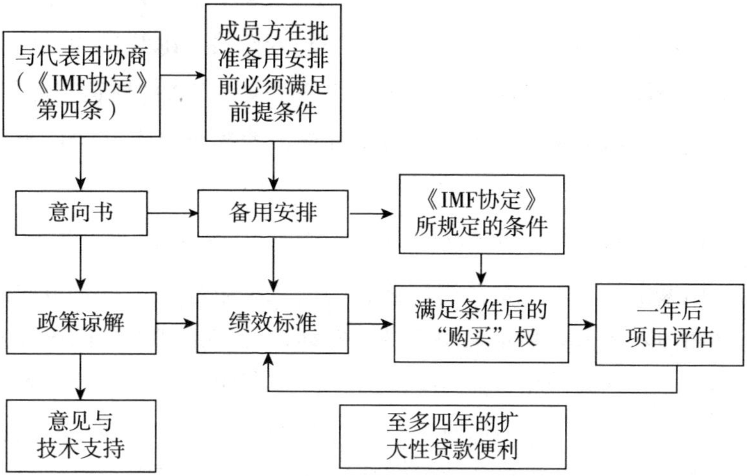


**图 1-1 申请 IMF 贷款资助的工具与程序**

## 第三节 IMF 贷款条件的国际法分析

对 IMF 贷款条件性进行行为分析，是判断贷款条件性性质的一个切入点。如上文所述，IMF 与成员方在贷款条件性问题上并不旨在创设合同上的权利义务关系，为此从法学角度对其性质进行分析才能更好地理解“条件性”的本质内容。根据国际法上法律行为的定义，如果 IMF 设置贷款条件性的行为属于国际法上的法律行为，那么 IMF 贷款条件性则存在实质的法律约束力，只是这种类似制裁的约束力是默示或暗含的。

## 一、条件性所体现的国际法原则

有关 IMF 贷款条件性的主要原则，学术界并无统一答案。有学者认为是统一对待原则和灵活对待原则。[1] 当然，IMF 贷款条件性所体现的国际法原则不局限于此，随着金融全球化的深入，关于贷款条件性的原则也在不断发展之中。从贷款条件性适用对象、实施方针和效果来看，笔者认为条件性主要体现以下几个国际法原则。

### （一）主权国家平等原则

国家主权平等，是传统国际法的一项重要原则，它是由国际社会和国际法基本特征所决定的，并体现在一系列重要的国际条约中，如《联合国宪章》。国家主权平等原则指在国际法中，各主权国家不论大小、强弱和政治经济制度如何，都应互相尊重主权，平等交往。[2] 该原则是其他国际法原则、规则和制度制定的出发点。这一原则的核心要义在于，适用对象上无论是经济强国还是贫困国家、无论领土面积大小在处理国际事务过程中都要同等对待，无任何差别。其实，该原则与上文提到的统一对待原则有异曲同工之效。对 IMF 而言，主权平等原则要求 IMF 无论成员方为发达国家或发展中国家一律要统一对待。2002 年《贷款条件指导方针》第 5 条也对此进行了规定，即 IMF 必须无差别地对待成员方。为了确保 IMF 对成员方统一对待，执行董事会必须依据 2002 年《贷款条件指导方针》采取行动。尽管 IMF 是按照份额来决定

---

[1] See Mauel Guitián, Fund Conditionality, Evolution of Principles and Practices, *IMF Pamphlet Series No. 38*, Washington D. C. , p. 3.

[2] 杨泽伟："国际法上的国家主权与国际干涉"，载《法学研究》2001 年第 4 期。

贷款额度，但是该限制却无关某国的经济水平和发展程度。[1] 但是，主权国家平等原则并不排除 IMF 贷款要求成员方在满足某些特殊情形或特殊条件下才予以适用，诸如补充性金融贷款便利等特殊贷款便利类型。

（二）“差别待遇”原则

“差别待遇”原则在国际法体系中主要存在于主权国家给予外国人待遇方面。“差别待遇”是指国家给予外国人不同于本国公民的待遇，或对不同国籍的外国人给予不同的待遇。[2] 由于主权国家与外国人属于不对等主体，因此该原则难以适用于 IMF 与成员方间。但是，不妨取该原则的核心——“差别”之义适用于 IMF 贷款条件性，即在适用对象平等基础上所要求采取的调整政策存在差异性。理论上，IMF 贷款条件性以“平等对待”为原则，“差别待遇”为例外。贷款条件性的“差别待遇”不等于歧视性对待，而应理解为“灵活对待”，即 IMF 执行董事会在设置贷款条件性的具体内容时，应该从成员方实际金融状况出发，具体问题具体分析，充分尊重成员方对金融结构性改革的主导权。IMF 贷款条件性“以一适多”（one fits all）模式不可取，这在 20 世纪亚洲金融危机中韩国的例子中可窥见一二。为此，通过 IMF 贷款种类可见 IMF 在条件性设置上具有灵活性，且适当地“差别”制定了有关规定，尊重成员方经济主权。

（三）善意履行国际“义务”原则

国际惯例和条约必须遵守，是传统国际法中的一项重要原则。

---

[1] See Anand G. Chandavarkar, The International Monetary Fund: Its Financial Organization and Activities, *IMF Pamphlet No. 42*, Washington D. C., p. 32.

[2] 梁西主编：《国际法》，曾令良修订，武汉大学出版社 2012 年版，第 251 页。

《联合国宪章》序言部分对此也进行了规定，指出会员方应“尊重由条约与国际法其他渊源而起的义务”。善意履行国际义务有利于保持国际法的有效性和国际法律秩序的稳定。《IMF 协定》作为国际条约，成员方必须遵守。成员方依据《IMF 协定》有维持本国国际收支平衡且不做有损于国际金融稳定行为的义务。实际上，成员方申请 IMF 贷款资助以维持国际收支平衡实则是对上述义务的遵守。关于贷款条件性的规定，由于备用安排、意向书等不构成国际协议，由此导致对成员方无法律拘束力。但是，并不是只有国际条约才要求善意履行，主权国家出于对道义、政治因素等考量，也会善意履行国际义务。此时国际义务的范畴，并不局限于条约义务。贷款条件性有关规定可以看成是 IMF 与成员方间的“君子协定”[1]，对此项下义务的善意履行有利于成员方提升国际信用并获得更多的国际金融贷款。又如，在实践中，IMF 贷款调整项目可能未全部得到实施，此时，成员方都会与 IMF 再协商，以期达成新的备用安排或修改有关内容，这其实也是善意履行义务的表现。

## 二、IMF 贷款条件性与国际法上法律行为

“法律行为理论从私法领域进入法理学领域后，法律行为就演变为法理学上的概念，成为各法学领域的法律行为的总称”。[2] 英国学者劳特派特在其著作《国际法的私法渊源和类比》一书也表述过，国际法由于主体之间特别是国家间的平等性，国际社会更加类似于私法或自治领域。为此，国际法作为一个独立的法学学

---

❶ See Erik Denters, *Law and Policy of IMF Conditionality*, Kluwer Law International, 1996, p. 88.

❷ 周振想主编：《法学大辞典》，团结出版社 1994 年版，第 913 页。

科，法律行为理论当然同样适用，同时由于其所营造的类似私法的环境使得国际法对法理学中法律行为理论更易于接纳。

### （一）国际法上法律行为的概念

萨维尼在《现代罗马法体系》一书中对法律行为给出的定义是“行为人创设其意欲的法律关系而从事的意思表示行为”，核心是意思表示要素与所产生的私法效果。关于国际法上的法律行为定义和概念的论著似乎并不多，更多的是研究国际法上的单方行为。为此，我们可以结合法律行为的定义和国际法上的单方行为来窥见国际法上法律行为的基本内容。国际法上的单方行为，又称单方国际法律行为、单边或单方法律行为（国际法上）。国外方面，苏联克利缅科等编纂的《国际法辞典》中将单方行为定义为，“是指国际法主体单方面采取的并具有法律意义的行为”。此定义中特别强调行为的意志表述，认为法律上的单方行为只能是一个国家作出的产生法律后果的意志表示，即具有法律事实意义上的意志表示。[1] 日本国际法学会编的《国际法辞典》则认为，“单方法律行为指某一国际法主体对另一国际法主体单方面作出的行为”。[2] 该定义将单方法律行为分为广义和狭义两种，其中由国际法主体单方意思表示并对法律关系带来一定影响的行为是严格意义上的单方法律行为。菲德罗斯是为数不多直接提出国际法上法律行为概念的学者，并将之分为单方的法律行为和多方的法律行为。然而，他却仅对单方法律行为作出了定义，即“按照一般国际法，通过单个国家的意思表示，也可以发生它所意欲的法律上

---

[1] ［苏］克利缅科等编：《国际法辞典》，中国人民大学出版社1987年版，第214页。

[2] 日本国际法学会编：《国际法辞典》，世界知识出版社1985年版，第601页。

的结果。这种意思表示，人们称为单方的法律行为”。[1] 国内学者中，王铁崖先生主编的《中华法学大辞典·国际法卷》将国际单方法律行为定义为，“国家单独作出的具有一定法律效果的行为”。[2] 李浩培先生也提出了国际法上单方法律行为的定义，认为其是指“一个或几个国际法主体作为一方意欲产生法律效果而作出的，且国际法依其意欲赋予法律效果的意思表示”。[3] 周忠海等对国家单方法律行为进行了专门研究，认为它是国家意图单方引起国际法上后果的行为。[4] 另外，对国际法上法律行为的定义，慕亚平认为“国际法上的行为是由国际法主体实施的能够引起法律后果发生的事实”。[5]

通过上述定义可知，国际法上单方法律行为的定义强调主体单方面作出意思表示并产生一定的法律效果。为此，综合上述这些定义的共同要素，并去除意思表述的单方性便可对国际法律行为进行定义。因此，国际法上的法律行为是指国际法主体实施的意欲产生一定法律后果的意思表示行为。

### （二）国际法上法律行为构成要素与贷款条件性

可从单方国际法律行为构成要件推知国际法上法律行为的构成要件。日本国际法学会编的《国际法辞典》从意思表示、主体、

---

[1] ［奥］阿·菲德罗斯等：《国际法》（上册），李浩培译，商务印书馆 1981 年版，第 193 页。

[2] 王铁崖主编：《中华法学大辞典·国际法卷》，中国检察出版社 1996 年版，第 179 页。

[3] 李浩培：《国际法概念和渊源》，贵州人民出版社 1994 年版，第 117 页。

[4] 周忠海、张卫华：《试论国家单方法律行为的若干基本问题》，载《河南省政法管理干部学院学报》2007 年第 6 期。

[5] 慕亚平：《国际法原理》，人民法院出版社 2005 年版，第 143 页。

行为效果三方面认为是构成要件。[1] 李浩培先生则在此构成要件基础上多出一个，即国际法依其意欲赋予的法律效果，强调行为的法律性。然而，这一要素实则与行为效果内涵一致。为此，从众多著作中可以大概归纳出主体要求、意思表示、法律后果三大构成要素。那么，IMF 设置贷款条件性是否是一种国际法上的法律行为，应当从上文提到的国际法上法律行为的构成要件逐一进行分析，加以确定。

1. IMF 有相应的国际行为能力，为可归因主体

国际行为能力指国际法主体能够通过自己的行为取得国际法上权利和承担相应义务的能力。[2] 行为方是国际法主体是国际法上法律行为区别于其他国内法律行为的关键点。国际行为能力的行为方要求是国际法主体，如日本国际法学会编的《国际法辞典》中指出是国家、像联合国那样被承认具有一定独立性的国际组织或个人。[3]

可归因主体主要指设置 IMF 贷款条件性主体是否拥有国际法主体资格。国际法主体资格必须具备能直接参加国家法律关系和能直接承担国际法上的权利和义务两个条件。[4] 而 IMF 作为政府间国际金融组织，其国际法主体资格早已得到确认，因此设置贷款条件性的主体应当是 IMF。

2. 意欲产生一定后果的意思表示要素

意志性是意思表示的实质内涵，是指行为方有对其行为产生

---

[1] 日本国际法学会编：《国际法辞典》，世界知识出版社 1985 年版，第 601—602 页。

[2] 梁西主编：《国际法》，曾令良修订，武汉大学出版社 2012 年版，第 288 页。

[3] 日本国际法学会编：《国际法辞典》，世界知识出版社 1985 年版，第 601 页。

[4] 杨泽伟：《国际法》，高等教育出版社 2012 年版，第 46—47 页。

法律后果的意图，并通过一定形式向对方表达了这种意图。在国际法的法律行为中，该意图主要指“引起国际法上的后果”。[1] 法律行为与事件的本质区别在于意志性因素。因此，国际法上的法律行为依据主体意志的数量，可以分为单方法律行为和双方法律行为或多方法律行为，前者如放弃、承认，后者如协议或条约。意思表示真实与否并不影响国际法上法律行为的认定，往往涉及的是行为的法律效力问题。为此，国际法上的法律行为如果基于强迫而非真实意思表示则被认为是无效的国际法律行为。在国际法领域，国际法上法律行为一般是指有效的法律行为。

IMF 设置贷款条件性本身是否旨在引起国际法律关系产生、变更和消灭的意图，并且将该种意图以某种形式表达出来，是判断 IMF 意思表示要素的两个重要标准。判断 IMF 贷款条件性意图可从以下几个方面阐明。首先，《IMF 协定》第 5 条第 3 款规定了关于使用 IMF 普通资金的条件，包括制定备用安排或特殊政策，以保障暂时使用 IMF 资金。其次，IMF 执行董事会作出是否批准备用安排时，是否明知自己的行为能引起一定的后果？IMF 已经具备国际法主体资格，因此，其认知能力不存在疑问，关键的问题是，IMF 是否认识到其本身的行为会引起一定后果。由于 IMF 贷款是向面临国际收支困难的成员方发放，以及成员方接受条件性是国际法上“条约必须信守”原则的体现，为此 IMF 设定贷款条件性是保障资金安全的一种“工具”“方法”“手段”，而且绩效标准的设定也表明条件性事实上的拘束力，影响成员方在 IMF 金融资助的权利。执行董事会明知条件性会引起一定的后果而为之，说明 IMF 是具有这方面意图的。最后，IMF 不但具有这种意

---

[1] 周忠海、张卫华：“试论国家单方法律行为的若干基本问题”，载《河南省政法管理干部学院学报》2007 年第 6 期。

图，还将这种意图以一定的形式表达了出来。这里表达形式便是 IMF 与成员方的贷款协议以及条件性附加文件。

3. 引起一定的国际法律后果

所谓引起国际法律后果，是指国际法主体的行为能引起国际法律关系的产生、变更和消灭，引起权利或义务关系的变更。不能引起国际法律后果的行为即便由国际法主体作出也不能称为国际法上的法律行为。国际法律后果可能采取多种形式，有形或无形，可以是一种状态或某瞬间的结果，关键在于国际法主体间的法律关系是否变更。一般而言，单方法律行为一经作出即生效，便产生相应的法律后果。例如，对新政府或国家的承认，不需被承认者作出对应的意思表示。双方或多方法律行为则需各方都有意思表示并达成一致才能产生法律后果，如双边或多边条约的签订。

解决这个问题，正确认识 IMF 与成员方之间的相互关系非常重要。根据《IMF 协定》规定的，若成员方不履行有关条件性规定则会停止发放下一次贷款，一般学者认为这种“制裁”并不是成员方因违反协议而承担的法律后果。当然，有些特殊贷款便利并不附加实质性条件性内容，此时便不存在法律后果的承担与否。同时，由于贷款条件性设定是执行董事会作出的一项决定，因此 IMF 在引起法律后果方面意思表示要素也欠缺。

综上，依托法学研究的基本方法，站在法律行为的角度，对 IMF 设置贷款条件性的行为进行分析后可知，从主体、意图和引起法律后果等构成要件看，IMF 贷款条件性的行为符合国际法上法律行为的前两个构成要件，而在法律后果方面由于 IMF 创设条件性初衷并不旨在设定合同法意义上的权利义务关系，因此 IMF 贷款条件性对成员方不存在法律上的拘束力。当然，在特定条件的情况下，IMF 贷款条件性能够产生相应的法律效力，而不仅仅是一种事实行为，下文将进行详细论述。

### （三）贷款条件性与国际法上单方行为

上文中对国际法单边行为进行了阐释，然而，其中 IMF 设置贷款条件性是否属于 IMF 作出的单方法律行为有待学者研究。国际法承认国家可以采取有约束力的单边行为。国际法院曾经论述了该种规定。[1] 国际社会已经承认，一国作出的单边行为可对自身产生法律上的拘束力，有创设法律义务的效果。同时，该单边行为是“自我约束”，无须其他国家作出反应或回答，表达形式也无特定要求。信任和诚信是国际合作的内在要求，单边行为的实施要求行为方善意履行义务，并且相关利益方可以凭借此种信任要求行为方履行义务。

那么，IMF 贷款条件性中意向书是否构成国际法上有拘束力单边行为？意向书中无任何关于“试图遵守”的规定，或以承诺性的语言进行起草。虽然国际法上的单边行为不需要第三方的接受、回复或反应，但是 IMF 却否认其试图订立合同的意愿。如果 IMF 希望成员方按照意向书遵守有关目标和政策，如果没有法律上的其他障碍，该行为应该被认定为签订双边协议。[2] 为此，将意向书认定为单方行为不太合符成员方意志。同时，由于 IMF 所制定的备用安排，以及其中包含的绩效标准等也并没有设定法律上的义务以及违反后的法律责任，因此，IMF 贷款条件性也不符合

---

[1] See Nuclear Tests Case (Australia v. France), Judgement of 20 December 1974, ICJ Report 1974, pp. 267—268; Sergio Carbone, “Promise in International Law: A Confirmation of Its Binding Force”, *Italian Yearbook of International Law*, Vol. 1, 1975, pp. 166—172.

[2] See Joseph Gold, The Legal Character of the Fund’s Stand - By Arrangements and Why It Matters, *IMF Pamphlet Series No. 35*, Washington D. C., p. 25.

国际法上有约束力的单边行为的条件。

正如国际法院所述，“国家所做声明需求其限制性解释”，这样才能明确国家单边行为的实际边界。[1] 同样，如果成员方在意向书表明其愿意遵守其中的政策和目标，则可以认为成员方愿意承担相应的法律义务。

### （四）IMF贷款条件性是国际法上的“准”法律行为

民法上将准法律行为认定为行为人以法律规定的条件业已满足为前提，将一定的内心意思表示于外，从而引起一定法律效果的行为。准法律行为从民法学意义上讲，是指“与法律行为类似的行为”[2]，其区别于法律行为最明显的特征在于，它欲产生的法律效果来自于法律规定。同时，准法律行为调整的具体行为不产生权利变动的法律效果，致使其不能成为判断权利义务内容的根据。[3] 准法律行为与事实行为最大的区别在于意思表示，事实行为正是由于意思表示要素缺乏且不独立，促使事实行为逐渐的体系化。[4] 为此，判断IMF贷款条件性是否为准法律行为可从意思表示与法律效果两个方面加以论述。

考察IMF设置贷款条件性行为的法律性质，需从条件性实体与程序内容进行分析。其中，通过对备用安排、意向书进行法律性质分析，可以归纳和总结出有关结论。

1. 非协议性的意思表示

成员方与IMF针对贷款资助经常连续不断地达成备用安排，

---

[1] See Jean - Didier Sicault, “Du Caractère Obligatoire Des Engagements Unilatéraux En Droit International Public”, *Revue Gènèrate de Droit International Public*, Vol. 83, 1979, pp. 634—688.

[2] 常鹏翱：“对准法律行为的体系化解读”，载《环球法律评论》2014年第2期。

[3] 伊田：《民法典总则之理论与立法研究》，法律出版社2010年版，第467页。

[4] 常鹏翱：“事实行为的基础规范”，载《法学研究》2010年第1期。

而备用安排作为一项“决定”的性质已经在 2002 年《贷款条件指导方针》中的叙述，即“IMF 的安排是执行董事会的决定，成员方根据此在一定时期里购买或获得一定资金。IMF 贷款安排不是国际协议，文件应避免合同性质的词语表达”中得到确认。备用安排既然作为 IMF 的正式决定，即具有法律效力，但是是否产生相互间的权利义务关系则仍取决于当事方的意思表示。从 IMF 方面看，IMF 并没有协议性的意思表示，至少从这方面可以认为 IMF 贷款条件性行为不是订立合同的法律行为。类似地，意向书则可以看成是成员方作出的一种“决定”。意向书与备用安排“非协议性”的法律基础在于《IMF 协定》第 5 条第 3 款 b 项的规定，“在下列条件下成员方以本国相当数额的货币向 IMF 购买其他成员方的货币”。因此，成员方依据该条款享有购买权，而备用安排一般是总结这个权利下的购买条件。[1]

贷款条件性的具体内容分属几个文件，然而条件性调整项目内容之所以借贷各方不愿意建立具有法律约束力的条款主要是由于以下几个原因。首先，金融援助本身所具有的政治性质导致条件性法律执行力的不适宜。成员方政策和经济结构改革往往存在政治上的敏感性，而且这些改革可能会因为未获得国内立法程序批准而导致与宪法相违背。因此，成员方当局也不愿将贷款条件性协议化。其次，违反条件性所导致的“制裁”后果远没有国际协议严重。再次，成员方申请 IMF 贷款是依据《IMF 协定》第 1 条第 5 款的规定，是一项明文规定的固有权利，因此该项下的一般提款权是自动援用，致使贷款条件性合同化显得没必要。最后，成员方当局不愿受制于外部机构或势力。

---

[1] 鄂晓梅：“析 IMF 贷款条件的法律效力”，载《法学评论》2002 年第 5 期。

总之，贷款条件性设置过程中，当事各方并无订立协议的意思表示。虽然成员方与 IMF 并无就贷款条件性订立协议的意图，但是双方就贷款资助的内心意思已表露于外，特别是当成员方申请一般提款权时体现了其请求 IMF 金融资助的意思表示。为此，判断 IMF 设置贷款条件性行为时，不能认为当事双方无意思表示，而应该是双方无产生如合同订立意思自治所预期法律后果的意图。

2. 法律效果的非意定

由于备用安排非国际协议，因此成员方违反协议而导致贷款目的和宗旨不能实现时，IMF 并不能宣布备用安排无效，而是与成员方进行协商达成新的备用安排，其间并不产生权利的变动。或者，执行董事会由于备用安排非协议性质则可不必征求成员方同意，对备用安排行使修改权。成员方实质性违反备用安排可能会影响“平行融资”[1] 的实施，尽管不产生法律责任，但仍会给成员方带来非常大的压力[2]。另外，违反绩效标准一般会导致备用安排下提款权的暂时中止，这被看成是对违反有关规定的制裁。尽管 IMF 针对违反备用安排等行为可中止以后各期拨款，但是此时的“法律后果”并非源自当事双方的意定，一般认为主要基于《IMF 协定》和 2002 年《贷款条件指导方针》。

上文已论述，贷款条件性并不引起一定权利义务关系的变更，即当事方不意在引起法律后果。成员方根据《IMF 协定》申请一般提款权是国际法所规定的一项权利，满足备用安排、绩效标准等是《IMF 协定》规定“保障措施”的实现，意向书则是成员方内心意思表示于外的行为，“制裁”是产生的非意定法律效果。总

[1] 指在取得 IMF 贷款的同时取得其他渠道的贷款，如取得国际私人商业贷款。

[2] See Joseph Gold, The Legal Character of the Fund's Stand – By Arrangements and Why It Matters, *IMF Pamphlet Series No. 35*, Washington D. C. , p. 33.

体而言，贷款条件性设置中当事双方无订立协议的意图以及法律效果源自 IMF 法律体系的规定可知，将 IMF 设置贷款条件性行为认定为准法律行为比较合适。

## 三、条件性在国际组织法下的适用

IMF 属于传统的国际金融组织，其所具有的国际法资格已受到广泛认可，为此，国际组织法相关规则也必然适用于 IMF。从定义本身可知，国际组织法包含组织内部各种行政规章、章程、制度等，以及外部所遵循的国际法一般性规则，[1] 其中国际合作是国际社会处理国际事务最为常用的规则。IMF 设置贷款条件性存在内外部原因，以此为基础运用国际组织法下国际合作相关规则进行分析能够使我们更为全面地认识条件性本身所具有的本质内涵。

国际合作被认为是国际法主体间为实现各自的利益需求而相互配合的过程。国际合作是在各方平等的基础上，为了实现共同的目标而相互联合、相互协作、共同行动的一种结构性行为状态。可见，国际合作是全球金融治理下一个多方参与的动态过程。其中，国际组织是现代国际生活中促成国际合作的一种法律形态。[2] IMF 贷款条件性体现着“国际合作”这一基本精神。

### （一）IMF 与其他国际组织的合作

《IMF 协定》规定了 IMF 依据其章程有国际合作的义务。[3]《联合国宪章》第 56 条可以看成是 IMF 国际合作义务的国际法渊

---

[1] 梁西主编：《梁著国际组织法》，杨泽伟修订，武汉大学出版社 2011 年版，第 3 页。

[2] 梁西主编：《梁著国际组织法》，杨泽伟修订，武汉大学出版社 2011 年版，第 38 页。

[3] 《IMF 协定》第 10 条。

源，即联合国会员国承诺就经济或其他领域事项进行国际合作。就贷款条件性方面，IMF 最重要的合作伙伴为世界银行。最初，IMF 是为成员方国际收支不平衡提供短期贷款资助，而世界银行则旨在促进成员方经济复苏而提供长期贷款。如今，两者贷款条件性设置存在交叉的情形，特别是关于结构性调整项目方面。世界银行贷款条件性不是本书的研究内容，如何从国际组织法角度探析 IMF 与其他国际组织在贷款条件性设置上的合作是此处所要研究的内容。

1. 与世界银行的合作。

IMF 与世界银行存在诸多合作的领域，主要表现在以下几个方面：第一，世界银行会员方仅向 IMF 成员方开放。第二，世界银行成员方向其申请政策性贷款❶时，世界银行可以要求该成员方以同时申请或获得 IMF 贷款为前提，并同样遵守 IMF 在贷款协议中所设定的贷款条件，之后才能向世界银行申请政策性贷款。此时，世界银行的政策性贷款就类似于 IMF 的结构性调整项目，只是调整国际收支平衡是世界银行所进行的特殊行动。❷ 尽管世界银行与 IMF 在结构性调整项目上存在一定的交叉现象，但是两者设置贷款条件性在内容上存在巨大差异。IMF 方面，结构性调整项目是一种传统宏观经济调整“自上而下”的方式，旨在通过宏观领域经济调整实现国际收支平衡，除特殊微观领域问题关系到宏

❶ 政策性贷款，是世界银行用于帮助借款方恢复国际收支平衡、弥补国内政策改革与制度建设方面资金短缺问题的短期贷款，旨在实现借款方的宏观发展目标。与世界银行的项目贷款相比，政策性贷款的贷款周期较短，贷款资金的支付程序也较为简便。缪心毫：“世界银行与国际货币基金组织贷款交叉条件的法律分析”，载《现代法学》2010 年第 5 期。

❷ See Erik Denters, *Law and Policy of IMF Conditionality*, Kluwer Law International, 1996, p. 156.

观经济发展才予以考虑。世界银行方面，结构性调整贷款是“自下而上”的微观经济调整方式，以宏观领域审慎政策为基础，旨在实现资源的合理配置。第三，协商是 IMF 与世界银行设定贷款条件的主要渠道，谈判代表方面，IMF 主要是宏观领域经济学家和成员方中央银行或货币机构的首脑，而世界银行谈判方则会包括微观领域经济学家、人权和社会学家、成员方攸关利益部门代表等。第四，贷款条件性具体文件方面，世界银行所要求的发展政策书与在发展政策书基础上达成的贷款协议，具有国际条约的法律效力。[1] 而 IMF 贷款条件性中的意向书和备用安排等不具有法律约束力。

2. 与联合国的合作。

IMF 作为联合国专门机构，两者在协商后可以相互作出推荐建议。在贷款条件性方面，两者关联并不紧密，毕竟两者的宗旨定位不同。但是，联合国有关决议特别是安理会作出的，是否会影响 IMF 批准备用安排，值得商酌。《联合国宪章》第 41 条和第 42 条规定了联合国安理会对危害国际和平和安全的成员方可以实施制裁，这些制裁便包括全面或部分断绝经济往来。《IMF 协定》规定 IMF 需“适当注意”联合国安理会通过的决议，但“适当注意”并不等同于尊重。“适当注意”应该理解为，IMF 仅在有绝对可信服观点下才会无视安理会通过的决议。[2] 约瑟夫·金认为，IMF 绝不会采取与《IMF 协定》相违背的行为。可见，存在某成员方因安理会决议而受到制裁，却得到 IMF 金融资助的情形。尽

---

[1] 缪心毫：“世界银行与国际货币基金组织贷款交叉条件的法律分析”，载《现代法学》2010 年第 5 期。

[2] See Erik Denters, *Law and Policy of IMF Conditionality*, Kluwer Law International, 1996, p. 168.

管 IMF 作为联合国的专门机构，但是它有独立的国际法人格，仅与联合国就某一特定业务领域而建立联系。[1] 因此，IMF 对备用安排的批准一般不受安理会决议的影响，事实情况也反映了这个观点。一般，联合国常任理事国在 IMF 拥有绝大部分的投票权，IMF 执行董事会通常会考虑安理会决议并尽量保持一致。

总之，国际组织为国际合作提供了场所和渠道，并进而影响成员方有关政策的制定。IMF 贷款条件性设置存在与诸多国际组织的合作，尽管在内容上存在重合或交叉，但是 IMF 贷款条件性仍是国际社会其他贷款渠道模式设置的“核准戳记”。

### （二）IMF 与成员方的合作

IMF 主要从事国际货币金融业务，按照 IMF 的规定，成员方一方面享有按份额的提款权，另一方面有提供经济和金融情报资料的义务[2]。这些都要求 IMF 与成员方进行国际合作，推动 IMF 职能的实现。IMF 作为政府间国际组织，其《IMF 协定》是成员方意志协调的产物，该国际条约的订立表明成员方将部分主权管辖的事项让渡给 IMF，是主权国家与国际组织合作的表现形式。

相对平等的国际无政府状态孕育着国际合作之火，通过不同国际法主体间的互动协调逐渐实现了国际合作的动态维持与趋势演化。全球金融治理要求主体的多元化、手段的多样化，而国际合作正是实现全球金融“善治”的主要途径，它既是国际组织实现职能的重要手段，又是主权国家实现和维护国家利益的有效途径。

---

[1] 梁西主编：《梁著国际组织法》，杨泽伟修订，武汉大学出版社 2011 年版，第 283 页。

[2] 这种资料包括政府和银行持有的黄金及外汇数量、外汇的汇率及管制情况、进出口贸易及国际收支的数字以及国民收入及物价指数的资料等。

# 本章小结

贷款条件性是 IMF 在“充分保障”的前提下，提供暂时性贷款资金，以纠正成员方国际收支失调。贷款条件性界定有狭义和广义之分，狭义定义认为贷款条件性是成员方以符合 IMF 宗旨而采取的一系列政策和要求，而广义定义则从实体和程序角度进行界定。随着全球治理理论的兴起，全球金融治理则是该理论在金融领域的具体化，体现了治理主体的多元化、手段的多样化，是正式与非正式机构相互协调配合以解决共同问题的过程。IMF 针对其贷款条件性规定了详细的内容，包括资金账户设置、贷款便利类型以及实体和程序要求。IMF 贷款条件性要求成员方符合事实和身份上的“适格”条件，并通过协商、意向书、备用安排这一程序，满足前提条件、绩效标准、评估条款的实体内容。IMF 贷款条件性不具有法律上的拘束力，但是其所蕴含的法律意义不可忽视。对 IMF 贷款条件性进行法律分析能够使我们更好地了解 IMF 贷款条件性设置的法学理论、国际法问题以及法律效力。IMF 贷款条件性所体现的国际法原则虽仍在不断发展之中，但笔者认为主要包括“主权平等”“差别待遇”以及善意履行国际义务这三大原则。对 IMF 设置贷款条件性的行为进行国际法上法律行为的分析是必要的，从意思表示、归因主体和法律后果三个方面对其行为进行法律行为构成要件分析，可以得出 IMF 贷款条件性行为并不是法律行为或单方行为，对成员方不产生法律上的拘束力。同时，由于 IMF 行为存在非国际协议的意思表示和法律效果的非意定，为此可将 IMF 设置贷款条件性行为归类为国际法上准法律行为。

CHAPTER 02 >> 第二章

# IMF 贷款条件性国际法问题研究

金融市场全球化以及诸如 IMF 等国际金融机构的出现，原本属于主权管辖事项的汇率制度选择、金融监管等都受到了“外力”限制并逐渐侵蚀了国家货币主权管辖领域。国际组织、市民社会、跨国公司等多元主体所形成的向心力和离心力都在一步步侵蚀国家权力范围。IMF 作为“最高债权人”所施加的贷款条件性被认为对成员方的经济主权构成了严重挑战。

## 第一节 IMF 贷款条件性影响国家主权的实证分析

主权问题是研究国际法有关问题的起点和基础。国家作为国际社会最为重要的国际法主体，研究其主权的本质内涵和国际法原则能够使我们更好地探究主权衍生下经济主权的具体内容。IMF 作为国家参与的政府间国际金融组织，其与成员方在经济主权上的关系，是研究 IMF 贷款条件性实际实施效果的基础性问题。国家实践是国际法上判定国际习惯的“物质因素”，而研究 IMF 救援计划下有关国家实践是实证分析贷款条件性对成员方主权影响的“物质资料”。自 20 世纪 80 年代以来，IMF 贷款资助的主要对象转变为发展中国家，并且更多地涉及成员方经济领域的结构性调整政策。通过研究 IMF 贷款条件性的具体内容为判定有关主权问题提供了重要的突破口。

## 一、经济主权问题概述

1966 年联合国大会通过的《经济、社会及文化权利国际公约》规定了“所有人民得为他们自己的目的自由处置他们的天然财富和资源”的经济主权原则。[1]“经济主权”概念随着经济全球化和国际合作的日益深化得到了普遍的重视，但是一国维护本国经济安全的难度也在不断加大，“经济主权”特别是货币主权受到的侵蚀和制约也逐渐加深。但从 20 世纪下半叶起，主权的实质性内容更多地体现为经济主权。

### （一）经济主权的本质内涵

#### 1. 主权的界定

依据《布莱克法律词典》，主权是指独立国家所享有的最高的、绝对的、不受控制的权力，包括最高政治管辖权、制定宪法、组成政府行使行政管辖权、不受外来势力控制的外交权等。[2]《奥本海国际法》将主权定义为“最高权威”，而此种“最高权威”便

---

[1] 刘杰：《秩序重构——经济全球化时代的国际机制》，上海社会科学院出版社 1999 年版，第 235 页。

[2] See *Black's Law Dictionary*, 8th ed. , West Publishing Company, 2004, p. 4360.

是指主权概念，即“在法律上并不从属于任何其他世俗权威的法律权威”。[1] 国家主权，是国家的根本属性，在国际法上是指国家有独立自主地处理其内外事务的权利。[2] 在国际公法原理下，国家主权体现了一国的国际法律地位，在其领土管辖范围内不受外国或外国法的司法、行政等管辖。[3] 主权是每一个国家固有的权利，并非外界赋予。一般认为，主权包含两个内容：一是对内最高权，即根据属地原则对境内一切人和物以及根据属人原则对境外的本国人享有的管辖权；二是对外独立权，即在主权国家林立的社会，国家在国际关系上是自主的和平等的。

2. 现代国际法下的主权概念

主权概念的历史沿革内在地与主权国家的概念和历史相联系。近代主权理论大约发源于 15 世纪末的西欧。然而，现代国际法是在 1917 年十月革命及苏维埃政权建立之后逐渐形成的，现代国际法所确认的一些原则虽和传统国际法某些原则在文字上是相同的或相似的，但其含义却有了新的发展，如国家主权原则中“主权”的含义。有学者认为，自 1929 年以后主权概念有了新的解释，即主权属于事实层面而非法律领域的问题，主权作为在一定领域内行使的稳定且不受干涉的权力是一种事实境况，主权包含国家有权不受来自他国权力行使的干涉以及他国有义务不干涉别国行使主权。[4]

---

[1] [英] 詹宁斯、瓦茨修订：《奥本海国际法》（第一卷第一分册），中国大百科全书出版社 1995 年版，第 92 页。

[2] 梁西主编：《国际法》，曾令良修订，武汉大学出版社 2012 年版，第 56 页。

[3] See Helmut Steinberger, “Sovereignty” in Encyclopedia of Public International Law, *Amsterdam*: *North Holland*, Vol. 10, 1987, p. 408.

[4] See Tullio Treves, “Monetary Sovereignty Today”, in Mario Giovanoli ed., *International Monetary Law*: *Issues for the New Millennium*, Oxford University Press, 2000, p. 112.

笔者赞同此观点，国际法上主权概念除指对内最高权和对外独立权外，还包含“互不干扰”的国际义务。

在承认主权是一国享有的最高权力外，主权概念应有所发展。但是，现在关于主权特性的理解仍根植于文艺复兴时期发展起来的主权概念。现在普遍认同的观点是，经济全球化浪潮使主权的神圣性大打折扣，国家主权的相对化越来越强，“主权再也不像过去一样是无可争辩的基本价值”。❶ 综上，主权本质上的绝对性是指主权是不受任何其他权力限制的权力，而主权相对性是指主权行使过程中“尽管主权国家以外没有上位，但任何国家都必须受国际法规则的制约”❷。可见，主权理念存在绝对性和相对性特征，而相对性主要指现在国际法中国家主权的“让渡”或“分享”，特别是国家参与国际经济组织的情形。《IMF 协定》签订之初，肯尼迪总统在文件序言中便警示国际金融机构不能有损成员方主权。❸ 对于成员方国内政策方面，IMF 理事会只能限于提出“推荐意见”或贷款便利中设置条件性要求。❹ 然而，IMF1979 年《贸易条件指导方针》中也指出要尊重成员方主权。显然，独立行使主权是国家参与国际组织的内在要求。

3. 经济主权的界定

经济主权更确切地说，是国家主权在经济领域的表现。《关于自然资源之永久主权宣言》以及其他国际宣言中都确认了，主权

---

❶ 阿兰·伯努瓦：“面向全球化”，载王列、杨雪冬编译：《全球化与世界》，中央编译出版社 1998 年版，第 18 页。

❷ 刘青建：“国家主权理论探析”，载《中国人民大学学报》2004 年第 6 期。

❸ See Joseph Gold, “Keynes on Legal Problems of International Organization”, *Connecticut Law Review*, Vol. 14, 1981, p. 1.

❹ See Ibid, p. 4.

国家对境内自然资源的永久主权，这被认为是经济主权的狭义定义。广义上对经济主权的定义，是指国家在国际经济活动中，有选择国家经济制度的自由，拥有在参与、协调国际经济秩序等重大经济问题上的最高独立决策权。为此，经济主权的主要内容大致包括以下六个方面，即国家对本国经济事务的自主权、国家对其境内自然资源的永久主权、对境内外国资产实行国有化或征收权、对外资的管辖权、贸易秩序管制权、国际经济事务的平等参与权和决策权。[1] 而当讨论 IMF 贷款条件性问题时，主要是涉及经济主权的一个内容，即如何在设定条件性过程中充分尊重成员方对调整项目的主导权或自主权。

（二）国际法下经济主权的侵蚀

国家经济主权的侵蚀特别是货币主权伴随着国家主权的侵蚀而受到挑战，尤其是非国家行为体兴起之后。现今国家排他性经济主权可能由于国家同意、自愿将部分货币主权让渡或因全球化、信息革命等而受到侵蚀。

1. 对经济主权的同意或自愿限制

以国家经济主权下货币主权侵蚀为例。国际常设法院在 1929 年也宣称“国家有权管制本国货币应被认为是一个普遍接受的原则”。[2] 有学者认为《联合国宪章》第 2 条第 7 款似乎也已将管制

---

[1] 徐泉：“经济主权原则的发展趋向论析”，载《现代法学》2005 年第 6 期。

[2] See Case Concerning the Payment in Gold of Brazilian Federal Loans Contracted in France (France v Brazil), Judgment, 12 July 1929, PCIJ Series A, No. 21, para. 44 – 45; Case Concerning the Payment of Various Serbian Loans Issued in France (France v The Kingdom of the Serbs, Croats and Slovenes), Judgment, 12 July 1929, PCIJ Series A, No. 21, para 122.

货币的权力归入一国国内管辖事项之中。[1] 货币主权[2]是国家经济主权下的属概念，是国家主权在金融领域的表现。

货币主权中最为重要的是货币法则，它是货币主权在法律领域的体现，有广义和狭义之分。狭义意义上的货币法则是指特定领土范围内对货币定义及与所替代货币关系等的规定；广义意义上的货币法则是指国家关于管制货币事务的各项规定，包括域内与域外有关货币的法律规定。[3] 国内法和国际法都普遍承认国家有对其货币贬值、操控汇率等的权力，这是货币主权衍生的内在权力。[4] 但是，汇率控制的权力可因国家参与货币同盟而减损，如欧元体系。欧洲货币联盟是货币主权自愿性限制的最好例子。1999年成立的欧洲货币联盟，欧元作为统一的流通货币而出现，并成立欧洲系统中央银行负责制定和实施有关欧共体货币政策。尽管参与欧洲货币联盟要求对原先本国货币的摒弃，但是这并不意味着货币主权已转移到欧洲货币联盟，欧元区各国仍是各自货币主

---

[1] See Bertold Wahlig, "European Monetary Law: the Transition to the Euro and the Scope of Lex Monetae" in Mario Giovanoli ed., *International Monetary Law Issues for the New Millennium*, Oxford University Press, 2000, p. 123.

[2] 有学者认为，货币主权概念的诞生早于文艺复兴时期发展起来的具有政治意义的国家主权概念，因为早在几千年前古文明时期就有关于制造货币的权力。货币表现形式多种多样，包括纸质货币、虚拟货币等。See Robert A Mundell, "Money and the Sovereignty of the State" in Axel Leijonhufvud (ed.), *Monetary Theory and Policy Experience*, Basingstoke: Palgrave/International Economic Association, 2001, p. 298. 每个主权国家都有决定领土内法定货币组成内容及票面金额的排他性权力，一国可以利用法定货币对抗他国以外币偿付贷款的请求。See Frederick A Mann, *The Legal Aspects of Money*, 5th edition, Oxford: Clarendon Press, 1992, p. 462.

[3] See Jean Victor Louis, "The New Monetary Law of the European Union" in Mario Giovanoli ed., *International Monetary Law Issues for the New Millennium*, Oxford University Press, 2000, p. 154.

[4] See Frederick A Mann, *The Legal Aspects of Money*, 5th edition, Oxford: Clarendon Press, 1992, p. 467.

权的拥有者。[1] 此种对货币主权的自愿限制是可撤销的，《里斯本条约》第 50 条似乎也允许此种情况的存在。欧元区希腊债务危机也在一定程度上表明，主权国家可能会违反货币联盟的有关规定甚至退出，尽管没有明确的条约内容规定在超国际组织内成员方可单方退出的权利。[2] 由此可见，主权国家经济主权下的货币主权尽管可因"自愿"或"同意"受到限制，但是此种限制是相对的也是可撤销的。

2. 国际义务：《IMF 协定》

国际层面上，国家经济主权的"自愿"限制体现在《IMF 协定》当中。[3] 如今《IMF 协定》对经济主权的限制范围似乎要大于当初固定汇率制下的要求。布雷顿森林体系解体以及对《IMF 协定》进行了第二次修订，成员方重新确认了在汇率政策上将经济主权进行了让渡，即成员方必须遵守《IMF 协定》项下第 4 条和 8 条规定的义务。有学者则认为 IMF 贷款条件性机制正在改变传统国家管辖与国际社会之间的管辖界限。[4] IMF 贷款资助项目中关于国内政策的结构性改革要求不断增加，主要包括国家预算、税收、利率水平、汇率水平、工资政策、公司治理以及法律改革等内容，这些改革事项受制于 IMF 审查、协商、承诺。成员方可能因为急

---

[1] See Chiara Zilioll and Martin Selmayr, "The European Central Bank: an Independent Specialized Organization of Community Law", *Common Market Law Review*, Vol. 37, 2000, p. 591.

[2] See Claus D Zimmermann, "The Concept of Monetary Sovereignty Revisited", *European Journal of International Law*, Vol. 24, No. 3, 2013, p. 816.

[3] See Tullio Treves, "Monetary Sovereignty Today", in Mario Giovanoli ed., *International Monetary Law Issues for the New Millennium*, Oxford University Press, 2000, p. 113.

[4] See Andreas F Lowenfeld, "The International Monetary System and the Erosion of Sovereignty, Essay in Honor of Cynthia Lichtenstein", *Boston College International and Comparative Law Review*, Vol. 25, 2002, p. 257.

需获得 IMF 资金资助而导致国内经济主权管辖事项的改革未经过仔细分析消极影响而直接采纳，致使成员方经济反而遭受更加严重的损害。可见，主权国家与国际组织间的管辖界限正在被打破，我们需要重新认识 IMF 与亟待资助成员方间的关系。[1]

3. 对经济主权的其他限制

尽管 2007 年全球金融危机爆发致使“反全球化”浪潮再次兴起，但是经济主权的侵蚀与全球金融市场“边界”的模糊密切相关。首先，依据属地原则，经济全球化和跨境人员、资本、商品或服务的流动在一定程度上限制了经济主权的实施范围。[2] 其次，银行和其他私有金融机构在货币创造上的地位不容低估，甚至有学者提出“私有货币”，即提倡货币的“去身份化”以及向私有机构和外国货币发行者放开货币限制条款，这是对经济主权的严重挑战。[3] 再次，如若政府当局在管理货币或指定法定货币上表现得“无能”，则有可能导致市民选用外国货币或虚拟货币作为替代，这种对货币主权的限制可定义为“货币无能”，[4] 最终将导致经济主权的进一步削弱。最后，一国货币在国际货币关系中所体现的储藏价值可以限制一国对货币的有效性管理，特别是涉及货币贬值时，硬通货和软通货贬值效果不同。另外，固定汇率制度下，与美元挂钩的汇率政策也以牺牲国家在货币领域的经济主

---

[1] See Andreas F Lowenfeld, “The International Monetary System and the Erosion of Sovereignty, Essay in Honor of Cynthia Lichtenstein”, *Boston College International and Comparative Law Review*, Vol. 25, 2002, p. 257.

[2] See Helen Stacey, “Relational Sovereignty”, *Stanford Law Review*, Vol. 55, 2003, p. 2040 – 51.

[3] See Friedrich A von Hayek, *Denationalization of Money*, London: Institute of Economic Affairs, 1976, pp. 128—229.

[4] See Rosa M. Lastra, *International Financial and Monetary Law*, Oxford University Press, 2nd edition, 2015, p. 26.

权为代价。❶ 由于金融市场的多变和全球化的不断深入，并不能穷尽对经济主权的其他限制。

货币主权基本内涵包括发行纸币、管理货币、控制汇率和决定汇率制度、制定关于控制货币供应和利率的货币政策的权力以及资本控制和交换的权力❷，它属于一国排他性权力管辖事项，但是货币主权行使过程中是否会引起国际法上的争端，仍有待研究。弗雷德里克·曼（Frederick Mann）认为国家行使货币主权时应该依据习惯国际法原则："当国家作出不合理或巨大地损害外国人平等待遇，或者其他明显违反习惯法行为时，应该被认定为该国行使货币主权违反了国际法。"❸ 笔者认同此观点，经济主权下货币主权能够引起国际法上的法律争端，此属于《国际法院规约》第36条第2款规定的问题，❹ 国际法院在挪威贷款案中表述了"任何关于国内法律制度是否与国际法相一致的问题应归属于国际法问题"❺。可见，国家制定有关货币政策需要考虑国际法的一般性规

---

❶ See Robert A Mundell, "Money and the Sovereignty of the State" in Axel Leijonhufvud ed., *Monetary Theory and Policy Experience*, Basingstoke: Palgrave/International Economic Association, 2001, p. 292 –3.

❷ See Cynthia Lichtenstein, " International Jurisdiction over International Capital Flows and the Role of the IMF: Plus ca change?" in Mario Giovanoli ed., *International Monetary Law Issues for the New Millennium*, Oxford University Press, 2000, p. 111.

❸ See Frederick A Mann, *The Legal Aspects of Money*, 5th edition, Oxford: Clarendon Press, 1992, p. 472 –3.

❹《国际法院规约》第36第2款规定，本规约各当事国得随时声明关于具有下列性质之一切法律争端，对于接受同样义务之任何其他国家，承认法院之管辖为当然而具有强制性，不须另订特别协定：

（子）条约之解释。

（丑）国际法之任何问题。

（寅）任何事实之存在，如经确定即属违反国际义务者。

（卯）因违反国际义务而应予赔偿之性质及其范围。

❺ See Case of Certain Norwegian Loans (France v Norway), ICJ Report 9, 1957.

定，也表明广义上的货币法则限制货币主权的绝对性排他权力。这其实在《IMF 协定》中也有一定程度的体现，即成员方的某些货币政策需要受到 IMF 监督，遵循国际统一的金融标准，而 IMF 贷款条件性也相应地提出了有关成员方货币政策改革的限制性要求。

总之，货币主权是国家经济主权最为直接的体现，核心特点是国家有权发行和管制货币的权力。经济主权作为一个动态概念，内涵丰富，而且可因国家"自愿"或参与国际组织而受到限制。对经济主权进行分析，有利于深入了解 IMF 贷款条件性下结构性调整要求如何对经济主权造成影响。

## 二、东南亚金融危机背景下的 IMF 救援计划

亚洲金融危机自 1997 年从东南亚各国开始后，急速地传播到韩国和日本等国，亚洲各国经济乃至全球经济在这场金融危机中受到了沉重打击。在此次东南亚金融危机中，菲律宾、印尼、韩国和泰国都向 IMF 申请金融援助，IMF 对这四个国家提供了超过 1 100亿美元的贷款。

### （一）IMF 关于"尊重"经济主权的规定

1979 年 IMF《贸易条件指导方针》第 4 条规定了，IMF 在帮助成员方设计调整项目时，对成员方国内社会政治目标、经济重心和引起国际收支失衡原因等因素要予以"适当注意"。而《贸易条件指导方针》第 9 条规定绩效标准要限制于宏观领域，是对第 4 条的具体延伸。尽管 IMF 并不像世界银行一样，在组织章程中明确规定不干涉内政的原则，但是《贸易条件指导方针》中的规定体现了 IMF 认识到了尊重成员方经济主权的重要性。然而，上述指导方针对成员方经济主权的具体内容规定模糊，且"适当注意"不

等于“尊重”，表明存在一定的适用等级差异。[1] 具体而言，成员方所选择的国内经济或政治政策如果与《IMF 协定》所规定的宗旨与目标相违背的情况下，贷款条件性设置应优先考虑《IMF 协定》所规定的有关目标。另外，从法律应该具有确定性原则出发，IMF 设置贷款条件性应该服务并限制于《IMF 协定》所规定的目标和宗旨。但是，又由于《IMF 协定》下宗旨和目标的模糊性和 IMF 拥有对此的排他解释权，因此，IMF 在贷款条件性设置过程中对某项规定是否构成侵犯成员方经济主权存在巨大的自由裁量权。

### （二）“以一适多”的 IMF 贷款资助模式

在亚洲金融危机中，菲律宾、泰国、印尼、韩国在危机面前选择向 IMF 申请金融援助。对此，IMF 分别向菲律宾、泰国、印尼、韩国提供了 11 亿、172 亿、400 亿和 550 亿美元的紧急援助贷款便利。[2] IMF 贷款资助自然便附加了条件性要求，大致内容大同小异，主要包括：（1）放开市场准入和实行经济金融自由化；（2）紧缩财政预算；（3）整顿国内金融系统，使不良金融机构破产，反对国家求援。尽管成员方对 IMF 提出的经济改革计划不情愿实行，但是迫于 IMF 备用安排等条件性内容是其他金融援助渠道的“核准戳记”，为此诸方也迫于无奈接受了条件性要求。例如，印尼曾认为 IMF 所要求的经济结构性调整政策与印尼宪法相违背而不能接受，但 IMF 却认为是印尼未能落实 IMF 配套改革计划而决定中止向印尼提供 30 亿美元的第二部分贷款。[3] 最终通过协商和斡旋，印尼政府还是接受了 IMF 提出的 117 项经济改革要

---

[1] See Erik Denters, *Law and Policy of IMF Conditionality*, Kluwer Law International, 1996, p. 116.

[2] http://www.imf.org/external/chinese/index.htm.

[3] http://www.imf.org/external/chinese/index.htm.

求。可见，IMF 在亚洲金融危机时期，仍是采取“以一适多”的模式来要求成员方进行经济结构改革，并且条件性要求很多已涉及成员方经济主权管辖事项。

### （三）IMF 贷款条件性有关国家实践

#### 1. 韩国救援计划

亚洲金融危机中，韩国经济受到重创。韩国 1993 年之后对外债务水平占 GDP 比重持续升高，而国际储备资产则明显下降，由此导致国际收支失衡的出现。

韩国于 1997 年向 IMF 申请为期 3 年价值 155 亿特别提款权的备用安排。❶ 同时，韩国向 IMF 提出的“经济政策备忘录”中作出了政府要对韩国金融业进行重大改革的承诺。银行、证券公司、保险公司以及清算机构等都将受到新的大规模制度改革的约束。另外，韩国承诺采取贸易自由化措施，包括放开外国企业进入本国金融市场的准入标准、制定新的公司治理、破产、雇佣以及保险等法律规定。韩国在其意向书中明确规定了每项改革措施的具体时间表，如在 1998 年 1 月 8 日对调整计划进行审核，设立了如下基准：（1）总统大选后召开全国大会通过以下改革方案：以稳定价格为目标的促进中央银行独立性的银行改革方案；加强银行间监管；要求公司财务报表按照国外审计的统一标准制定。（2）审议并通过对经济合作与发展组织成员方市场平等对待的法律制度。（3）针对敌意收购案法律标准要与工业国家相一致。之后 1998 年 2 月 7 日韩国意向书则承诺在财政制度框架内增加社会安全网络建设方面的支出。❷ 这其中便涉及失业保障福利等内容，

❶ See Korea IMF Letter of Intent, 3 Dec 1997.

❷ See Korea IMF Letter of Intent, 7 Feb 1998.

如从1998年3月1日起将最低工资标准提高70%并将失业福利最短期限延长至两个月、将最短公司贡献期限从1年缩短至6个月以及将失业福利扩大到10名雇员以上公司。IMF贷款条件性所要求的政策改革，韩国几乎都一一采纳，其意向书中关于“公司治理和重组”一节更是反映了西方公司治理理念中破产程序、提高利益攸关者透明度、可问责性等对韩国的影响。为此，韩国股票交易所将至少被要求有一名外国董事以及保障少数投资者的权利。意向书表明公司治理改革的细节也将纳入世界银行结构性调整贷款中，作为共同合作的基石。又如，IMF条件性规定韩国要开放银行业，取消进口日本产品禁令、减少进口手续等，其中一些规定是发达国家与韩国双边谈判的内容，并且欧美更是竞相角逐韩国国家银行的控股权。发达国家在韩国遭受金融危机时通过IMF贷款条件性攫取以往平等谈判中难以获得的利益使韩国经济主权受到严重侵害。

可见，IMF条件性几乎渗入政府、经济和社会各个领域中，迫使韩国让出经济发展的主动权。类似的例子在泰国、巴西援助中也得到体现。[1] 具体而言，便是成员方根据IMF法律和经济专家提供的技术支持意见，通过立法框架制定服务于公司和金融部门重组的法律规定，这其中便包括破产法和止赎法律等。[2]

2. 马来西亚模式

亚洲金融危机中，马来西亚在危机爆发后并没有接受IMF贷

---

[1] See Republic of Brazil IMF Letter of Intent, 11 Nov. 1998; Republic of Indonesia Letters of Intent, 31 Oct 1997 and 3 Jan 1998; Thailand IMF Letter of Intent, 24 Feb 1998.

[2] See Andre Newburg, “the Changing Roles of the Bretton Woods Institutions: Evolving Concepts of Conditionality”, in Mario Giovanoli ed., *International Monetary Law: Issues for the New Millennium*, Oxford University Press, 2000, p. 91.

款资助，并且率先摒弃 IMF 所提的经济紧缩政策，而采取经济扩张政策。如此经济复苏模式是与 IMF 贷款模式完全不同的路径，但成效更为明显。

在危机爆发初期，当时马来西亚副总理兼财政部部长安瓦尔，按照 IMF 为东南亚国家开出的“药方”，采取了大量的经济紧缩性政策。例如，将短期贷款利率大幅提高、限制贷款数量、缩短坏账期限、缩小经常项目赤字以及两度削减财政支出等。IMF 贷款条件性要求实施效果“事与愿违”，经济形势的不断恶化也证明 IMF 模式的不可取。为此，1998 年 7 月，马来西亚政府采取“国家经济复苏计划”，这也预示着马来西亚宏观经济政策的全面转变。马来西亚模式突出国家对经济主权下金融事务和政策制定的自主权，在该计划中提出加强宏观经济基础、稳定货币供应、恢复市场信心、维持金融秩序稳定等目标。1998 年 9 月 1 日，马来西亚正式决定拒绝 IMF 的金融援助，开启资本管制，并将国家货币进行约 24.7% 的贬值，从之前 2.86 马币兑 1 美元变成 3.8 马币兑 1 美元。在 1998 年 6 月至 7 月，马来西亚宣布推出总额达 120 亿马币的刺激经济计划，并采取固定汇率、外汇资金管制、停止股市场外交易、调低存贷款利率和准备金率等一系列措施。到 1999 年，马来西亚外汇储备大幅增加，通货膨胀率保持在 3.1% 水平上，马来西亚自救成绩突出经济得到复苏。[1] 事实上，并不是马来西亚排斥外部国际性金融援助，只是 IMF 所附加的苛刻条件性要求中的提高利率、紧缩信贷、私有化以及向外国投资者开放资本市场等是具有强烈民族主义倾向的马来西亚所不能接受的。

马来西亚模式尽管对受金融危机侵害的国家有一定的借鉴作

[1] 郭经：“马来西亚外汇管制一周年评说”，载《中国外汇管理》1999 年第 11 期。

用，但是各国的金融情况并不相同，而且 IMF 贷款条件性也并非“一无是处”。当条件性所要求的改革政策正是成员方为长期金融稳定所欲采取的措施时，条件性必然会产生积极作用。其实，成员方当局在行使经济主权有关权力时，特别是制定有关经济改革政策方面，往往受制于国内立法程序的限制而导致改革的滞后。而 IMF 条件性则作为外部推力或“背黑锅者”，政府当局可以为获得 IMF 贷款为由强力推行必要的经济改革措施，此时经济改革可能会比民主法制程序下来得更为有效和迅速❶。可见，不可将经济主权完全绝对化，在适当的情形下，IMF 条件性能为成员方预防和应对金融危机提供有利的外部环境和内部动力。

综上，IMF 贷款条件性十分苛刻，它一般要求受援成员方设计出由货币供应量、公共开支、汇率和关税等经济指标组成的具体调整计划目标，然而这些通常都属于一国的主权范围。IMF 定期对成员方的全面经济调整计划进行检查，如果经济指标没有达到，IMF 就考虑停止拨付贷款或终止贷款承诺。IMF 就是通过这样的检查，来影响成员方的货币、财政、贸易和投资等经济政策的决定，将其影响和权力渗入一国的主权范围内。

## 三、希腊主权债务危机中 IMF 的救援方案

以主权债务危机形式出现的金融危机类型，起源于国家信用，即政府的资产负债表出现问题。主权债务危机发生的最根本原因在于国家经济失去了“生产性”❷，希腊加入欧元区后出现货币高估而导致财政赤字和出口下滑，最终使得希腊主权信用风险逐步

---

❶ See R. Rajesh Babu, IMF Conditionality: A Perspective, *Cochin University Law Review*, Silver Jubilee Issue, Vol. 25, 2001, p. 296.

❷ 查尔斯·P. 金德尔伯格：《世界经济霸权 1500—1990》，商务印书馆 2003 年版。

积累，导致危机爆发。

### （一）危机背景

2009 年年底，希腊爆发国家主权债务危机，由此导致全球三大评级机构下调希腊主权的评级。此经济危机中，希腊政府的财政赤字和公共债务达到历史新高，总额分别占其国内生产总值的 12.7% 和 113%，❶ 国家负债额达到 3 000 亿美元，国家经济几近崩溃。为此，几经挣扎下，希腊政府在 2010 年 4 月 23 日正式向欧盟和 IMF 请求金融援助，欧元区由此启动了历史上首次救援行动。通过持续的磋商，希腊于 2010 年 5 月 2 日与 IMF、欧盟委员会和欧洲中央银行达成价值 7 500 亿欧元的一揽子融资方案，旨在保持希腊债务的可持续性，稳定希腊经济并恢复市场信心。其中，时任希腊总理帕潘德里欧宣布希腊政府接受 IMF 贷款条件性要求，并达成了一揽子救助安排。依据救助安排，IMF 出资 2 500 亿欧元以协助希腊解决债务危机，但是作为贷款的附加条件，希腊必须进一步采取紧缩措施。主要内容为：削减财政预算，将工资和养老金冻结 3 年，并且提供税收以帮助解决财政上的债务问题；深入经济部门改革，增强希腊的国际竞争力以期恢复停滞增长的经济，以期希腊能在 3 年内达到财政赤字削减的目标。❷ 时任欧盟委员会主席巴罗佐认为希腊政府采取了“艰难”但“必须”的措施，并赞扬达成的救助协议是一个“令人信服”的一揽子计划。

### （二）危机下贷款条件性实体内容分析

IMF 针对希腊主权债务危机提出了“有针对性的贷款条件

---

❶ 这远超欧盟《稳定与增长公约》规定的 3% 和 60% 的上限。

❷ 徐英东：“希腊债务危机的成因及 IMF 救助方案对希腊的影响”，载《经济观察》2011 年第 12 期。

性”，而其中绩效标准实体内容是研究 IMF 贷款模式对经济主权影响的主要参考资料。希腊主权债务危机中，IMF 所提的绩效标准主要包括以下几个方面：（1）紧缩财政支出，下调养老金和工资水平以及其他节假日奖金等福利；（2）提供增值税以及对奢侈商品和烟酒等的税收，以增加政府收入；（3）加强对收入的税收征管以及支出控制；（4）通过外部融资计划所提供的金融稳定基金，以确保银行资本金处于稳健水平；（5）适当削减福利计划和社会保障福利；（6）养老金改革；（7）实行经济结构性改革政策，包括对公共管理实行现代化改革、市场环境等改革；（8）削减军费开支。IMF 在希腊主权债务危机中所提出的绩效标准与亚洲金融危机时所采用的并无明显不同。虽然希腊政府接受了 IMF 条件性要求，却引发了国内民众抗议 IMF 所要求的紧缩政策。

一方面，从 IMF 救援方案的条件性要求来看，其主要目的还是使银行家和投机者免遭再次损失，但其要求的调整政策对希腊经济发展和就业增加裨益不大。另一方面，IMF 金融资助方案还设置了希腊政府削减财政、社会福利开支等苛刻的贷款条件，这从根本上损害了“广大劳动者的利益”。希腊在当时主权债务危机中越陷越深，对救援实践中 IMF 所提出的贷款条件是否苛刻下定论仍为时尚早，但从 IMF 历来参与国际金融危机的救助实践可知，IMF 提出的贷款条件性的确有些苛刻而广泛，且实际实施效果又不尽如人意。某些条件性所涉及的内容已超出《IMF 协定》和 2002 年《贷款条件指导方针》中所规定的传统贷款条件性要求的微观经济领域范围，为此 IMF 救援不但对成员方经济增长贡献有限，反而在某些情况下有损成员方经济主权，导致经济衰退。

## 四、条件性在危机干预实践中存在的问题

上文提到经济主权的主要内容，而财政手段和金融手段的运

用以及对经济结构的管制和改革被认为是传统经济主权内容的具体表现形式。IMF 贷款条件性对这些领域的介入从本质上是对成员方经济主权的侵蚀。虽然加入 IMF 是对成员方主权权利的“自主限制”，但是 IMF 在法律上不具备要求成员方让渡“核心主权”的能力。为此，IMF 干预成员方经济主权的做法对成员方不具有法律上的约束力，条件性便成为 IMF 变相干预成员方经济事务的有效工具，但其中存在的问题不容忽视。

（一）忽视个体情况

1. 千篇一律的条件性要求

从上述有关国家实践可知，IMF 贷款资助都附加了较为严苛的条件性要求。从贷款协议的具体内容看，主要包括以下几个方面：（1）整顿金融秩序；（2）开放金融市场；（3）削减政府开支，采取紧缩经济的政策；（4）调整经济结构以及市场化和私有化改革等。但是千篇一律的条件性要求，不能达到预想的结果。例如，IMF 贷款条件性大多会要求在经济上实行紧缩措施，但是造成成员方国际收支失衡的原因是多方面的。对于那些国际收支赤字是由于国内经济政策失误所致，那么紧缩性的调整方案会起到明显效果。如果国际收支失衡是由于国家出口商品单一化，且主要依靠少数传统的初级产品出口，当遇到国际市场价格波动时，紧缩性方案就难以达到预想效果。为此，IMF 贷款条件性如若无视成员方国际收支失衡的具体原因，那么其所起的效用将大打折扣，甚至起消极作用。例如，在 20 世纪亚洲金融危机当中，IMF 贷款并没有使有关国家摆脱经济危机的损害。1998 年一季度，IMF 贷款资助下印尼经济增长率为负的 6.4%，失业人数达 1 500 万；韩国同期经济出现 3.8% 的负增长，失业人数约 150 万，失业率达

6.9%。泰国、马来西亚也出现经济负增长。❶ 可见，IMF 在亚洲金融危机中所制定的方案是失败的，并且给有关国家造成了严重的经济萎缩和巨大的财政赤字，结果使这些国家的经济衰退加剧。

成员方对贷款条件性尽管不愿意接受，但迫于经济危机的严峻形势，最终还是选择接受了救助计划。从东南亚金融危机来看，虽然 IMF 提供了大量的资金，但成员方却并没有摆脱经济危机的困扰。IMF 贷款资助最初能使市场经济获得小幅度反弹，但之后经济形势继续恶化，股市下跌和汇率波动都引起了市场的崩溃，实体经济受到巨大损害。东南亚金融危机中，东盟国家损失达数千亿美元。从希腊主权债务危机可知，IMF 所强加给成员方的条件性要求是一些对于化解经济危机效果甚微的长期政策，为此，IMF 强制成员方采取这些政策的做法不但缺乏可信度和合理性，甚至会引起成员方国内民族主义情绪泛滥而引起社会动乱。从亚洲金融危机可知，IMF 采用西方市场经济原理制定条件性内容，旨在要危机国开放市场。从受援的成员方自身来看，条件性有关内容只会“导致外国金融机构和西方跨国公司力量的强化，而危机方越来越多经济主权的丧失”。❷

2. 信息不对称

信息不均衡分布是客观存在，信息不对称是自古以来就存在的。信息不对称理论是指，在市场经济活动中，各类人员对信息的掌握存在差异性。由于信息不对称导致的各种问题和风险，在

---

❶ “东亚经济全面萧条”：www.neri.org.cn/h－fenxi－b/98/9809.pdf，访问日期：2021 年 1 月 10 日。

❷ 庞中英：“东亚金融危机的国际政治经济学”，载《国际经济评论》1998 年第 1—2期。

金融危机爆发时显得尤为突出。从贷款条件程序性规定可知，IMF 执行董事会批准条件性有关内容时需要派代表团与成员方就有关问题进行磋商。此时，IMF 代表团主要由宏观领域经济学家构成，而成员方方面主要是中央银行或货币机构首脑，但又因 IMF 与成员方在金融危机时刻存在力量对比的实质“不平等”，往往导致成员方不得不听从 IMF 有关经济学家的改革建议。但问题是 IMF 经济学家对成员方金融状况不甚了解，所提出的改革方案往往不能反映成员方当下最迫切的需求。

另外，正是因为 IMF 与成员方存在信息资源的不对称，由此往往导致 IMF 在直接监督成员方改革措施的某些方面表现得不“给力”。因此，针对成员方国际收支失衡具体原因方面，IMF 与成员方存在金融数据、就业状况、财政支出、出口现状、货币政策等信息不对称现象，为此尊重成员方对调整政策制定的自主权更能使 IMF 贷款条件性规定发挥更大的效用。

### （二）缺乏经济主权干预的法律依据

《IMF 协定》第 5 条第 3 款、执行董事会关于使用 IMF 资金的决定以及 2002 年《贷款条件指导方针》是涉及 IMF 贷款条件性的主要法律规定，但上述法律规定中并没有明确规定成员方在申请 IMF 贷款救助时应该让渡哪些主权权利。《IMF 协定》第 1 条第 5 款[1]关于 IMF 宗旨阐述中，也没有直接论述成员方已授权 IMF 可对其国内经济主权所辖事项进行干预。另外，依据 2002 年《贷款

[1] 《IMF 协定》第 1 条第 5 款规定：在具有充分保障的情况下，向成员方提供临时性普通资金来增强成员方的信心，从而使其有机会在无须采取有损本方和国际繁荣的措施的情况下，纠正其国际收支失衡。

条件指导方针》第 3 条[1]规定，强调成员方对其经济和金融政策拥有自主权利的重要性，条件性设置必须限制于为实现 IMF 救助目标至关重要的最少需求领域内。成员方经济主权让渡的内容和范围虽然在《IMF 协定》第 4 条第 1 款及第 3 款中有所列举，即成员方所要承担的一般义务及对有关汇兑安排的监督，但这些不足以表明成员方授权 IMF 对“核心主权”的干预权。可见，IMF 设置条件性是依据《IMF 协定》的合法性结果，但成员方接受条件性具体内容便授权 IMF 干预成员方经济主权却缺乏法律依据。

从本质上看，贷款条件由 IMF 和成员方通过非正式协商程序设定。成员方作出经济政策调整的承诺，以此换来 IMF 资金上的救助。但问题是，当成员方为特别弱小国家且经济面临崩溃的情况下，其相对于 IMF 来说力量微弱，由此被迫不得不接受 IMF 的指示以获得资金援助。尽管 IMF 独立评估办公室在一份最近报告中确认某些情形下条件性反映了国家选择，但是 IMF 的确利用其力量对比上的优势采取了对危机解决不重要的长期政策。[2] 尽管 IMF 近些年强调对成员方自主权利的尊重并作出了一些改进，但实际效果却仍未扭转成员方与 IMF 间在制定调整政策方面的力量对比。IMF 磋商程序以非正式和秘密方式进行，由此往往导致缺乏有效制度来确保 IMF 遵循 2002 年《贷款条件指导方针》并保证条件性具体内容符合成员方的政治、经济和社会个体情况。虽然 2002 年《贷款条件指导方针》有关于条件性设置所服务的目标在

---

[1] 2002 年《贷款条件指导方针》第 3 条成员方拥有对于健全的经济和金融政策的自主权和充分的管理能力的对于成功实施基金组织的救援方案至关重要。成员方主要负责对其经济和金融政策的选择、设计和实施。为了提高成功实施的可能性，基金组织鼓励成员方寻求扩大和深化支持健全政策的基础。

[2] See Independent Evaluation Office, IMF, Evaluation of Prolonged Use of IMF Resources, 2002.

于改善成员方国际收支状况的“关键性”规定，但“关键性”的具体标准仍然模糊、不可审查，是秘密和非正式程序的产物。因此，要充分尊重成员方政策制定上的自主权，保障经济主权免受挑战仍然任重而道远。

## 第二节 IMF 贷款条件性对成员方经济主权的挑战

20 世纪 80 年代之后，IMF 贷款条件性所涉范围愈加广泛，不仅包括宏观经济领域政策的改革和调整，也逐渐渗透到微观经济领域改革，如公司治理、银行系统规制、税收改革、私有化和贸易自由化、放开外资管制和市场准入，允许国外银行和公司设立子公司并控制价格水平等一般由一国经济主权管辖的事项。诚然，IMF 贷款条件性确实对一国经济主权造成某种程度的挑战，为此，分析影响条件性设置的因素和条件性“应有之义”便显得十分必要。

### 一、IMF 与成员方经济主权问题

IMF 作为政府间国际金融组织，参与方必须为主权国家，这就决定了成员方经济主权与 IMF 职能行使存在一定的冲突。《IMF 协定》是成员方让渡部分主权给予 IMF 的国际协定，具有法律约束力。对 IMF 职能与成员方主权间关系的正确定位，是 IMF 贷款资助目标实现的前提要求。

#### （一）IMF 项下成员方主权的“自主限制”

参与国际组织是主权国家的自主限制，是国家行使主权的另一种表现形式。当今，主权的自主限制是国际合作大趋势下民族

国家的理性考虑和功利选择，其本质是对国家主权的保障与强化。❶ 表面上看，限制与保障相悖，但事实上两者相互联系、互不可分，因为国际义务的承担与主权权利的适当让渡是相伴而生的。处理这个问题的要义在于，主权自主限制要保持一个“度”的问题，即权利让渡不可盲目损害国家利益，要保持国家的独立自主与国家间的权利对等与地位平等。主权不是摆脱法律限制的自由权，从限制国家主权的法律义务数量来看，它对国家主权下行动自由的限制很少，从根本上不影响主权的实施。因此，影响主权的不是法律限制的数量，而是让渡权利的性质。一个国家接受再多的法律限制也可仍不失独立自主的国际地位，只要这些限制主权的法律不影响立国之本的立法和执法的最高权威的性质。但是，只要一旦有一项法律影响到这种权威，它本身就足以破坏这个国家的主权。❷

参与 IMF 是对国家经济主权的自主限制，其最终目的正是实现国家利益的最大化，其出发点是维护和保障国家的经济主权而不是对主权产生削弱和破坏。主权存在“核心主权”和“外围主权”之分❸，前者主要指国家领土完整、宪法独立、最高管辖权自主等绝对性权力，后者则指主权派生的相对权力如一般管辖权、经济运作权、信息共享权等。国际社会存在一体化趋势，本质特征是主权让渡基础上形成的各类“利益共同体”。在经济全球化进程中，“外围主权”所包含的非根本性主权要素可以优先让渡给更

---

❶ 余潇枫，贾亚君：“论国家主权的当代发展与理性选择”，载《浙江大学学报》（人文社会科学版）2001 年第 2 期。

❷ ［美］汉斯·摩根索：《国际纵横策论——争强权，求和平》，卢明华、时殷弘、林勇军译，上海译文出版社 1995 年版，第 393 页。

❸ 余潇枫、贾亚君：“论国家主权的当代发展与理性选择”，载《浙江大学学报》（人文社会科学版）2001 年第 2 期。

广范围的利益共同体，如参与一种超越国家或跨国家的国际性联合。IMF 作为全球重要的金融组织，从运作角度看，它是超越原国家权力机构之上而存在的特定领域的权力管理机构，主权国家必须让渡一定的国家权力作为 IMF 管理机构的权力资源。但是，此种“可让渡”的主权权利必须遵循“自主性”“平等性”和“共享性”三个原则[1]作为其本质特征。参与 IMF 是国家让渡部分经济主权的体现，尽管这是对传统国家主权本位的超越，但实际上这也是对国家利益本位更高层次的“回归”。因此，成员方在 IMF 的主权“自主限制”并不是主权的“丧失”或“削弱”，而是在更广范围内以主权让渡形式集合而成的主权共享和国际合作，目的在于谋求国家经济的长远发展。

### （二）IMF 贷款条件性与成员方主权的关系

#### 1. 国家主权平等原则

1648 年《威斯特伐利亚和约》是最早承认民族国家主权原则的国际条约，确立了国际法上各国主权平等的原则。1945 年，在旧金山会议一个专门委员会起草的报告中提出了国家主权平等的四个要素：法律上平等；每一国家享有充分主权所固有的权利；国家的人格、领土完整与政治独立受到尊重；各国在国际秩序中应善意履行其国际义务。而 1970 年《国际法原则宣言》则将该原则分为六项，其中除了重申上述四个要素外，还特别强调各国均有义务尊重其他国家的人格和均有权利自由选择并发展其政治、社会、经济及文化制度。[2] 遵守国家主权平等原则也是“对一切义务”的体现，它是主权理念的内在要求。国家主权平等原则在国

---

[1] 余潇枫、贾亚君：“国际一体化进程中国家主权的新理解”，载《太平洋学报》2000 年第 4 期。

[2] 梁西主编：《国际法》，曾令良修订，武汉大学出版社 2012 年版，第 56 页。

际组织内的体现一般表现为一国一票制，但是 IMF 采用的是加权投票制。该表决制度偏重于从成员方的利益大小与经济实力着眼，给予占优势的国家以更大的决定权。由此，IMF 贷款条件性备用安排等决定的作出，更多地体现为发达国家的利益诉求，致使众多中小国家常处于一种受制地位。为此，对专门性国际机构表决制度的改革，需结合主权平等原则和成员方的利害关系加以考虑。

2. 条件性以不侵犯成员方经济主权为限

联合国在 1974 年通过的《各国经济权利和义务宪章》中确认“各国根据其人民的意志，有选择其政治、社会和文化制度以及经济制度的主权和不可剥夺的权利，不受无论任何形式的外来干预、压制威胁”。可见，经济主权是一国不可剥夺的权利，如果一国强迫他国采取某种经济体制或直接干预一国国内的经济体制改革，则应被认定侵犯了一国的经济主权。《IMF 协定》明确规定了成员方有避免限制经常性支付、避免采取歧视性货币安排和采取多重汇率等的主要义务，但是 IMF 贷款资助一般都毫无例外地附加条件性要求，如改革金融制度、开放金融市场、允许商品和资本自由流动等，这些宏观经济领域结构性调整政策已远远超出了最初解决国际收支失衡的范围，也超出了《IMF 协定》项下成员方应该履行的义务。为此，是否可以认为 IMF 贷款条件性侵犯了成员方的经济主权或者货币主权。

1996 年，IMF 曾向泰国建议采取改革国家经济结构的行动，如果当初泰国接纳了 IMF 关于此的建议，那么 1997 年的金融风暴就有可能不会发生。IMF 实施金融援助是其宗旨之一，但并非绝对性义务。若一国或国际组织所提供的金融资助以该国在履行某项义务时接受某条件为前提则应认定为侵犯该国的经济主权。❶ 对此观点，笔者并不认同，主要原因是：如前所述，IMF 贷款条件性是 IMF 作出的一项决定，成员方不承担国际协定义务，虽然成员方不接受条件性不会导致成员方受到违反国际法一样的制裁，但是成员方在国际收支严重失衡的情况下一般没有其他选择的余地，又因 IMF 贷款条件性构成其他贷款渠道的“核准戳记”，为此会员方有时不得不接受这些条件，否则本方经济将陷入崩溃之中。金融危机的周期性爆发，促使成员方必须授权 IMF 以全体成员方和世界经济利益为中心而采取灵活措施，但是这些灵活措施能否体现和反映所有成员方意愿有待观察。有学者将 IMF 贷款条件性认定为仅仅是其提出的“计划”，不以成员方接受经济改革方案为必要条件，如若成员方不接受则调整方案也不可能变成现实行动。因此，贷款条件性似乎具有建议性质，不可能对成员方经济主权构成威胁。理论上，IMF 贷款条件性不会侵犯成员方的经济主权，但现实与理想总是存在差距。

总之，IMF 设置的贷款条件性尽管具有建议的性质，但是这样的建议具有内在的强制力。对于 IMF 来说金融援助虽然不是其绝对性义务，但是稳定世界货币体系和各国货币价值却是其不可推卸的责任和义务。为此，向成员方提供贷款是这些义务的派生性结果或必然要求，成员方所缴纳的份额便使其具有了一般提款权的权利，相对而言提供金融贷款便是 IMF 义务。依据《IMF 协定》有关规定，IMF 的职权范围包括经常项目汇兑，但是其将资本项目汇兑也纳入管辖范围似乎已超出了成员方对 IMF 的授权。尽管 IMF 可行使对《IMF 协定》的排他性解释权来扩大自己的管辖范围，但是超出《IMF 协定》明确规定的权限范围应该认定为

---

❶ 张国元：“IMF 援助计划之法律性质分析”，载《政治与法律》1998 年第 4 期。

不合法。因此，IMF 在设定贷款条件性的具体内容时原则上不应该与成员方的经济主权相冲突。

## 二、成员方经济主权下贷款条件性设置的影响因子

IMF 贷款条件性是《IMF 协定》所内在规定的内容，其本质是为了保障 IMF 作为债权人能够"收回"资金。尽管贷款条件性不构成国际贷款协议的组成内容，不具有法律约束力，但影响条件性设置的因素不容忽视，因为它们促使成员方不得不让渡经济主权并接受具有实际"约束力"的条件性内容。

### （一）发达国家利益输出的渠道

#### 1. IMF 表决机制

众所周知，IMF 采取"加权表决制"，成员方投票权分为基本投票权和份额投票权。基本投票权采取"主权平等原则"，一国一票制，每个成员方均为 250 票。份额投票权则按照成员方在 IMF 中股份份额而确定，即成员方份额以每 10 万特别提款权增加 1 票。如此，IMF 投票权集中在拥有 IMF 多数股份的少数发达国家手中。关于 IMF 的 2010 年份额和治理改革方案，美国国会参众两院在 2015 年 12 月获批后正式实施，这也标志着新兴市场话语权大幅提升。尽管中国投票权升至第三位以及美国的投票权份额微幅降至 16.5%，但美国仍然保留否决权。IMF 投票权份额排序为美国、日本、中国、德国、法国、英国等。可见，在 IMF 表决制度中，发达国家仍占有绝对优势。因此，当 IMF 制定贷款条件性政策要求时，往往起决定性作用的是占有绝对投票权优势的发达国家。

#### 2. IMF 资金池构成

IMF 贷款资助资金主要来源于两个部分：成员方所缴纳份额等自身资金来源和有关贷款协议等外部资金供应。其中，第一个

部分主要由成员方缴纳的份额、IMF 创设的特别提款权、IMF 经营收入等。第二部分主要指 IMF 的借款和成员方的捐款等。但是，当成员方遭遇金融危机时，一般都需要巨额的资金援助，此时 IMF 自身资金储备很可能出现短缺的局面。例如，在 20 世纪亚洲金融危机不断蔓延的 1998 年，IMF 可利用的放款资金达到了 15 年来的最低水平。据当年美国国会的报告称，IMF 普通资金账户在 1998 年 7 月 24 日止货币存额仅有 1 300 亿美元，已消耗大概 700 亿美元，另 170 亿美元已拨作其他贷款。可见，IMF 普通资金账户资金有限，在有关 IMF 贷款条件性资金池构成中，体现发达国家利益输的 IMF 借款协议为之前的《借贷总安排》（general arrangement to borrow，GAB）和现在的《借贷新安排》（new arrangement to borrow，NAB）。

借贷总安排和借贷新安排分别成立于 1964 年和 1998 年，总金额为 185 亿和 340 亿特别提款权，是发达国家间对 IMF 作出的借款承诺。借贷总安排和借贷新安排两个文件虽是 IMF 作出的一项决定，但从性质上属于国际条约，具有法律约束力。[1] 借贷总安排由 IMF 向 8 个主要工业国家和两个中央银行借款，它用于增加国际资金流动性和补充 IMF 金融资助资金的不足，任何关于借贷总安排条款的解释问题不属于 IMF 依据《IMF 协定》排他性解释权范畴之内。[2] 借贷新安排在借贷总安排基础之上，由 25 个国家参与，是发达国家经 IMF 之手向危机中的国家提供紧急支援。可见，IMF 金融资助资金在某种程度上受到发达国家可贷资金的限制，

---

[1] See Joseph Gold, *Interpretation: The IMF and International Law*, Kluwer Law International, 1996, p. 64.

[2] See Michael Ainley, The General Arrangement to Borrow, *IMF Pamphlet Series No. 41*, Washington D. C. , 1984, p. 11.

迫使条件性设置需要反映发达国家的意志。

3. 美国金融霸权的影响

“金融霸权”概念由以道格拉斯·诺思为首的一批美国经济学家提出，是指以大银行家和大机构投资者为核心的金融寡头及其政治代表，通过控制经济活动施加影响并以此牟取暴利或实现其他政治、经济目的的一种社会关系。❶ 美国金融霸权体现在将这种社会关系推至国际关系中，通过向IMF提供贷款资金，使IMF成为美国金融霸权的具体工具。

以美国为首的发达国家支持IMF金融救助主要是基于经济上害怕危机的外溢和政治上催化成员方政治改革等原因。在危机救助中，IMF采取“金钱+药方”的救援模式，无疑暴露了发达国家和发展中国家在国际经济秩序中的不平等地位，拥有实质否决权的美国将IMF作为其利益输出的工具，企图通过危机救援逐渐渗透其霸权政策。例如，作为IMF救援资金的提供国，美国在墨西哥金融危机时提供了大量救援资金。但是美国的救援并不是“无私”的，美国资本迅速控制了墨西哥的金融业、运输业和制造业等重要经济领域，墨西哥渡过金融危机的代价是失去了自身经济的独立。尽管墨西哥通过经济救援，使出口增长、就业增加、通货膨胀下降，但经济命脉已掌握在美国手中，美国利用墨西哥廉价劳动力生产产品并低税购入，使墨西哥成为美国经济的附庸和加工工厂。❷

总之，政治上处于弱势地位的国家不得不接受国际影响力比

❶ 杨国庆：《危机与霸权》，上海人民出版社2008年版，第22页。

❷ 周永新：“我对社会保障未来发展的一些看法”，载《社会保障制度》（人大复印资料）2002年第2期。

较大的国家更为严苛的条件性要求。[1] IMF 贷款条件性所要求的如经济自由化和私有化要求，可能对成员方法律和制度框架造成负面影响。这主要是因为 IMF 大部分资金来源于发达国家，如之前的 GAB 和现在的 NAB。发达国家通过“加权投票制”影响执行董事会来制定符合它们政治和经济目标的条件性内容，如要求发展中国家进一步开放市场准入和投资渠道。

### （二）IMF 视角下条件性设置的必要性分析

#### 1. IMF 作为最高债权人的潜在货币风险

唯名论原则是指在有关货币合同中，在不考虑债务存续期间货币价值变动情形下，当事方原则上有偿付货币的义务。[2] 为此，IMF 作为金融援助中的债权人，对成员方按时偿还贷款存在期待可能性。但是，IMF 所有金融贷款并不是都没有“坏账”。例如，希腊在 2015 年 7 月未能偿还 IMF15.5 亿欧元欠款，成为首个 IMF 历史上违约的发达国家。另外，IMF 贷款条件性批准是成员方获得国际其他贷款渠道的“核准戳记”，这便使得 IMF 成为国际最高债权人，其一言一行以及所贷款项实际偿还率都成为其他国际金融借贷的参考依据。可见，IMF 作为债权人也存在被违约的情形，其潜在的货币风险更为巨大。IMF 贷款条件性设置的必要性体现在降低此种货币风险，保障贷款资金安全。

#### 2. 经济危机的外溢

客观上，经济危机是金融自由化的直接结果，是发达国家通过

---

[1] See Dreher, A. & Jensen, N. M., Independent Actor or Agent? An Empirical Analysis of the Impact of US Interest on IMF Conditions, *Journal of Law and Economics*, Vol. 50, No. 1, 2007, pp. 105—124.

[2] See Charles Proctor, *Mann on the Legal Aspect of Money*, 6th edition, Oxford University Press, 2005, p. 339.

利用 IMF 推行金融霸权，削弱发展中国家经济主权的一个契机。接受 IMF 贷款资助的国家都被要求进一步开放金融市场，但由于发展中国家经济实力和金融管理水平低下，从而形成自由化—危机—自由化—危机的恶性循环。经济危机具有周期性，而 IMF 资金援助便是为了防止成员方危机的扩大和传染。《IMF 协定》尽管并没有规定 IMF 有预防金融危机爆发的义务，但是该义务是其稳定国际货币体系秩序义务的重要组成部分。IMF 设置贷款条件性是为通过调整项目推动单个成员方金融危机的内部消化，防止危机的外溢。

## 三、经济主权下 IMF 贷款条件性的实施效果分析

如上文所述，IMF 贷款条件性对成员方经济主权事实上构成严重挑战，特别是当成员方面临金融危机时。除了要弄清成员方与 IMF 在权利和义务上的界限，如何更好地促使 IMF 在贷款条件性设置上以不侵犯成员方主权为原则，而更好地实施金融援助是一个值得探索的问题。

### （一）尊重成员方对经济主权下的“自主权”

IMF 2002 年《贷款条件指导方针》中提及了成员方对调整项目的“所有权”，更为确切地讲，是指成员方对贷款条件性中调整项目的独立和排他的自主权。IMF 对成员方自主权的定义为：“国家有执行调整政策的意愿，并且对制定和执行政策负责任。”[1] IMF 第一副总裁斯坦利·费舍尔在 2001 年说：“虽然借款方的结构性政策非常重要，但人们也普遍认为 IMF 在这一领域的条件有时过于广泛和苛刻。……也由于过宽的条件要求可能侵犯了一国

---

[1] See IMF（2001b），Strengthening Country Ownership of Fund－Supported Programs，Washington D. C.

对于规划的自主权。”[1] 原任 IMF 执行董事的贝拉（Ariel Buira）分析 IMF 金融治理和贷款条件性得出如下结论，即尽管 IMF 是一个重要的运用某种机制解决金融危机的国际金融机构，但某些情况下其金融救助所施加的政治和经济指令却超出了《IMF 协定》所规定的管辖范围，并违反了成员方的主权意愿。[2] 另外，一位知名人士曾在题为《国际货币基金组织急需改革》的文章中指出：“IMF 试图谋求对成员方控制资本内外流动的能力享有全球性的权力”，“应当认识到这个举措的实质——在于取消成员方在经济问题上的国家主权，IMF 所谋求的是控制世界经济的权力。[3]

条件性设置的主要目的在于使成员方恢复可持续的国际收支平衡，但是如今的条件性成为发达国家追求自身利益的有效途径。从亚洲金融危机可知，条件性反而致使成员方经济结构遭到严重破坏。《IMF 协定》并没有规定成员方需要依据贷款条件性要求采取哪些政策，这就使 IMF 在确定条件性具体标准上存在巨大的自由裁量权。[4] 其中，结构性调整项目（structural adjustment programme, SAPs）要求成员方采取如货币贬值、解除对内部价格体系的管制、取消私有公司的法律限制、废除国有企业、改革银

---

[1] See Stanley Fischer, the First Deputy Managing Director of the IMF, Remarks on Asia and the IMF (June 1, 2001), at http: //www. imf. org/external/np/speeches/2001/060101. htm (lastvisited Oct. 27, 2015).

[2] See Ariel Buira, "The Governance of the IMF in a Global Economy", pp. 13—37, and "An Analysis of the IMF Conditionality," pp. 55—91, in Ariel Buira, ed., *Challenges to the WorldBank and IMF: Developing Countries Perspectives*, London: Anthem Press, 2003.

[3] 李元旭：“金融危机与 IMF 的贷款条件性改革”，载《世界经济文汇》1999 年第 6 期。

[4] See Pirzio - Biroli. Carrado, "Making Sense of the IMF Conditionality Debate", *Journal of World Trade*, Vol. 115, No. 17, 1983, p. 117.

行政策、削减国家预算、减少货币供给等措施，[1] 这些措施不可避免地将影响成员方的主权。如果 IMF 所要求采纳的政策之一是在不增加货币供应量的基础上进行货币贬值的话，这对普通大众将是商品价格的提高，特别是进口商品。同样，在对国内信用加强控制的情形下，IMF 的需求管理政策将由于雇主不能扩大利用信用贷款等导致社会就业的减少。又如，将政府减少支出作为 IMF 贷款条件，将会对国家经济长远发展和社会福祉等关键领域造成负面影响，如教育和公共卫生等项目。这些措施，无论是集体或个体行为，都会降低整个国民的生活水平，扩大贫富差距。有评论则戏称，IMF 是成员方事实上的经济部长。尽管此观点有点偏颇，但是 IMF 通过批准成员方国内财政预算、外汇水平和财政税收政策等条件性要求，实则是对成员方经济主权的掠夺，是“再殖民化”的体现。

尽管 IMF 在其章程和有关贷款条件性决议中并没有明确提出要“尊重”成员方国家主权，但应该认为这是国际习惯法规定下的应有之义。众多国际条约和国家实践都明确承认国家主权的神圣不可侵犯，《IMF 协定》所列宗旨和目标如若与成员方主权相冲突，则应允许对条件性具体内容进行双边或多边协商，以期达到条件性设置对成员方主权限制的最小化。

### （二）条件性应是 IMF 与成员方“利益协调”的产物

条件性一直被认为是 IMF 金融资助的核心内容，它如同提供资金允许成员方对长期经济调整政策进行“投资”，并确保成员方如此做，否则金融援助将会切断。私人借贷一般会通过合同、权利限制、抵押等确保贷款偿付义务的履行，而 IMF 设置贷款条件性便是为了

---

[1] See Muuka. Gerry Nkombo, “In defense of World Bank and IMF Conditionality in SAPs”, *Journal of Business in Developing Nation*, Vol. 2, 1998, p. 1.

替代私人借贷中的保障措施。一般认为，私人借贷中贷款合同是为了更好协调债权人和债务人间的利益冲突。如此，IMF 贷款条件性如何促使成员方采取措施而有效地协调两者的利益关系呢？

IMF 所施加的条件性有可能损害成员方的经济主权，因此，条件性设置不仅仅是审慎的经济行为问题，而是如何处理好 IMF 与其成员方间的问题。[1] 甚至，条件性有时被认为是 IMF 通过资金援助“购买”成员方对经济改革的承诺。IMF 官方认为 IMF 金融资助以成员方与 IMF 间利益的一致性为特征。IMF 金融资助和成员方改革政策被认为是调整项目成功的重要两个因素。例如，面临国际收支困难的国家原本也需采取一些政策和短期金融资助以应对此情况，而 IMF 贷款条件性可以认为是“辅助”成员方政策调整的要求。“条件性的目的在于作为一个机制帮助面临国际收支困难的国家将金融资助和调整政策相结合”。[2] 从这个意义上看，IMF 在条件性设置下的利益需求和成员方是一致的，因而成员方掌握对调整政策的自主权是条件性成功的关键。[3]

如此，既然 IMF 贷款条件性设置与成员方调整政策所体现的利益需求一致，那两者各自体现的“程度”该如何才能更好发挥 IMF 金融资助应有的作用呢？笔者认为，在成员方拥有完全自主权情况下条件性设置是没有必要的，反之亦然。正是由于两者不可能相互包含，因此如果以成员方国际收支失衡的严重程度及经济治理能力作为对照物来判定两者所要体现的“程度”或许可行。例如，如果成员方国际收支失衡是由于内在经济结构不合理或经济治理能力不

---

[1] See Allan Drazen, *Conditionality and Ownership in IMF Lending: A Political Economy Approach*, Paper prepared for the Second Annual IMF Research Conference, Washington D. C., November 29, 30, 2001.

[2] See IMF, 2001, para12 and 15.

[3] See IMF, 2001, para 36.

足导致，此时贷款条件性设置应该发挥更大的作用。反之，如果是域外经济因素导致成员方国际收支失衡，此时更大程度地体现成员方对调整政策的自主权是IMF金融资助有效实施的关键。

## 第三节 IMF贷款条件性与人权的国际保护

人权问题原本是国内管辖的问题，但随着第一次世界大战后一系列严重侵犯和剥夺基本人权情形的出现，人权保护逐渐引起国际社会的严重关注。各类国际、区域性人权条约以及人权机构的设立，为国际人权保护提供了制度保障。IMF贷款条件性主要表现为成员方要求采纳的调整项目或措施等，不同贷款便利类型的条件性要求也存在差异。当涉及结构性调整项目或特殊贷款便利时，有些政策要求难免会涉及成员方人权问题，因此如何处理好两者之间的关系是IMF贷款项目成功的关键。尽管《IMF协定》并未将人权问题列入贷款资助考虑因素之中，但IMF有关实践表明，IMF已"间接"地参与到国际人权保护行动之中。并且，IMF贷款条件性能对成员方的人权实现产生积极和消极影响，促使IMF不能"任意"将其职能进行扩大解释。

国际社会现已存在较为完善的国际和区域间人权保护机制。人权问题国内保护与国际保护互为补充、相互促进，然而国际金融事务的处理有时会不经意间或间接地涉及人权实现问题，特别是诸如IMF等国际金融机构向成员方提供贷款资助时，某些贷款调整项目就有可能会影响到利益攸关者的人权。IMF如何安排其贷款资助，处理与成员方间人权关系是IMF贷款资助成功实施所必然要面对的一个问题。

## 一、IMF 与国际人权

IMF 作为国际金融组织，从字面意义上可知其主要职能在于处理和协调成员方金融领域问题。但是，IMF 贷款条件性中调整政策也会间接地影响到成员方人权实施情况。例如，在希腊主权债务危机中，IMF 要求实施紧缩的财政政策，会影响到某部分人所原本享有的福利。此时，贷款条件性会造成社会动荡，侵犯人权行为的出现。同样地，如果成员方实施了违反人权的行为，IMF 也可能会拒绝提供或继续提供资金救助。

### （一）国际人权的有关规定

#### 1. 国际法上人权的定义及其法律体系

国际法上的人权，是指受到国际法保护的人或人的集合体所享有或应享有的基本权利。[1] 国际法上的人权具有主体广泛性和特殊性、是国际人权条约所保护的客体、国际合作促人权保护等特点。国家是人权实现最重要的载体，它作为一种政治和法律权威只能是承认或不承认人权为法律权利，而不能创造或消灭作为道德权利的人权本身。[2] 因此，法律权利不是人权的充分条件。人权的国际保护所确立的行为标准与法律准则具有外部强制力，迫使国家采取措施维护人权并接受国际监督。

一般认为，国际人权法律体系是指有关国际人权保护的全部现行法律规范经由分类组合而形成的整体。国际人权法律体系并无“成文法典”，其中更多地体现为国际习惯法规则，同时人权保护机制也是该法律体系的重要组成部分。

---

❶ 梁西主编：《国际法》，曾令良修订，武汉大学出版社 2012 年版，第 263 页。

❷ 孙世彦：“论国际人权法下国家的义务”，载《法学评论》2001 年第 2 期。

2. 国际人权条约体系和人权保护机制

一般认为，国际人权体系是指以《世界人权宣言》《经济、社会及文化权利国际公约》《公民权利和政治权利国际公约》为基础，派生出一系列有关人权的国际条约和区域协定而组成的系统。[1] 国际条约是国际人权法最重要的法律渊源，提供了绝大部分的国际人权法律规范，并以此构建了国际人权法律体系基本框架。其中，国际人权条约方面，《世界人权宣言》中的不少重要原则，已被认为是国际习惯法的一部分。《经济、社会及文化权利国际公约》规定了国家需要采取行动逐渐实现国际人权主体的经济社会权利，由国家向经济及社会理事会递交报告并接受其监督。[2]《公民权利和政治权利国际公约》阐述了国际人权主体所享有的实质性权利，对它的国际性监督由联合国人权事务委员会定期评估成员方的报告，以及国家内部或个人来文。[3] 联合国核心人权公约指的是在联合国主持下通过的9项核心国际人权公约及其议定书。[4] 除上述提到的联合国两个人权国际公约外，还有专门领域的人权条约，如消除各种歧视、妇女儿童权利保护、禁止强迫劳动等联合国公约。区域性人权条约如《欧洲人权公约》及议定书、《美洲

---

[1] See Erik Denters, *Law and Policy of IMF Conditionality*, Kluwer Law International, 1996, p. 173.

[2] 《经济、社会及文化权利国际公约》，第16条。

[3] 《公民权利和政治权利国际公约》第40条报告义务；第41条国家申诉。

[4] 按其通过时间，这9项国际人权公约分别是：1965年12月21日年通过的《消除一切形式种族歧视国际公约》、1966年12月16日通过的《公民权利和政治权利国际公约》以及《经济、社会及文化权利国际公约》、1979年12月18日通过的《消除对妇女一切形式歧视公约》、1984年12月10日通过的《禁止酷刑和其他残忍、不人道或有辱人格的待遇或处罚公约》、1989年12月20日通过的《儿童权利公约》、1990年12月18日年通过的《保护所有移徙工人及其家庭成员权利国际公约》、2006年12月13日通过的《残疾人权利公约》以及2006年12月20日通过的《保护所有人免遭强迫失踪国际公约》。

人权公约》、《非洲人权和人民权利宪章》等。

机制一般认为是系统的结构及其运行机理，国际人权保护机制包含两个方面，即有关国际人权条约和以此建立的各种人权保护机构[1]。国际人权保护机制是多向度立体空间模式，有横向适用于国际社会的国际条约及人权机构，又有纵向区域性人权条约和机构。[2] 同时，有些国际人权机构接受个人来文也是国际人权保护突破地域限制的又一大特征。

3. 国际人权保护的空间维度

在第二次世界大战以前，人权问题一向被认为是国内管辖事项，只是在一些个别领域或者个别问题方面，才认为有和人权保护有关的国际法存在。早在常设国际法院时期，法院就曾表明人权并非专属国内管辖范畴。一般认为，国际人权保护是指“保护外国人在他们自己的国家中免遭其政府的侵害。人权内在的冲突

[1] 美国科罗拉多大学哲学系的詹姆斯·W. 尼克尔（James W. Nickel）教授认为国际人权保护机制由欧洲人权法院、联合国人权公约和宣言、联合国人权委员会、联合国安理会、卢旺达和前南斯拉夫罪犯法庭、国际性非政府人权组织和一些致力于促进全球人权进步的国家等 7 部分组成。See James W. Nickel, Is Today's International Human Rights System A Global Governance Regime?, *The Journal of Ethics*, Vol. 6, 2002, p. 354. 另外，2003 年成立的联合国国际刑事法院也应包括在内。

[2] 按照国际人权保护机制的地域进行划分，分为国际性和区域性人权保护机构。国际性人权机构主要指联合国项下人权事务委员会、经济及社会理事会等；人权区域性人权公约下建立的区域性人权法院或人权宣言保护机制，如欧洲人权法院和美洲人权法院等。其中，有法律拘束力和监督机制的公约主要有《经济、社会及文化权利国际公约》《公民权利和政治权利国际公约》《禁止酷刑和其他残忍、不人道或有辱人格的待遇或处罚公约》《儿童权利公约》《消除对妇女一切形式歧视公约》等；有法律拘束力却缺乏法律监督机制的公约主要有《废除奴隶制及奴隶贩卖之国际公约》《防止及惩治灭绝种族罪公约》《世界人权宣言》等；单独人权保护机构有前南斯拉夫国际刑事法庭、卢旺达问题国际刑事法庭、联合国国际刑事法院等。一些非政府人权组织和人权专业性保护组织如国际法院等，对促进国际人权实现起了不可替代的作用。

在于外国对该国公民人权的辩护”。[1] 国际人权保护与国家主权既矛盾又一致。一方面，国际人权保护一般仅发生在对原属国内管辖事项人权部分或在国内救济机制穷尽的情形下而进行的干预，由于环境的特定，外界的干预就尤为必要。例如，1994 年卢旺达种族大屠杀。此种对人权的国际干预，也是国际法上“保护的责任”的体现。另一方面，国家通过参与国际组织或缔结国际人权条约，可将属于一国内部事务的人权问题让渡给国际机构监督，此种“自主限制”是对国家主权侵蚀的体现。

英国国际法学家赫斯·劳特派特（Hersch Lauterpacht）认为，联合国的所有会员国负有法律义务，按照《联合国宪章》的宗旨行事，其中便包括人权保护的国际合作。[2]《联合国宪章》第 1 条第 3 款规定：“促成国际合作，以解决国际属于经济、社会、文化及人类福利性质之国际问题，且不分种族、性别、语言或宗教，增进并激励对于全体人类之人权及基本自由之尊重。”又依据《联合国宪章》第 56 条所表达的承诺中，可以推定会员国负有法律义务尊重这些人权。《联合国宪章》所确定的国际合作的法律义务，为当代国际人权法的发展奠定了法律和概念的基础，是人权保护国际化的标志。[3] 尽管人权国际保护突破了传统人权实现的国内地域的空间限制，但正是由于国际人权保护法律制度和机制的逐渐完善，才使得人权在国内层面得到更好的实施。

---

[1] ［美］熊阶：《无政府状态与世界秩序》，余逊达、张铁军译，浙江人民出版社 2001 年版，第 134 页。

[2] See Hersch Lauterpacht, “Sovereignty and Human Rights”, in Elihu Lauterpacht ed., *International Law, Being the Collected Papers of Hersch Lauterpacht*, Vol. 3, Cambridge: Cambridge University Press, 1977, p. 417.

[3] 柳华文：“联合国与人权的国际保护”，载《世界经济与政治》2015 年第 4 期。

4. 违反国际人权的表现

严重违反人权的行为一般归类为国际罪行，是指违反对于保护国际社会根本利益至关重要的义务，以致整个国际社会公认违背该义务是一种罪行❶。在此种情形下，大规模侵犯人权的行为要受到国际刑事法院的审判。例如，种族隔离政策是对人身自由及生命权的蔑视，是一种严重违反人权的行为。还有种族屠杀、实行奴隶制、灭绝种族也被国际法委员会认为是国际罪行。某国家如果出现大规模严重违反人权的行为，不仅会受到国际社会的严厉谴责，甚至还会遭到经济、政治、外交等方面的制裁。其中，经济方面的金融援助也可能遭到国际金融组织如 IMF 的拒绝。

违反人权的一般性行为，从行为性质和严重程度上看，要明显低于严重违反人权的行为。该类行为主要体现于国家对国际或区域性人权条约中某项具体人权义务的违反，尽管可能会遭受国际谴责，但不至于使该国家陷入国际孤立。违反人权的行为也可能因各国所持人权标准的差异而导致判定结果的不同，但一般情况下，违反人权的一般行为不会造成国际金融援助的停止或拒绝。

（二）IMF 制度体系中关于人权的规定

IMF 与世界银行都并未在其章程中阐释金融援助与人权保护间的关系。IMF 职权范围仅限于《IMF 协定》和为实现宏观经济稳定和短期国际收支平衡而作出的解释性行为。《IMF 协定》第 1 条第 2 款规定的“保持高水平就业率和收入”被认为是与人权问题有关的条款。IMF 不是“发展机构”，其虽然未在《IMF 协定》中明确规定无权干涉属于成员方区域内政治事务的人权问题。但是，一些学者认为这并不排除有关人权的规定对 IMF 的适

---

❶ 梁西主编：《国际法》，曾令良修订，武汉大学出版社 2012 年版，第 121 页。

用。❶ IMF 官方对此的观点是，IMF 对人权问题最好间接地加以处理，通过有关私有化、贸易自由化等措施以确保经济增长而加以实现人权。❷ 同时，没有证据显示 IMF 试图在人权问题上承担直接责任，直到今日 IMF 对此的态度仍然是否定的。依据对人权的定义，将 IMF 贷款条件性中有关人权因素归类于宏观经济改革似乎更为合理。IMF 作为与联合国签订合作协定的专门机构，IMF 不可能无视任何联合国关于人权的观点。毕竟，联合国可向 IMF 提出“建议”，而 IMF 必须予以“考虑”。因此，IMF 设定贷款条件性时也不能完全无视或者直接干涉人权保护问题。

### （三）IMF 对国际人权保护的义务范畴

#### 1. 国际人权保护的国际法渊源

IMF 是否承担国际人权保护的义务以及该义务的国际法渊源，可从《国际法院规约》第 38 条中知悉。

（1）国际条约。国际法院曾表明，国际组织拥有独立的法律人格，对执行《联合国宪章》有关任务具有“隐含的权力”。IMF 作为国际金融组织，其国际法主体资格早已得到公认，为此它具有缔结国际条约和参与国际协定的行为能力。一些国际组织在其章程中还特意规定了其缔结国际协议的能力，❸ 同时《维也纳条约

---

❶ See Mamorstein Victoria E, “World Bank Power to Consider Human Rights Facotrs in Loan Decisions”, *J. Int’ l. L & Economics*, Vol. 13, 1978, p. 135; Jean L. Cohen and Andrew Arato, *Civil Society and Political Theroy*, Cambridge: The MIT Press, 1992, p. 386; The report by David Gisselquist (1992) on behalf of the UN Council for Namibia 中表述道：“IMF 对南非国际收支失衡的金融资助，依据《IMF 协定》内部材料和立法背景，IMF 设立之初意在以政治标准运行。”

❷ See G Capdevila, “IMF Not Taking into Account Human Rights Issues”, Dawn, 13 August 2001, http://www.globalpolicy.org/socecon/bwi-wto/imf/2001/0813hr.htm (last visted 13 January).

❸ 参见《国际复兴开发银行协定》第 4 条。

法公约》第 6 条也承认了国际组织的该种行为能力。那么，国际人权条约是否构成对 IMF 的义务，则可以从《维也纳条约法公约》第 35 条“第三方权利和义务”之中得到一定的回答。依据该条款规定，作为“第三方”的 IMF 理应不受国际人权条约的约束，除非 IMF 明确同意接受该条约项下义务。另外，依据《维也纳条约法公约》第 38 条规定，如若某国际人权保护规则已成为国际习惯法，则 IMF 必须受到其约束。可见，IMF 对非缔约方并非完全不负义务。

（2）国际习惯法。国际习惯法一般是不成文规则，也有可能规定于国际条约之中。国际习惯法下国际人权保护规则多表现为禁止性规定，如禁止酷刑、禁止种族屠杀等。原则上，IMF 要受到人权保护国际习惯法的制约，这主要取决于可适用规则的具体内容和义务范畴。[1] 另外，如果一项国际人权保护规则已构成强行法，那么 IMF 则必须予以遵守。

（3）一般法律原则。一般法律原则在《国际法院规约》中的具体含义一直存在争议。传统上，一般法律原则主要指国内法律体系中的一般性原则，这能弥补国际法系统中某些规则的空白。作为拥有国际法主体资格的 IMF，一般法律原则如同国际习惯法一样理应对 IMF 产生拘束力。[2] 并且，一般法律原则可源自国内法律规定、国家实践和国际组织的活动。

因此，除 IMF 不为国际人权条约缔约方外，国际习惯法与一般法律原则中关于人权保护的义务理应对 IMF 具有拘束力。同时，

---

[1] See SigrunSkogly, *Human Rights Obligations of the World Bank and the IMF*, Cavendish Publishing, 2001, p. 87.

[2] See H. G. Schermers & N. M. Blokker, *International Insitutional Law*, 3rd edition, Kluwer Law International, 1995, p. 984.

结合《维也纳条约法公约》第 31 条第 3 款的规定，可对《IMF 协定》在人权问题上进行适当的理解。过去，国际金融机构的人权保护义务并没有引起学者们的广泛注意，直到 2001 年 5 月 7 日 IMF 总法律顾问 François Givanviti 在日内瓦协商会议上，提出了 42 页关于 IMF 与《经济、社会及文化权利国际公约》间关系的文件❶。该文件认为《经济、社会及文化权利国际公约》超越了 IMF 的职权范围，特别是依据《经济、社会及文化权利国际公约》第 24 条的规定❷，IMF 对执行该国际公约不负有责任。但是，该文件为 IMF 的非官方意见，其中很多观点受到质疑。

第一，对 IMF 贷款条件性是否进行限制性解释。依据《IMF 协定》第 1 条第 5 款，IMF 认为条件性可能包括消除对汇率和贸易的限制，但必须避免采取损害人民福祉和环境的措施。尽管 IMF 紧缩政策会牵扯到国家对实现经济社会权利等的预算开支，但是 IMF 认为自己并不是要替代主权国家去决定国家政策。例如，1991 年 IMF 理事会的一项决议便表示军费开支问题不属于 IMF 贷款条件性的设置范围。原则上，IMF 贷款条件性主要限制于宏观经济变量和那些对宏观经济稳定至关重要的结构性因素。❸ 以上观点遭到质疑，特别是实践中 IMF 贷款条件性所涵盖的程度和领域不足以说明 IMF 对人权保护的立场。依据《维也纳条约法公约》第 31 条第 3 款关于"后续实践"的解释性规定，因 IMF 相关实践的矛

---

❶ François Gianviti, The Reform of the International Monetary Fund (Conditionality and Surveillance), *International Law Review*, Vol. 34, No. 107, 2000, p. 107.

❷ 《经济、社会及文化权利国际公约》第 24 条规定：本公约的任何部分不得解释为有损联合国宪章和各专门机构组织法中确定联合国各机构和各专门机构在本公约所涉及事项方面的责任的规定。

❸ See François Gianviti, The Reform of the International Monetary Fund (Conditionality and Surveillance), *International Law Review*, Vol. 34, No. 107, 2001, pp. 29—30.

盾性，因而 1991 年理事会决定本身也不被认为是对《IMF 协定》第 1 条第 5 款 IMF 职权范围的决定性概括。为此，从 IMF 历来实践可知，对其贷款条件性不适合做限制性解释。

第二，国际核心人权公约对 IMF 具有直接的“约束力”。[1] 上文讲到的联合国核心人权公约可以认为是对《联合国宪章》第 1 条第 3 款的“权威性阐释”。虽然 IMF 非联合国机构，具有独立的法律人格，但是其作为联合国的专门机构，需要对联合国建议予以“考虑”。为此，国际人权公约通过联合国这一“中介”便具有对 IMF 间接或“软”约束力。另外，某些国际人权公约中有关人权规定已被国际社会公认为是强行法（*jus cogens*）和“对一切的义务”（*erga omnes*），为此这些人权条款基于习惯国际法规则对 IMF 能产生直接的拘束力。

2. IMF 关于国际人权保护的具体义务

（1）国际人权保护下 IMF 的“警惕义务”。虽然国际人权保护核心条约并没有规定 IMF 等专门机构不能参与国际人权保护行动，但依据国际组织“职能性原则”，IMF 贷款资助对受援国执行其人权保护国际义务的能力需要“警惕”且不能产生消极的影响，即 IMF 贷款条件性设置不能有损成员方执行人权保护国际义务的能力。

（2）IMF“保护”公民免受人权侵犯的义务。具体而言，该义务主要存在于具体贷款项目实施过程中，“保护”指的是 IMF 有责任帮助成员方公民免遭人权侵犯，但该“保护”行动应仅限人权侵犯所引起的有关货币后果的情形。[2] 从此种意义上讲，IMF 贷

---

[1] See François Gianviti, The Reform of the International Monetary Fund (Conditionality and Surveillance), *International Law Review*, Vol. 34, No. 107, 2001, pp. 7—9.

[2] See Daniel D. Bradlow, “the World Bank, the IMF and Human Rights”, *Transantional Law & Contemporary Problems*, Spring, 1996, pp. 66—75.

款条件性具体实施对象可能涉及单个个体，而作为贷款项目的利益攸关者，保护个体人权不受侵犯应是《IMF 协定》贷款资助职能的内在属性和必然结果。

（3）IMF“实现”人权的义务。此项义务主要指 IMF 与人权保护机构的合作[1]。IMF 虽作为独立但又与联合国建立联系的专门机构，因其没有专业的人权问题专家，因此在贷款项目涉及人权问题时必然需要寻求国际人权机构的帮助。此时，IMF 便以贷款项目为途径“间接”地促进国际人权的实现。

## 二、IMF 与成员方违反人权的行为

IMF 贷款资助主要用于成员方应对国际收支失衡，成员方国内人权状况一般不作为 IMF 批准备用安排的考虑因素。国际社会舆论与政治压力有时迫使 IMF 不得不考虑成员方违反人权的情形，特别是某些特殊贷款便利，必然直接或间接地涉及人民的福祉和人权。因此，讨论成员方违反人权情况下 IMF 的反应，是研究 IMF 贷款资助与人权保护关系的核心问题之一。

### （一）国际金融机构对违反人权的处理后果

成员方违反人权会产生两种后果：第一，违反人权已阻碍调整项目的实施而导致拒绝或废除金融援助，即如果违反从性质上已使调整项目不可能成功实施；第二，作为制裁手段而导致拒绝或废除金融援助。[2] 违反人权从性质上并未削弱成员方成功执行调

---

[1] See P Alston and G Quinn, “‘The Nature and Scope of State Parties’ Obligations Under the International Covenant on Economic, Social and Cultural Rights”, *Human Rights Quarterly*, 1987, Vol. 9, p. 156.

[2] See Erik Denters, *Law and Policy of IMF Conditionality*, Kluwer Law International, 1996, p. 175.

整项目的能力，如果 IMF 继续拒绝金融援助则应视为构成对成员方的制裁。既然妨碍调整项目成功实施的行为会产生后果，因此对人权的“严重违反”也应会影响 IMF 决策的作出，只要该违反削弱了调整项目实施的可能性。[1] 波拉克（Polak）认为制裁不能作为正式的追索权而加以采用，“IMF 行为准则中包含了一个不成文的规定即尽可能地使政治观点披上经济装束”。[2] 它将人权置于“政治观点”之下。国际法学者施哈塔从世界银行有关实践角度得出，成员方对政治和公民权利的尊重程度是世界银行提供贷款资助的考虑因素。[3] 他认为如果严重违反人权的行为造成经济影响或导致联合国安理会通过有关约束力的决议时，则往往会致使成员方金融援助申请的失败。

1. IMF 作为制裁手段而拒绝提供金融援助

IMF 将拒绝提供金融援助作为制裁手段，主要适用于 IMF 认为成员方人权的违反并无重大影响且导致调整项目的不可实施。如此，该情况下 IMF 拒绝提供国际收支失衡的援助在性质上类似于“制裁”，是旨在对成员方造成压力迫使其提高人权保护记录。对此种“制裁”，成员方其实可以置之不理，因为该影响对象仅限对 IMF 金融资助有依赖的国家，特别是贫困国家。IMF 如果实施此种“制裁”只会增加成员方待遇上的“不对称”，为此 IMF 对此要审慎为之。实际上，对 IMF 提供金融援助是否有助于提高成

---

[1] See Jean L. Cohen and Andrew Arato, *Civil Society and Political Theroy*, Cambridge: The MIT Press, 1992, p. 395. 只有在严重或持续违反公民权利和政治权利而导致经济发展环境恶化的情形下，国际金融援助不应提供。

[2] See J. J. Polak, The Changing Nature of IMFConditionality, *Princeton Essays in International Finance*, Vol. 184, No. 1, 1991, p. 32.

[3] See Ibrahim F. I. Shihata, Human Rights, Development, and International Financial Institutions, *Am. U. J. Int'l L. & Pol'y*, Vol. 8, No. 27, 1991, p. 79.

员方人权境况仍有争议。IMF 如若要拒绝提供金融援助在实践中非常困难，主要受到以下几个因素的影响：

第一，IMF 需要基于其他权威机构作出的有关人权违反的决定。IMF 没有如联合国安理会那样拥有判定危及世界和平与安全行为的权力，也不能独立作出判定违反公民权和政治权利的裁定。依据国际组织"职能性原则"，IMF 所作出的决定仅限于章程的规定。然而，判定成员方违反人权是一个事实发现、情况反馈、人权条约解释的过程，IMF 显然在其职能范围内没有如此权限和专家。[1]

第二，成员方违反人权的严重程度也应加以考虑。事实上，人权违反在每一个国家都有可能发生，或是有意或是无意，或是轻微或是严重。如果 IMF 将人权标准严格地适用于贷款条件性设置，也许没有国家是申请贷款资助的"适格"主体。基于违反人权而拒绝提供金融援助的"制裁"本质上是判定人权违反的程度。但是，违反人权的程度如何却不是 IMF 能够回答的问题。

因此，IMF 贷款条件性设置若考虑人权因素，则其需要依赖其他国际权威机构作出成员方是否以及在多大程度上严重违反了人权的判定。由于此种制裁情况下的调整项目并非不能实现，若 IMF 仍将人权问题视为贷款条件性设置的必要考虑因素，则有悖于 IMF 对成员方"平等对待"的原则且有失公正。

2. 因严重违反人权而拒绝金融援助

此种情形主要指成员方实施了严重违反人权的行为，有时可能违反国际强行法而导致 IMF 拒绝提供贷款。例如，IMF 理事会投票停止对南非的金融援助，由于其实施种族隔离制度对经济和

---

[1] See Erik Denters, *Law and Policy of IMF Conditionality*, Kluwer Law International, 1996, p. 177.

国际收支平衡产生重大影响。例如，IMF 为回应巴基斯坦进行了核试验，以停止金融援助作为“制裁手段”。通过这些事实可知，IMF 将“宏观经济”联系或“可持续发展”理念作为其贷款条件性设置中人权因素考量的“次级理由”，具有一定的合理性。[1] 但是，如何判定成员方违反人权行为的程度，IMF 似乎有些力不从心，此时国际人权机构的有关裁定则显得尤为重要。

### （二）判定人权违反的国际机构

如上所述，IMF 没有作出人权违反裁定的权限，而对此的判定应该是独立公正的。唯一能对违反人权作出有约束力、独立且公正的裁定机构是国际法院。人权事务委员会类似地也能作出对此的决定，只是缺少法律约束力。[2] 但是，IMF 不能以上述机构的裁定作为金融援助的行动指导方针，否则将意味着对成员方的不平等对待。事实上，上述机构对人权违反的裁定存在适用上的局限性，进而导致 IMF 即使想利用有关裁定而不能。具体而言，国际法院和人权事务委员会有关裁定只对接受其管辖的国家有效，成员方可因拒绝国际法院管辖或不接受人权事务委员会申诉程序而逃避对其严重违反人权的谴责。为此，如果违反人权审查是一项基于条约或同意才能开启的程序，那么对于已接受人权国际监管但因违反而被拒绝授予金融援助的国家而言是不公平的。理论上，IMF 作出决定所要依靠的关于违反人权的裁定应是独立机构作出的且是公正的。

依据如上分析，如果 IMF 贷款条件性设置基于可接受的成员方人权政策，那么每一个 IMF 成员方都将要受制于公正且独立的

---

[1] See J. J. Polak, “The Changing Nature of IMF Conditionality”, *Essays in International Finance*, Vol. 184, No. 1, 1991, p. 31.

[2] See Art. 42（d）Political Covenant and Art. 5（4）Optional Protocol.

国际监管。但在现今联合国系统下，特别是将所有国家人权问题置于联合国人权委员会下管辖不太现实，毕竟联合国仍是一个政治性国际机构。因此，鉴于国际法院与人权事务委员会的限制性管辖权以及联合国机构的政治性质都意味着IMF不可能从其他渠道获得独立且公正的关于违反人权的裁定。现今，IMF唯一可以依赖作为行动指南的便是联合国安理会作出的决议。冷战结束后，安理会也更加关注危及世界和平与安全的严重违反人权的行为。[1]第二章曾提到安理会与IMF间的关系，如果安理会作出因为违反人权而具有约束力的决议时，IMF对安理会决议需要“适当注意”。然而，安理会常任理事国可因否决权而不否决如此决议的通过，这便又会产生IMF成员方不平等对待情况。

（三）IMF不予批准成员方贷款资助申请的缘由

1. 严重违反人权而产生直接的经济后果

成员方严重违反人权的行为在某些情形下足以阻碍有关贷款项目的成功实施，此时如若违反行为已造成严重经济后果而导致成员方国际收支失衡，IMF此刻可因贷款项目实施环境的严重恶化和成员方执行能力的不足而不予批准备用安排。例如，对经济、社会、文化权利的侵犯有时足以引发社会动乱或国际经济制裁，然而这又属于IMF贷款资助中条件性“前提要求”的考虑因素。IMF面临此问题时，可以要求成员方先处理好国内人权问题或将人权问题作为贷款条件性“前提要求”而要求成员方先行采取一定补救措施才予以金融援助。

2. 对《IMF协定》中“人权”国际义务的违反

成员方负有人权保护的国际义务，这在众多国际人权公约中

---

[1] See Resolution UNSC Res. 688 (5 April 1991), 30.

可见一斑。《IMF 协定》虽未直接规定成员方的该种义务，但是从 IMF 与众多国际机构存在合作关系特别是联合国的角度上看，IMF 不可能完全无视这些国际人权机构作出的裁定。为此，当 IMF 对《IMF 协定》第 1 条第 2 款进行扩大解释并正好与某些国际人权公约规定相一致时，成员方就可能因违反《IMF 协定》项下的“人权”义务而不被批准贷款资助。

## 三、IMF 贷款条件性对成员方人权实现的影响

IMF 贷款资助主要针对成员方宏观经济领域设置条件性要求，尽管人权因素不属于考虑范围，但实际贷款项目实施过程中难免会对成员方人权的实现造成一定的积极或消极影响。经济社会文化权利和政治权利是人权实现的两个重要方面，IMF 贷款条件性如何影响该类人权的实现，是探讨 IMF 贷款资助与成员方人权关系的又一核心问题。

### （一）影响因素等级分层

对于分析金融援助政策对人权的影响可采纳国际法学者 Vylder 的“同心圆”模式。[1] 尽管该模式主要针对儿童权利和宏观经济问题，但它也可同样适用于人权问题以及 IMF 金融资助下宏观经济政策。第一，处于同心圆模式核心的是关于儿童权利的政策和法律，如儿童健康、教育以及反对童工等规则。第二，同心圆模式第二层是指那些有重大关系但产生间接影响的政策和机构。例如，税收分配、公共财政支出政策、社会安全和福利政策，整体上这些政策间接地影响家庭的生活境况。最后，同

---

[1] See S de Vylder, *Development Strategies, Macro – economic Policies and the Rights of the Child*, Discussion Paper for Radda Barnen, 1996, p. 9.

心圆模式最外层是有重要关系但更为间接的政策，如贸易和外汇政策、WTO 规则、货币政策或环境政策等。

IMF 贷款条件性在有关人权问题上，主要指减少贫困和发展便利下减贫的目标。为此，以上述模式为原型，将贫困人口的人权作为标的，可以类推 IMF 贷款资助对人权影响因素的等级分层结构。第一层为“直接或特定行为”，是那些旨在直接且显著关注贫困人口人权、利益以及需求的行为；第二层为“间接或包容性行为”，是指那些旨在使广大民众尤其是贫困人口受益的行为，同时也处理关于平等分配和参与权等人权问题；第三层为“授权行为”，是指那些旨在扶贫而加强经济增长的结构性措施和其他影响贫困人口社会、环境或经济福利的政策。从行为性质上看，第一层行为所包含的政策和法规主要是一国国内主权管辖事项，IMF 无权干涉。IMF 官方观点也认为其若参与人权问题处理特别是减贫方面，并以此作为核心目标，已超出其法定权限，也超出“专业范围”。然而，IMF 贷款条件性特别是结构性改革、紧缩财政政策等要求都会间接地影响成员方人权问题的处理，这可体现在上述第二层和第三层行为中。

### （二）IMF 决策对人权保护的影响

#### 1. 积极影响

根据上述人权影响因素等级分层模式，在第三层“授权行为”，宏观经济稳定、市场自由化结构性改革以及善治是可持续经济快速发展的关键内容，这是确保减贫目标实现的前提条件。[1] 换

---

[1] See IMF, Social Policy Issues in IMF – Supported Programs: Follow – up on the 1995 World Summit for Social Development, 2000, p. 2; H Morais, The Globalization of Human Rights Law and the Role of International Financial Institutions in Promoting Human Rights, *George Washington International Law Review*, Vol. 33, 2000, p. 87.

句话说，稳定的宏观经济为人权实现提供了有利的环境。而第二层中“间接或包容性行为”中人权利益在理论上可以通过 IMF 结构性调整项目中健康和教育部门的改革，逐渐实现《经济、社会及文化权利国际公约》项下有关人权。又如，妇女和儿童常在经济动乱中受害最深，IMF 可通过减贫和危机预防间接地促进他们人权的实现。[1] 另外，IMF 可通过贷款条件性有关规定和治理要求，推动成员方司法独立和行政公正，这便潜在地维护了人权利益。上述模式第二层有关行为的一个典型例子为间接地采取保障《公民权利和政治权利国际公约》下表达自由和结社自由、儿童的参与权以及其他信息自由、公务事务参与、透明和负责任政府等对实现人权利益至关重要的措施。可见，IMF 贷款条件性下调整项目尽管没有明确地将人权保护作为目标，但 IMF 贷款条件性无疑间接地影响并保护了有关人权的实现。特别是涉及社会和经济权利的贷款项目时，IMF 的技术判断有可能不准确，但其项目整体上确实提高了人类基本需求目标的实现。[2]

2. 消极影响

就宏观经济而言，IMF 整体上还是基于新自由主义的经济观点而运行。过去 25 年里所盛行的新自由主义经济政策未能实现其所追求的经济快速增长、贫困减少以及经济稳定等多项目标。由这些情况所产生的一项关键性结论是，今天世界贫困的现状不是意外产生的，而是所追求的那些政策的后果。援引人权事务委员会独立专家的报告称，结构性调整项目在经济和政治层面对人权

---

[1] See IMF, “Women 2000: IMF support aims to enhance participation by women in social and economic development”, *IMF Survey*, 2002, 29 (12), p. 202.

[2] See G Helleiner, G Cornia and R Jolly, “IMF Adjustment Policies and Approaches and the Needs of Children”, *World Development*, Vol. 19, No. 12, 1991, p. 1823.

主要产生消极影响。[1] 类似的观点可以在 1991 年和 1992 年人权事务委员会下属的经济、社会及文化权利特殊报告员的报告中得知，依据 1991 年的报告，紧缩政策和调整项目的其他方面已经发生有损《经济、社会及文化权利国际公约》项下人权在国内层面的实现，特别是在涉及教育、健康、食品、住房和就业等领域。[2] 之后在 1992 年最终报告中，认为消极影响的产生是由于调整责任的不对称、对发达国家国际贸易和制度的偏见、经济自主权的侵蚀、过度依赖不适宜国情的经济政策以及无效的条件性设置和项目监督等。[3] IMF 严苛的贷款条件性所要求的紧缩政策往往只能产生短期效果，而人权保护是一项长期的任务。因此，IMF 如若不将平等、人力资源充分利用等作为重点因素加以考虑，而片面追求"经济增长"，则结构性改革项目从长远看将不可持续且失去活力。[4]

## 四、IMF 贷款条件性对经济、社会、文化权利的国际保护

经济社会权利是人权权利的重要内容，也是较政治文化权利

---

[1] See E/CN. 4/2000/6, para 32. The report of the open – ended working group on structural adjustment programmes and economic, social and cultural rights on its second session, 1 – 3 March 1999, E/CN. 4/1999/51, para 11 (a).

[2] See "The Realisation of Economic, Social and Cultural Rights", second progress report by Danilo Türk, Special Rapporteur, Subcommission for the Prevention of Discrimination and Protection of Minorities, 43rd Session, UN Doc. E/CN. 4/Sub. 2/1991/17, 1991, pp. 36—51.

[3] See "The Realisation of Economic, Social and Cultural Rights", Final Report submitted by Danilo Türk, Special Rapporteur, Subcommission for the Prevention of Discrimination and Protection of Minorities, 49th Session, UN Doc. E/CN. 4/Sub. 2/1992/16, 1992, pp. 11—18.

[4] See IMF, "Social Dimension of the IMF's Policy Dialogue," April 1998, http://www.imf.org/external/np/exr/facts/social.htm (last visited on 3 March 2021).

更为丰富的权利类型。对经济社会权利进行国际保护的主要国际公约为《经济、社会及文化权利国际公约》，而 IMF 作为国际金融机构，其贷款资助中涉及人权问题的内容便主要表现在经济社会权利之中。

### （一）有关人权问题的 IMF 贷款便利

1987 年建立的加强结构性调整便利以及 1999 年替代的减少贫困和发展便利是有关人权问题的 IMF 贷款便利类型。❶ 加强结构性调整便利是一个优惠性贷款便利，旨在向面临国际收支失衡的低收入国家提供贷款资助。加强结构性调整便利不同于 IMF 贷款条件性项下贷款类型，它不以成员方以本国货币购买其他国家的货币的形式进行，它本质上是 IMF 直接向该低收入国家提供的贷款，利率为 0.5%。减少贫困和发展便利的核心目的在于通过 IMF 优惠性贷款帮助低收入国家实现减贫，利率为 0.5% ~1%，期限长达 5~10 年。减少贫困和发展便利理论上主要实现以下目标：第一，分配平等，包括性别以及 IMF 采取有益于穷人的措施，以促进所谓的“高质量发展”；❷ 第二，保障贫困人口参与国家发展的权利，这要求发展策略尊重成员方自主权并对结果负责；❸ 第三，严苛的条件性不适用且无效。IMF 设置该贷款类型与联合国所提“千年发展目标”相一致，并且体现了 IMF 尊重成员方的经济自主权，通过提供资金援助帮助成员方脱贫，理论上它能推动个人发展权的实现。

减少贫困和发展便利原本应包含“灵活性、参与性和合作

---

❶ See IMF, Social Policy Issues in IMF – Supported Programs: Follow – up on the 1995 World Summit for Social Development, 2000, p. 2.

❷ See *Ibid*, pp. 2—3.

❸ See *Ibid*, p. 3.

性”，但是，减少贫困和发展便利指导方针却走回了“强制实施严格的最后期限和条件性”的老路。在加强结构性调整便利政策框架中，“社会性”条款（主要指人权内容）所占比例非常小，主要附加在IMF财政和宏观经济“药方”之后，对两者间的内在关系往往不加以探究。❶ 另外，IMF贷款条件性有关经济社会政策的规定本质上较为宏观抽象，如宽泛的参数和灵活的目标。如果IMF的调整项目设计在某种程度上失败了，往往导致贷款期限和次序的调整，IMF却并不反思贷款条件性具体内容，这从20世纪的亚洲金融危机便可得知。

### （二）促进了经济、社会和文化权利的实现

经济社会文化权利是人权保护的重要内容，其内涵广泛，权利类型丰富。它是IMF贷款条件性在宏观经济领域调整政策最为直接的影响对象。

#### 1. 经济社会文化权利的国际法渊源

IMF贷款条件性除招致挑战成员方经济主权的谴责外，另一个备受诟病的问题便是IMF条件性忽视成员方中弱势群体的经济社会境况。急速下降的经济社会境况可能会诱发政治骚乱，进而有损IMF调整项目的成功实施，因此IMF决心对此加以重视。IMF可通过与联合国及其专门机构的合作来维护成员方经济社会标准（如图2-1所示）。作为人权保护领域重要内容的经济社会文化权利，《经济、社会及文化权利国际公约》是最为重要的国际条约，它规定了成员方有促进就业、保障社会安全、提供合适的

---

❶ 例如，Kyrgyz Republic—ESAF Policy Framework Paper，1998—2000，para. 35—38；Azerbaijan Republic—ESAF and EFF Policy Framework Paper，1997—2000，pp. 46—50. 例外的情形有，泰国1998年5月26日在其意向书和经济政策备忘录中有相当大的部分规定了就业、健康、教育、减贫、培训和农村发展等内容。

生活标准、健康和教育等义务。除此之外，联合国专门机构如世界卫生组织在其章程中规定了成员方有义务促进和保持一定的经济社会标准。

除国际条约这一重要的国际法渊源外，其他法律渊源对规定经济、社会和文化权利也起着重要作用，如《世界人权宣言》[1]《社会进步和发展宣言》[2]《国家经济权利和义务宪章》[3]《发展权宣言》[4]《国际经济合作宣言》《维也纳宣言和行动纲领》[5]《发展纲领》[6]《社会发展世界峰会宣言和行动纲领》[7] 等。非政府组织所颁布的相关文件有国际法协会 1986 年的《首尔宣言》和《林堡原则》。[8]

2. IMF 与经济社会权利实现的关系

IMF 在促进经济社会权利实现的过程中，将金融援助资金“定位化”是资源优化配置的最优方式。提高教育水平、健康护理或良好就业前景都要求社会公共支出向这些部门倾斜。IMF 能做出直接且积极的贡献，其若将社会经济权利纳入调整项目实施的考虑因素。这可能体现于以经济社会条款的形式规定在减少财政赤字的贷款条件性当中。《经济、社会及文化权利国际公约》作为国家签订的国际协定，对 IMF 并无法律拘束力。一般认为，促进经济社会权利实现的义务并不是国家法典的组成一部分，IMF 无

[1] See UNGA Res. A/Res/217 A（III），1984 年 12 月 10 日。
[2] See UNGA Res. A/Res/2542（XXIV）.
[3] See UNGA Res. A/Res/3281，1974 年 12 月 12 日。
[4] See UNGA Res. A/Res/41/128，1986 年 12 月 4 日。
[5] See UNGA Res. A/Res/S－18，1990 年 6 月 4 日。
[6] See A/CONF. 157/23，1993 年 7 月 12 日。
[7] See UNGA Doc. A/48/935，1994 年 5 月 6 日。
[8] See A/CONF. 166/L. 3，1995 年 3 月 9 日。

权也无法干涉人权问题，为此该国际公约对《IMF 协定》影响有限。

联合国人权委员会在 1990 年一项决议中对金融机构与人权实施间的关系作出了一个模糊界定，即“联合国有关机构包括金融和贸易组织，应该尊重有关人权国际公约和其他有关人权的条约，视自身为缔约方”。[1] 一方面，此项规定并不意味着 IMF 受到《经济、社会及文化权利国际公约》的约束，更多地体现为呼吁。为此，IMF 对经济社会权利可以假定为存在某种程度的道德义务。另一方面，《经济、社会及文化权利国际公约》应做动态解释，尽管该公约仅谈及主权国家的义务，但是并不意味着国际组织在此方面没有责任。从立法背景可知，20 世纪 50 年代和 60 年代立法者无法估计国际组织的迅猛发展，特别是 IMF 决策程序对国家国内立法权威的影响。总之，IMF 因其对成员方有巨大的经济影响力，因而在经济社会权利实现过程中，需要承担某些非强制性义务。

《IMF 协定》所规定的目标中也并没有规定不能制定有关经济社会权利政策。从《IMF 协定》第 1 条第 5 款可知，IMF 调整项目所采取的措施以不损害国内或国际经济繁荣为限。尽管此处的国内经济繁荣并无准确的定义，但是一般认为繁荣是指高于人均收入、非物质性事项如健康护理和教育水平的提高等。将经济社会权利纳入国内繁荣认定标准之一无疑是必要的，而 IMF 要求成员方尽可能避免采取有损区域内繁荣的措施也是其章程的必然要求。IMF 2002 年《贷款条件指导方针》同样也要求 IMF 在条件性设置过程中对国内社会和政治目标必须予以考虑。

---

[1] See Doc. E/CN. 4/1990/9/Rev. 1, para 192, p. 50.

3. 义务范畴

《经济、社会及文化权利国际公约》无疑要求政府必须将公共开支中的一部分用于实现经济社会目标。由于该国际公约归属条约法范畴，要求成员方必须遵守“条约必须信守”原则。但是，如《社会进步和发展宣言》由联合国大会及辅助机关通过，条款具有建议性质。❶ 这些建议❷有助于对《经济、社会及文化权利国际公约》进行解释。《经济、社会及文化权利国际公约》第 2 条第 1 段规定了成员方所要承担的基本义务，即“每一缔约国家承担尽最大能力个别采取步骤或经由国际援助和合作，特别是经济和技术方面的援助和合作，采取步骤，以便用一切适当方法，尤其包括用立法方法，逐渐达到本公约中所承认的权利的充分实现”。其中，要求“采取步骤并最大化利用资源”是该条所规定义务的核心内容，成员方采取的措施包含经济金融等方式。虽然对成员方的具体措施并无绝对标准，但该国际公约至少规定了所需采纳的最低标准。❸ 因此，成员方在实现经济社会权利时可依据自己的判定而采取措施，且不引起法律责任。那么，当成员方面临经济负增长或国际收支失衡情况下时，IMF 金融资助便是成员方可利用的国际资源。有学者认为，国家需要“立即”采取措施以促进经

---

❶ 《联合国宪章》第 13 条第 1（b）款规定了建议“以促进经济、社会、文化、教育及卫生各部门之国际合作，且不分种族、性别、语言或宗教，助成全体人类之人权及基本自由之实现”。

❷ 《社会进步和发展宣言》第 8 条规定：“每个国家的政府的首要任务和根本的责任在于确保其人民的社会进步和福利，拟定作为全面发展规划的一部分的各种社会发展措施，鼓励、调整或集结全国的力量以达此目的，以及引导社会结构中的必要的改变。在拟定社会发展措施中，每个国家内部发展中地区和发展地区之间以及城市地区和农村地区之间需要的不同应受到适当的注意。”

❸ See Ramcharan in de Waart, Peters and Denters (eds.), *International Law and Development*, M. Nijhoff Publisher, 1988, p. 301.

济社会权利的实现已规定在《经济、社会及文化权利国际公约》之中[1]，此种理解应该是适当的，因为若要采取有关措施便要求行动之初对有关问题加以鉴定并将措施上升到决策程序。为此，IMF 在制定调整项目时将促进经济社会权利作为要求之一有一定的合理性。

4. 合作框架设计

尽管 IMF 在其调整项目中愈加重视经济社会权利的实现，但 IMF 不会迫使成员方去采取某些特定措施。IMF 与联合国专门机构建立了紧密的联系以推动经济社会权利的实现。不同于《公民权利和政治权利国际公约》核心主体为主权国家，《经济、社会及文化权利国际公约》除了需要区域内采取措施外，与专门机构的国际合作也是必要的。[2] 由于 IMF 成员方很多也是《经济、社会及文化权利国际公约》的缔约国，因此 IMF 在制定调整项目时也需加以考虑《经济、社会及文化权利国际公约》项下义务。IMF 在此合作框架中起着不可替代的作用，IMF 通过贷款条件性可影响成员方宏观经济政策，进而也会间接地促进经济社会人权的实现。在执行调整项目期间，由 IMF 决定公共支出预算的范围，因此贷款条件性常常包括信贷限额。在 IMF 信贷限额内，由成员方决定多大比率资金用于促进经济社会权利的实现。

经济社会人权合作框架是由联合国经济、社会及文化权利委员会（Committee on Social, Economic, Social and Cultural Rights,

---

[1] See Alston, U. S. Ratification of the Covenant on Economic, Social and Cultural Rights: The Need for an Entirely New Strategy, *The American Journal of International Law*, Vol. 84, No. 2, 1990, p. 379.

[2] See UNGA Doc. A/2929, 1955 年 7 月 1 日。

CESCR）[1]、IMF 和成员方相互协商配合而组成的三角结构。[2] 如图 2－1 所示，该合作框架仅针对执行 IMF 调整项目且为《经济、社会及文化权利国际公约》的缔约方。合作框架下协商程序来自于条约规定，合作过程起始于国家基于《经济、社会及文化权利国际公约》第 16 第 1 款提交报告的义务。在后续的对话中，对国家有关人权问题加以鉴别并解决，经济、社会及文化权利委员会可行使其职权将有关人权问题提醒 IMF 注意，旨在实现《经济、社会及文化权利国际公约》第 22 条所规定的“职权范围内利用国际资源以逐渐促进公约的有效实行”的目的。经济、社会及文化权利委员会同样也可以邀请 IMF 给出对一国经济问题的意见。报告程序以委员会审议缔约国提交的定期报告，并将审议结果作成“结论性意见”，向缔约国提出关切和建议。另外，联合国经济及社会理事会也可基于与 IMF 合作协议依据联合国经济、社会及文化权利委员会的建议向 IMF 作出正式建议。但是，各方对实际经济社会人权状况可能存在观点差异。例如，经济、社会及文化权利委员会可能会觉得可利用资源严重缺乏，而 IMF 则可能认为相反。因此，相互间的协商可以调和两者的矛盾，经济、社会及文化权利委员会应确保资助资金不仅仅是通货融资，IMF 则也不能将全部资金用于经济社会目的。相反地，IMF 应该将“可利用资源”进行非限定解释，并将其内涵最大化。

---

[1] 经济社会及文化权利委员会是《经济、社会及文化权利公约》的条约机构，由联合国经社理事会 1985 年 5 月 1985/17 号决议设立。该机构由 18 位专家每两年在日内瓦会面，讨论由联合国会员国所递呈的每五年关于《经济、社会及文化权利公约》执行情况的报告。

[2] See Erik Denters, *Law and Policy of IMF Conditionality*, Kluwer Law International, 1996, p. 190.

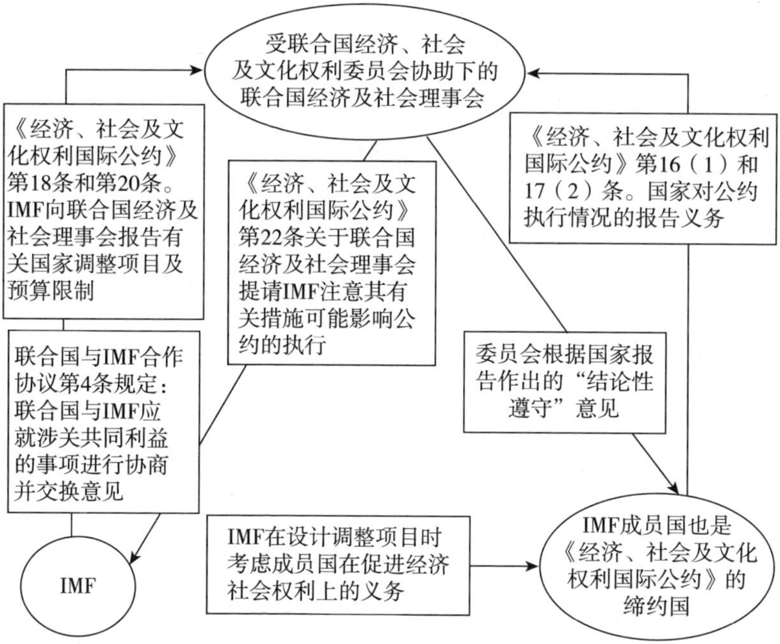


**图 2－1　促进经济社会人权合作和协商框架**

## 五、IMF 贷款条件性对政治权利的国际保护

政治权利国际保护主要体现在《公民权利和政治权利国际公约》之中，相较于经济社会权利，其内涵和外延相对较窄。IMF 作为国际金融机构，在 1979 年《贸易条件指导方针》中早已提及不干涉成员方内政的规定。IMF 贷款资助主要关注成员方宏观经济领域政策调整，其对政治权利的影响是有限的。

### （一）政治权利的内涵

政治权利，又称参政权或政治参加的权利、民主权利，是人们参与政治活动，管理国家事务和表达意愿的权利和自由。依据

《公民权利和政治权利国际公约》有关规定，政治权利的具体内容主要有自决权、自然资源的所有权、平等权、生命权、禁止酷刑、禁止奴隶和监禁等。该国际公约中很多规定已被国际社会广泛认可，成为国际习惯法或强行法，IMF 必须对此类政治权利予以尊重。

### （二）主要表现

#### 1. “民主空壳”下 IMF 贷款条件性

“民主空壳”是 IMF 贷款条件性对人权集合体——国家的政治权利侵蚀而遭受的批评。让渡国内决策权严重削弱了人民的“自决权”，换言之，即剥夺了人民自由决定政治地位和选择经济、社会和文化发展模式的权利。[1] 有学者认为，IMF 正在逐渐侵蚀国家某些传统的职权和权力。[2] IMF 贷款条件性所要求的私有化要求将国家经济领域（包括教育和卫生）职权转移给私人机构或者跨国公司，进而将导致人民主权和实质性民主权利的相应减少。[3] 具体而言，国家经济及财政政策对政治及社会政策能够产生巨大的影响，但当经济及财政政策“国际化”时，国家决策权直接或间接地受到国际金融援助机构的制约。例如，严重贫困且负债累累的第三世界国家在金融援助中经济总量相对较小，往往是由 IMF 和该国财政部长直接协商。在贷款资助协商过程中，第三世界国家

---

[1] 《经济、社会及文化权利国际公约》和《公民权利和政治权利国际公约》的共同第 1 条。国内合法的政治机构可以决定国家经济结构，如若国家急需短期国际金融援助也并不意味着授予 IMF 权利以其决定代替国家政治机构作出的决定。M Feldstein, 1998, p. 27.

[2] See J Hippler, “Democratisation of the Third World After the End of the Cold War”, in J Hippler ed., *The Democratisation of Disempowerment: the problem of democracy in the Third World*, Pluto Press, 1995, p. 23.

[3] See Mac Darrow, *Between Light and Shadow*, Hart Publishing, 2006, p. 104.

议会、政府首脑常常被排除在决策过程之外并且不能获得必要信息。但由于在协商过程中双方力量存在明显的不对称，导致该国财政部长的“话语权”严重缺失。国内国家预算往往为 IMF 决策层所决定，但又因 IMF 不是直接选举产生且不对任何人负责，因此 IMF 的决策缺乏民主。另外，IMF 直接干涉这些国家的经济事务，通过拒绝金融援助为“制裁”手段以此来决定该国的利率水平、货币贬值、食品和能源价格等。从此，该第三世界国家成为“空壳政府”，仅留存警察、军队、保密服务等作为服务于金融机构“决策”的工具。[1] 可见，IMF 贷款条件性中结构性调整项目能引起侵蚀民主和限制“自决权”实施范围的后果。

2. “自决权”受到侵蚀——以前南斯拉夫为例

对 20 世纪 90 年代巴尔干半岛敌对行动的起因尽管至今未有定论，但 IMF 所支持的重组计划被认为是一大重要促进因素。[2] 南斯拉夫在当时是 IMF 第六大资金受援国，并在 1992 年解体前 IMF 参与了大量的国家重组计划。[3] 从 IMF 方面，前南斯拉夫政治上的不稳定可从三个方面加以探讨。

首先，IMF 调整项目造成前南斯拉夫的不安全感和社会不稳定。IMF 紧缩政策中由于进口限制和促进出口措施造成了食品补贴的废

[1] See J Hippler, “Democratisation of the Third World After the End of the Cold War”, in J HIppler ed., *The Democratisation of Disempowerment: the problemof democracy in the Third World*, Pluto Press, 1995, p. 24.

[2] See Mac Darrow, *Between Light and Shadow*, Hart Publishing, 2006, p. 106.

[3] See W Reinecke, “Can International Financial Institutions Prevent Internal Violence? The Sources of Ethno – National Conflict in Transitional Societies” in A Chayes and A Chayes eds., *Preventing Conflict in the Post – Communist World: Mobilising International and Regional Organisations*, Brookings Institution, 1996, p. 282.

除、失业、收入下降、通货膨胀、石油等商品价格升高等。[1]

其次，如上文所述由于私有化和治理的国际化所导致的“民主空壳”，使国家“无实权”和“无信用”，前南斯拉夫人民开始寻求其他对民族认同和控制自身命运的重要途径。

最后，IMF 结构性调整项目以及“药方”被要求履行，是前南斯拉夫解体的主要促成原因。IMF 要求经济重组的“速度是关键”，[2] 为了使其从社会主义体制立即转变为纯粹的自由市场体制前南斯拉夫采取了大量政治和机制性改革，而不顾当时激进的改革已引起了极端民族主义和暴力抵抗。

综上可见，IMF 的介入自然不是前南斯拉夫解体的唯一原因。但是，IMF 所提倡的“休克疗法”可能会削弱经济改革背后的政治认同感，并由此导致提高经济效益目标的不可实现。前南斯拉夫的例子也表明经济改革推进的越快速，越有可能增加政治上的不稳定，这便反过来使人民的政治权利更得不到充分保障。

## 第四节 IMF 贷款条件性与人权国际保护间的互动关系

IMF 如何在权限范围内合法地考虑人权因素是本节主要论述的问题。不同国际法主体所承担的国际法义务存在巨大差异，IMF 不愿意以贷款项目直接干涉成员方人权问题有其诸多考虑，但 IMF

[1] See Anne Orford, Locating the International: Military and Monetary Interventions after the Cold War, *Harv. Int' l. L. J.*, Vol. 38, No. 2, 1997, p. 456.

[2] See Anne Orford, Locating the International: Military and Monetary Interventions after the Cold War, *Harv. Int' l. L. J.*, Vol. 38, No. 2, 1997, p. 459.

“被迫”情形下如何有效协调其贷款条件性与成员方人权实现间的关系，是本节必须予以解决的问题。

## 一、IMF不直接干涉成员方人权问题的考虑因素

IMF之所以不愿意“直接”干涉成员方人权问题，主要有以下几个原因。

第一，IMF作为国际货币系统的管理者，当成员方违反人权时，IMF必须在对人民负责和对国际货币系统其他利益攸关者负责间作出平衡。因而，IMF不能简单地对违反人权的成员方加以制裁，如果该制裁会对国际货币体系产生实质性的负面影响。

第二，IMF面对违反人权的成员方应对手段有限。IMF不同于世界银行特定项目贷款，它主要是针对国际收支失衡提供“一般性”金融援助，进而IMF不能主导援助资金的流向。因此，当出现严重违反人权问题时，IMF只能以处理成员方货币情况或制裁加以应对。

第三，《IMF协定》限制了IMF使用制裁的能力。《IMF协定》要求对面临国际收支失衡且“良好信誉”的成员方提供特定类型的贷款便利。“良好信誉”主要是指履行IMF项下所有成员方义务。[1] 但是，这些义务主要指的《IMF协定》项下规定，成员方人权状况并不包含其中。为此，IMF不能以成员方违反人权或人权状况恶化而拒绝提供金融援助。

尽管存在上述限制，但是IMF可以对《IMF协定》第4条规定的关于对成员方国内社会、政治事务予以“适当注意”的协商程序进行解释而提出有关人权问题。事实上，协商程序所起的效

---

[1] See Joseph Gold, Uniformity as a Legal Principle of the International Monetary Fund, *Law & Policy International Business*, Vol. 7, 1975, p. 766.

用会因国家和贷款项目的不同而存在差异，[1] IMF 可因人权问题足以影响成员方国际收支状况而作为贷款条件性设置的考量因素。这主要是出于人权状况恶化会对资源的分配和利用产生经济成本等原因的考虑。[2]

## 二、IMF 实践与成员方人权保护间的协调

IMF 贷款资助实践中虽未明确提及人权问题，但是如若对《IMF 协定》有关条款进行扩大解释，则便涉及 IMF 如何协调其项下义务与成员方人权保护义务间的关系。

### （一）人权问题有关的 IMF 实践

有关人权原则的适用范围主要存在于《IMF 协定》第 4 条项下有关监管活动以及一系列金融援助贷款便利中。尽管《IMF 协定》并未直接涉及人权问题，但是在解释《IMF 协定》可适用国际法规则时却不可避免地要受到国际人权法的规制。1978 年《IMF 协定》第二次修订中，明确地将"经济增长"纳入《IMF 协定》第 4 条第 1 款成员方义务范畴之内，承认 IMF 目标得到了适度扩展。[3] IMF 贷款条件性具体内容的扩展证实了 IMF 对《IMF 协定》第 1 条第 5 款关于利用"普通资金"除加强结构性调整便利和减少贫困和发展便利外进行了扩大解释，类似地见之于对第 1

---

[1] See IMF, External Evaluation of IMF Surveillance: Report by a Group of Independent Experts, September 1999.

[2] See Daniel D. Bradlow, The World Bank, the IMF, and Human Rights, *Transnational Law & Contemporary Problems*, Vol. 6, No. 47, 1996, p. 74.

[3] See H Morais, The Globalization of Human Rights Law and the Role of International Financial Institutions in Promoting Human Rights, in the *Geo. Wash. Int' L L. Rev.*, 2000, p. 86. 依据 Morais 观点，《IMF 协定》第 4 条"协商条款"关于"经济和金融政策"的内容，已经扩展为包含劳动力市场主体、减贫措施、社会安全网建设、健康、环境、军事开支、政府透明和可问责等内容。

条“有损国内或国际繁荣”规定的解释。其中，《维也纳条约法公约》第 31 条第 3 款 a 项和 b 项对如何解释《IMF 协定》第 1 条第 5 款起了巨大作用。[1] IMF 所提出的“善治”“平等”以及早期促进妇女和环境问题的行动可以看出，IMF 已实际参与人权保护有关问题。

1. IMF“治理”维度下的实践

IMF 在促进“善治”中的地位为“对成员方宏观经济稳定和可持续发展的治理问题予以更多的关注”。[2] 虽然“善治”过去主要体现于结构性调整项目的贷款条件性当中，但是如今它关注的内容涵盖了“促进善治的所有方面，包括法律规则的实施、提高公共机构的效率和可问责性以及处理腐败”等，并将它们作为经济繁荣框架中的核心内容。[3] 然而，IMF 官方认为“善治”仅限于经济领域问题，并通过以下两种方式实现：第一，通过覆盖公共机构（如中央银行、国有企业、公共服务等）的改革提高公共资源的管理，包括行政程序（如财政支出控制、预算管理、税收收集等）；第二，支持有利于私营部门效率的透明稳定的经济和制度环境的建设和发展（如价格体系、汇率和贸易制度、银行系统等）。[4] IMF 贷款条件性下前提条件、绩效标准、评估条款等都应

[1] 值得注意的是，IMF 对最不发达经济体所提供的优惠性贷款不通过“普通资金”进行援助，而是利用黄金销售以及成员方捐助作为资金来源。为此，《维也纳条约法》第 31 条第 3 款 a 项有关实践和物质材料等解释规则并不适用于该种优惠性贷款情形。

[2] See IMF, The Role of the IMF in Governance Issues: Guidance Note (Approved by the Executive Board, 25 July 1997), p. 1.

[3] See IMF, Partnership for Sustainable Growth (Interim Declaration, 1996 年 9 月 29 日)。

[4] See IMF, The Role of the IMF in Governance Issues: Guidance Note (Approved by the Executive Board, 25 July 1997), p. 5.

附加有政策措施，即那些为了实现调整项目目标而涉及“善治”的经济领域政策。[1] 那么，“善治”问题下 IMF 必须加以判定成员方的“不良治理”足以或潜在影响了短期和中期的宏观经济表现或经济的可持续增长。

事实上，影响成员方中期宏观经济表现和经济可持续发展政策的因素有很多。然而，尽管某些事项可能不属于 IMF“经济”领域范畴，但“那些对达成贷款项目目标至关重要的措施理应成为 IMF 金融资助条件性的组成部分”。[2] 可见，IMF 也试图在为条件性设置“宽松”的界限，将那些对达成项目目标“合适”和“必要”的领域纳入条件性具体内容之中。IMF“善治”行动体现在许多领域并逐渐扩展到司法体系改革、国有企业改革、政府组成体制改革等，这些都触及了成员方宪法安排的核心问题。

2. IMF 促进“平等”的实践

IMF 在涉及“平等”问题上的实践，主要源自“平等”与经济增长间的因果关系。[3] 具体而言，“平等”问题在于 IMF 如何处理好经济和社会权利间的关系，即如何事实上做到机会和“赋权”的平等。平等是一个多向度概念，它包括机会均等以及资源平均分配等。处理不平等问题的关键不仅仅要“再分配”而要“赋权”，即通过健康、教育、土地所有权等改革使个体能够更充分、更有效地参与经济治理。这其中便涉及有关社会经济权利的实现

---

[1] See IMF, The Role of the IMF in Governance Issues: Guidance Note (Approved by the Executive Board), 25 July 1997, para. 15.

[2] See IMF, The Role of the IMF in Governance Issues: Guidance Note (Approved by the Executive Board), 25 July 1997, para. 6.

[3] See IMF, Equity Issues Paper, June 1998, p. 1. "Debate on Equity Invites Diverse Perspectives, Generates Pragmatic Prescriptions", *IMF Survey*, Vol. 27, No. 12, 1998, p. 189.

问题，而 IMF 虽未在贷款条件性“清单”中列明分配问题，但事实上平等问题已被认为是调整项目协商过程中不可忽视的问题之一。

## (二) IMF“被迫”参与人权问题的解决方式

尽管 IMF 官方坚持认为，IMF 如今的职能范围仅限于“国际收支平衡”问题。但是，从法律角度分析，经济增长和减贫的目标不能完全与《IMF 协定》第 1 条所述目标相“协调”或“融合”。严格地讲，IMF 至今的宗旨和目标仍未改变，但‘它的实践和职权确实在《IMF 协定》下逐渐演变为不断适应并满足成员方的不同需求’❶。尽管在法律层面上 IMF 职权限于宏观经济领域，但减贫和人权问题却在事实上取决于政府“体制能力”、财政预算、政治和战略考虑等。为此，IMF 贷款条件性设置有时不可避免地将涉及人权问题，特别是当成员方国际收支失衡是由多种因素共同引起的情形下。

IMF 仍然是一个货币机构而不是一个“发展机构”，尽管“国际收支失衡”的定义比过去更为灵活，但它仍以提供金融资助为主要职能。IMF 官方在人权问题上的法律权能可从 2000 年第 56 届联合国人权委员会高级专员在涉及食粮权上的报告知晓一二。

“IMF 的设立是为了促进国际货币合作、汇率稳定和汇率安全，并促进经济增长和就业，同时在保障措施下提供临时的金融援助。IMF 在执行上述职能时，核心任务在于宏观领域问题而不在于食粮权或其他人权问题。然而，IMF 可以和成员方合作共同

---

❶ See François Gianviti, The Reform of the International Monetary Fund (Conditionality and Surveillance), *International Law Review*, Vol. 34, No. 107, 2000, p. 4.

建立一个稳定的宏观经济和金融框架以促进政府实现食粮权、其他人权或其他政策性目标。”❶

可见，IMF 的核心任务不包含人权问题。然而，随着 IMF 对诸如 PRSP 中减贫责任的承担，IMF“被迫”利用联合国专家来干涉“参与权”等核心社会问题。为此，IMF 与有关国际人权机构保持信息、专家共享，以帮助其在面临人权问题时有能力周全考虑各方利益，使贷款条件性效用得到最大限度发挥。

总体而言，IMF 以不干涉成员方人权问题为原则，以“被迫”干涉为例外。IMF 虽不对成员方人权实现负有责任，但当 IMF 贷款资助项目“被迫”涉及人权问题时，IMF 需要遵循以下规则：第一，IMF 需要确保其程序和活动也遵循“善治”原则。为此，IMF 程序和规则必须透明且易为利益攸关者所获知。第二，IMF 需要为利益攸关者提供与 IMF 项目执行有关的沟通渠道，以使有关人权利益得到切实维护。第三，IMF 需要建立问责机制，如世界银行监察组。第四，需要加强对 IMF 官员人权问题方面的“教育”，即让 IMF 官员在项目执行过程中保持对人权问题的敏感度，并同时加强与国际专门人权机构和非政府组织的合作。

## 本章小结

尊重主权是一项最基本的国际法原则，是研究国际法有关问题的基础。经济主权是主权在经济领域的具体表现，而货币主权

---

❶ See E/CN. 4/2000/48, para 13.

又是经济主权的核心内容。参与 IMF 被认为是成员方对主权的“自主限制”，IMF 贷款条件性原则上不应侵犯成员方的经济主权。通过对相关国家实践进行实证分析可知，IMF“以一适多”贷款模式忽视了成员方个体金融情况而千篇一律地采取经济紧缩措施，再加之 IMF 与成员方存在信息不对称等原因，导致 IMF 在东南亚金融危机中贷款救助模式的失败。马来西亚模式是对 IMF 在金融危机时救助模式的突破，是 IMF 在缺乏干预经济主权法律依据的背景下如何设置条件性所值得思考的问题。诚然，IMF 贷款条件性确实对成员方经济主权构成了一定的挑战，影响条件性设置的因素主要有：条件性是发达国家利益输出的渠道，表现在表决机制、贷款资金池构成和美国金融霸权的影响；以及 IMF 视角下条件性确有设立的必要，如 IMF 作为最后债权人的潜在货币风险和预防危机外溢。尽管贷款条件性实施中存在诸多问题，但尊重成员方对调整政策的自主权和条件性体现“利益协调”的观点应该在实践中得到贯彻。

人权主要指人所享有和应享有的基本权利。人权问题一向被认为是一国内政问题，属于排他性管辖事项。IMF 作为国际金融机构，其章程限定其主要关注成员方宏观经济领域问题，人权问题原则上不属于其职权范围而应予禁止。但是，IMF 贷款条件性设置和其实践已表明，IMF 已承担了有关人权“警惕”“保护”“实现”等义务。并且，当成员方违反人权时，IMF 可能会“制裁”或拒绝提供金融援助。具体而言，当出现严重违反人权情形产生严重经济后果而导致调整项目不能实施，以及成员方违反《IMF 协定》项下有关“人权”义务时，IMF 便可能不予批准贷款申请。IMF 贷款条件性会对成员方人权实现产生积极和消极影响，特别是经济社会权利的实现涉及合作框架的设计等内容。IMF 在促进政治权利实现过程中，要避免“民主空壳”问题，特别是要尊重成员方的自决权。IMF 原则上不愿意干涉成员方的人权问题，但其推动“善治”“平等”等实践活动已表明其“被迫”参与了人权保护行动。为此，IMF 需要对《IMF 协定》进行适当扩大解释，处理好权限范围与人权保护义务间的关系。

CHAPTER 03 >> 第三章

# IMF 贷款条件性改革所面临的主要困境

IMF 在参与全球金融治理的进程中也显示出众多不和谐因素，最为值得注意的便是 IMF 在贷款条件性设置与实施中显现的问责危机。众多实践也反映了 IMF 这一危机已在一定程度上阻碍了 IMF 贷款资助职能的有效发挥，所以有必要对 IMF 在全球金融治理进程中进行问责考量。

## 第一节 IMF 贷款条件性下问责机制的缺陷

IMF 贷款条件性如前文所述，有其积极和消极的一面。当消极作用侵犯某项权益时，便会产生责任问题。IMF 贷款条件性不可回避地将面对可问责性问题，内外部责任机制的建立为 IMF 贷款条件性有效实施提供了制度保障。

## 一、可问责性的具体含义

### （一）可问责性的含义

一般将英文术语 accountability 翻译为可问责性，从字面意义上看，具有“负责”“追究责任”与“讲清楚”等意思。对问责的定义，学术界并没有形成统一的认识。民主政治系统中，问责是指旨在防止政治权利滥用而设置的一系列机制。[1] 世界银行将“问责”定义为，问责是一个过程，在这一个过程中包含两个行为体，即问责主体和问责对象，问责对象要让问责主体理解自己的行为、信念和结构，并按照问责主体的评估接受相应的奖励或惩罚。[2] 又如世界共同信托组织在全球责任项目中对问责的定义，即“问责是一种程序，有关组织在该程序中依据自己的承诺平衡利益攸关方所作出的决策行为和有关陈述等需要”。[3] 又如，杰姆·本德勒（Jem Bendell）所提出的民主问责概念，即国际组织作出的决定要对受这些决定影响的人负责。[4] 上述对问责定义的具体描述虽不尽相同，但仍可窥探出某些共同点，即问责主体、问责对象、问责方式和问责内容为问责机制的构成要件。综上，笔者认为问

---

[1] See A. Schedler, "Conceptualizing Accountability", in A. Schedler et al. (eds), *The Self – Restraining State*, Lynne Rienner Publishers, 1999, p. 17.

[2] See World Bank. 1997. *Handbook on good practices for laws relating to non – governmental organizations*. Washington, DC: World Bank. http://documents.worldbank.org/curated/en/1997/05/14884138/handbook – good – practices – laws – relating – non – governmental – organizations, p. 3.

[3] See Monica Blagescu, lucy de Las Casas and Robert Lloyd, *Pathways Accoutability, The GAP Framework*, One World Trust, 2005, pp. 2—4.

[4] See Jem Bendell, Debating NGO Accountability: UN Non – Governmental Liasison (NGLS), 2006, www.un – ngls.org/orf/pdf/NGO_ Accountability.pdf (last visited on March 5 2021).

责主要是指问责对象就其行为以一定方式向问责主体负责。

（二）问责机制的构成要件

问责主体和问责对象是一对相对应的概念，是构成问责机制的必要要件。当问责一词被频繁使用，政府与企业首当其冲成为问责的对象。依据上述定义，问责主体为有关利益攸关方，包括主权国家、政府间组织、跨国公司、个人等，具有主体多样性等特点。问责对象为国际经济组织如IMF。问责内容则为IMF贷款条件性所产生的影响即行为和有关决定，包括行为问责、结果问责、使命问责等多种形式。问责方式则指通过内部问责机制和外部问责机制以公开透明等方式陈述观点。问责的目的则是使国际组织在全球金融治理中起到参与者与促进者的作用。❶ 由于没有评判IMF行动的任何议定标准，成员方或有关利益方也没有任何适当机制能够要求IMF及其治理机构对其行动负责。❷ 鉴于IMF与全球金融治理之间的关系，有学者认识到IMF作为全球金融治理的"管理者"，其起到了推动政策形成、履行职能和维护金融稳定等作用后，有必要对其问责进行约束。❸ 总体而言，IMF的可问责性是指利益攸关方因IMF贷款条件性所设置的调整项目而受到权益损害时，通过IMF内部程序或其他途径寻求救济。

（三）IMF问责机制的核心要素

一般认为，问责机制包括三个要素：透明性（数据收集和公

---

❶ 刘海江：《国际法治视野内国际非政府组织问责机制研究》，吉林大学2014年博士学位论文，第41页。

❷ 参见IMF独立评估办公室2008年5月对基金组织治理的评估，详见http://www.ieo-imf.org/ieo/files/completedevaluations/05212008CG_CHI.pdf（accessed at 12 April 2016）.

❸ See Erik B. Bluemel, "Overcoming NGO Accountability Concerns in International Governance," *Brook Journal of International Law*, Vol. 31, 2005-2006, p. 139.

开）、遵守性（监管、审计和公开有关评估结果）和执行性（施加罢免和罚款等制裁）。[1] 在现代政治体系中，主要分为垂直和平行两种问责机制。但就国际金融组织而言，主要是垂直问责机制。如表 3－1 所示，IMF 垂直问责机制的每一个阶段都存在缺陷，归根溯源 IMF 机构的合法性问题最终则取决于成员方政府间意志的协调。因此，从某种意义上可以理解为，IMF 问责机制的有效实施与否关键在于成员方是否遵守 IMF 有关决议和安排。为此 IMF 需要加强问责机制，以解决对 IMF 合法性的严重关切问题。

**表 3－1 IMF 垂直问责机制结构**

| 垂直问责机制 | 现存机制所存在的问题 |
| --- | --- |
| **选民**<br>进行选举产生<br>**政府（IMF 成员方）**<br>政府财政部长位列于 IMF 理事会 | 选民对政府问责机制缺乏 |
| **IMF 理事会**<br>监督以下工作 | 理事会不平等的代表权 |
| **由执行董事组成的执行董事会**<br>任命并监督以下工作 | 对管理层和雇员的监督不足 |
| **IMF 总裁和高级管理层人员**<br>任命、罢免并监督以下工作<br>**IMF 雇员** | 不合适的激励机制、透明度和参与性缺乏 |

---

[1] See Ngaire Woods, *Accountability, Governance, and Reform in the International Financial Institutions*, Oxford University Press, 2001, p. 4.

## 二、IMF 贷款条件性外部问责机制

国际组织历来将自己的义务范畴局限于组织章程和它们所正式加入的条约之内。❶ 因此，原则上国际组织仅需对其成员方负责，而成员方理论上也只能通过正式的组织管理机制来维护国家利益。国际经济组织为其行为承担国际责任已发展成为习惯国际法规则。❷ 由此，IMF 外部责任机制其实早已受到诸多国际法规则的制约，仅仅依靠组织内部责任机制维护相关权益已不能适应时代的发展需求，特别是国际社会已经意识到国际经济组织面对公众是其实现问责性的必要条件之一❸。

### （一）IMF 问责机制的法律依据

#### 1. IMF 宪章及其法律文件所规定的内容

国际组织的问责制源于它所拥有的权力，它们有义务向其成员方及其公众说明并解释机构的政策与行为，并对其违法行为承担法律责任。❹ 传统上，国际经济组织会拒绝承担本组织宪章以外的任何其他国际法法律义务。❺ 就 IMF 而言，IMF 在具体实践中仍坚持认为 IMF 仅受宪章或者操作性政策的限制，国际法不能对其

---

❶ See Francois Gianviti, "Economic, Social and Cultural Human Rights and the International Monetary Fund, in Non - State Actors and Human Rights", in Philip Alaton and Mary Robinson ed., *Human Rights and Development: Towards Mutual Reinforcement*, Oxford University Press, 2005, pp. 113—138.

❷ See Final Report of the International Law Association Committee on Accountability of International Organization, Report of the Seventy - First Conference, Berlin, Aug, 2004, p. 26.

❸ See Benedict Kingsbury, Nico Krisch & Richard Stewart, "The Emergence of Global Administrative Law", *Law and Contemporary Problems*, Vol. 68, 2005, p. 26.

❹ See Report of the Sixty - Eighth ILA Conference, Taipei, 1998, pp. 15—17.

❺ 张晓静："国际金融机构的公众问责制"，《法学家》2014 年第 1 期。

决议和项目施加限制。这与 IMF 主张自己是独立自治的国际经济组织的观点相关。例如，IMF 理事会曾表示，IMF 作为与联合国建立联系的专门机构，两者间的协定并没有要求 IMF 需要采纳联合国的所有决议，包括《经济、社会及文化权利国际公约》以及联合国成员间签订的国际条约等。[1] 引用 IMF 法律顾问弗朗索瓦·詹维托（Francois Gianviti）教授所作出的关于《经济、社会及文化权利国际公约》与 IMF 之间的关系专门报告，他认为 IMF 和世界银行与该人权国际公约并无直接关系，该公约下的目标并不能自然地成为两个国际经济组织的当然义务。[2] 但他也指出，随着 IMF 实践的发展，特别是 IMF 贷款条件性中结构性调整政策必然会形成一定的累积效应，使国际人权公约对其产生一定的间接影响。

因此，IMF 问责机制有关规则主要见诸其自身的法律体系之中，并且 IMF 必然受之约束。这主要包括《IMF 协定》相关条款、IMF 执行董事会有关决议、IMF 附则等法律规范。

---

[1] See World Bank Inspection Panel, "Investigation Report: Honduras: Land Administration Project", IDA Credit (3858 - HO), 2007, p. 10.

[2] See Francois Gianviti, "*Economic, Social, and Cultural Human Rights and the International Monetary Fund*", available at http://www.imf.org/external/np/leg/sem/2002/cdmfl/eng/gianv3.pdf, para. 5 (Last visited on March 5, 2021)。依据文章观点，认为具体原因包括以下几个方面：首先，IMF 和世界银行运作的依据仅限于组织章程，如果两个国际金融机构同意接纳其他的目标或价值，这必然关系到要修改宪章才能将其作为强制性义务。而实践中，除了 IMF 和世界银行，其他的联合国专门机构都明示或默示地将人权问题纳入机构的目标。其次，从性质来看，IMF 与联合国其他专门机构不同，IMF 和世界银行属于纯粹的技术性或金融性组织，它们的职能是提供经济援助而非表达政治要求，也较少涉及人权、发展权等私人问题。最后，IMF 和世界银行都不是《经济、社会及文化权利国际公约》的成员，1947 年制定的《联合国与 IMF 和世界银行之间关系的议定书》已经明确说明两个金融机构是独立的国际组织。

2. 习惯国际法与一般国际法规则

传统上，一般认为习惯国际法与一般国际法规则所确立的国际义务普遍适用于国际法主体。国际义务既可以通过国际条约确立，也可以习惯规则及其他基本原则等形式而获得认可。IMF 作为国际主体，理应受到国际法规则的约束。国际法院曾强调：国际组织服从国际法，需要受到国际法基本规则所产生的义务以及作为缔约方而签订的国家条约的约束。[1] 那么，IMF 问责机制中可适用的法律渊源也应该包含国际法规则，如《国际组织责任条款草案》。正如国际法委员会所指出的，国际组织依据内部规则得出的组织行为合法性的结论并没有实质性意义。[2] 另外，IMF 如今的决策已经开始涉及其宪章之外的内容，如健康、教育和经济权利等。[3] 如果 IMF 一味强调其不受有关国际公约的任何约束或不将有关人权等问题作为 IMF 贷款条件性的考察范围，也不便于机构的有效运作。总之，IMF 作为其他国际条约的非缔约方并不能排除有关的国际法律义务，特别是当某项义务已成为习惯国际法规则时。IMF 依据国际法而建立，是国际法律秩序的一部分，其问责机制必然受到国际法规则的制约。

（二）IMF 贷款条件性问责的实现路径

IMF 外部问责机制主要是指经 IMF 同意，IMF 贷款条件性受

---

[1] See Interpretation of the Agreement of 25 March 1951 between the WHO and Egypt, Advisory Opinion of 20 December 1980, 73, ICJ Report, 1980, p. 88.

[2] See Final Report of the International Law Association Committee on Accountability of International Organization, Report of the Seventy – First Conference, Berlin, Aug, 2004, p. 27.

[3] See Errol Mendes, "The Important Role of the IMF and External Creditors in Case of Arrest Warrants from the ICC – the Case of Sudan", ICC – CPI and Individual Authors, 2009, p. 16.

到外部机构或程序的审查而适用的一系列制度。IMF 原则上不受外部问责机制的约束，但随着国家实践的发展，IMF 有时可能不得不考虑或接受来自外部问责机制的约束，特别是如今公众问责机制的迅猛发展。

1. 国内法院管辖下的问责制

随着相对豁免理论的发展，对国际组织是否能在国内法院被诉的态度已经发生了巨大的变化。实践中，如果受损方为个体时想要追究国际经济组织的法律责任，国内法院一般会以豁免权而拒绝受理案件。对国际组织是否像国家一样享有在国内法院被诉或问责时的豁免权，具体标准则取决于国际组织所作所为是否出于履行职能的需要，即“职能必要”标准。❶ 授予国际组织管辖豁免权是出于排除不适当外部干预、繁重举证责任以及带有政治目的的司法判决等原因。❷ 将 IMF 置于成员方区域内管辖在实践上存在巨大障碍，给予国际组织管理内部事务的最大权限是对其的尊重，特别是当国际组织是为了实现成员方的共同目标而履行职责时。❸ 目前，《IMF 协定》固定了 IMF 的绝对豁免权，为此 IMF 设置贷款条件性的行为在 IMF 机制外不受到成员方区域内法院的问责和司法管辖。

国家对其从事的行为必须承担法律责任，而 IMF 作为主权国家参与的国际组织，其从事的行为可以认为是国家通过国际金融机构而作出的集体行为。那么，如果这样，有什么理由使 IMF 的

❶ 李赞：“国际组织豁免的理论依据”，载《北方法学》2011 年第 3 期。

❷ 张晓静：“国际金融机构的公众问责制”，《法学家》2014 年第 1 期。

❸ See Michael Singer, “Jurisdictional Immunity of International Organizations: Human Rights and Functional Necessity Concern”, *Virginia Journal of International Law*, Vol. 36, 1995, p. 99.

行为完全得到豁免呢？存在这样的考虑，即当国际组织享有的豁免权明显多于成员方时，国际组织中的某些大国则有可能产生不合法动机，企图利用国际组织逃避自己的法律义务。[1] 因此，对“职能必要”标准应该加以严格解释，特别是针对 IMF 贷款条件性设置时，有必要明确是否某项调整政策为 IMF 履行职能的“完全必要”[2]，防止 IMF 因某些政治因素考量而加重条件性设置且规避外部问责。

2. 公众问责机制

公众问责机制近年来得到了迅猛发展，各国及国际组织都在一定程度上通过法规或制度规定了个人利益受损时的救济程序。在国际法规则的框架内，当个体利益受到国际组织侵害时，如今可通过两个方式向国际组织问责：一是利用国际组织的内部部门或问责机制进行投诉；二是利用当地救济，即向所在国法院起诉。就 IMF 而言，其贷款条件性虽主要针对成员方宏观经济政策调整，但是实际产生效果可能作用于当地民众，特别是第四章所提到的有关人权问题。那么，当 IMF 调整项目损害成员方个体权益时，IMF 该如何问责？

按照目前的实践，当个体权益因 IMF 调整项目而受损时，一般由个体向所在国法院提请诉讼。此时的受诉对象一般为成员方政府或有关部门，多为行政诉讼。IMF 不成为受诉对象的主要原因不在于其所享有的豁免权，而是因为 IMF 贷款条件性所要求的

---

[1] See Steven Herz, “Rethinking International Financial Institution Immunity”, in Daniel D. Bradlow and David B. Hunter ed., *International Financial Institutions and International Law*, Hague: Wolters Kluwer, 2010, pp. 159—160.

[2] See Michael Singer, “Jurisdictional Immunity of International Organizations: Human Rights and Functional Necessity Concern”, *Virginia Journal of International Law*, Vol. 36, 1995, p. 101.

调整政策已被成员方通过区域内法律程序转化为国家政策或法规，尽管成员方在接受条件性时情感上可能不愿意，但是最终的决定权和执行权仍归于国家。照此，个体因 IMF 调整项目而受到侵害时，诉讼标的应为国家责任。

那么，当个体“穷尽当地救济”之后，是否可以请求其他国际组织或利用 IMF 内部问责机制问责呢？理论上，应该允许这种情况的存在。但是，由于国际法律体系不像国内金字塔式法律体系一样，有一个最高法律权威存在。正是因为国际法主体平等这一原则导致其他国际组织或 IMF 能否接受个体投诉仍取决于各国际组织的章程或国家间协议的规定。但是，就连联合国的发展计划报告都表示：大部分民众不再相信 IMF 或世界银行这样的国际组织能够代表他们的利益，这些组织无法为自身行为负责。[1] 从道义上分析，国际经济组织应该为成员方国民提供直接主张权利和争取利益的机会，个体的救济权不应随意被剥夺。对此，IMF 应建立相应的公众问责机制用来满足有关贷款条件性个体投诉案件，增加公众对其行为的监督，以满足公众对其的合理期待。

## 三、IMF 贷款条件性内部问责机制

仔细考察 IMF 自身法律体系，并没有一套完整且可操作的内部问责机制。即使有相应的问责条款，也散见于其他内容之中。IMF 内部问责机制更多地体现为“自裁自决”，适用主体也仅限于成员方。针对 IMF 贷款条件性而探究 IMF 内部问责机制，有利于全面且深入地了解 IMF 贷款条件性的执行情况和影响因子。

---

[1] See Human Development Report 2002: Deepening Democracy in a Fragmented World, United Nations Development Programme, 2002, p. 112.

### （一）IMF 内部问责机制的缺陷

#### 1. 问责程序缺乏强制约束力

IMF 内部问责机制主要考察 IMF 工作是否遵守内部程序和政策。IMF 对受损利益攸关方并没有设置任何救济权，不能判定损害赔偿或者强制救济。这是因为 IMF 内部责任机制并非完全独立的争端解决程序，其仍然缺少公正司法程序的基本特征。因此，IMF 不能提供类似于司法审判权的救济机制，由此缺乏法律上的强制约束力，问责程序效果大打折扣。

#### 2. 问责标准的模糊性

IMF 针对自身内部而产生的问责性问题，审查标准过于模糊且宽泛，进而非常容易导致滥诉和不公正现象的产生，造成资源浪费。IMF 针对贷款条件性而引起的问责问题，可适用的裁定标准并无成文规定，因此容易造成 IMF 对问责争议拥有过大的自由裁量权。

### （二）IMF 贷款条件性责任机制的可适用程序

#### 1. 专门的审查部门进行问责

一些国际组织通过设置专门部门并制定相应的问责程序来应对问责机制缺失的问题。IMF 设立的独立评估办公室，通过定期公布评估报告对 IMF 行为进行审查，这是 IMF 自身监督程序的有力体现。独立评估办公室的审查能够使 IMF 了解到贷款条件性的具体实施状况，并督促 IMF 谨言慎行，尽量顾全利益攸关方的权益。尽管独立评估办公室的审查并不产生强制约束力，但至少可以为 IMF 设置贷款条件性提供指示。

#### 2. 执行董事会裁决下的问责性

IMF 内部问责机制中所产生的争议，一般可由执行董事会进行最终裁决。问责机制实为一项程序，即成员方向 IMF 执行董事会投诉，要求 IMF 对其调整项目所产生的负面影响或受损权益承担责任。此时，执行董事会对 IMF 贷款条件性问责争议所进行的裁决具有终局效力。

## 第二节　IMF 贷款条件性的内部体制性矛盾突出

### 一、IMF 的“民主赤字”

民主赤字主要表现在四个方面：第一，加权投票制使 IMF 决策权掌握在少数发达国家手中；第二，《IMF 协定》条款仅授权 IMF 自身决定其行为的合法效力；❶ 第三，缺少独立的仲裁机构或组织对 IMF 行为进行判定；第四，非政府组织、利益攸关者以及其他非官方组织等不能或难以参与 IMF 决策程序。具体而言，IMF 改革所要解决的民主赤字主要表现在以下几个方面：

#### （一）决策缺乏透明度

1. 决策文件的秘密性

IMF 贷款条件性决策过程缺乏透明度。IMF 常以磋商、合议的方式进行工作，其进程和内容大多数不公开，极易造成“暗箱操作”，从而影响到 IMF 决策的公信力。❷ 就连 IMF 独立评估办公室也指出了此项缺陷，认为 IMF 作决定的原因以及依据的事实常常具有不确定性，往往导致 IMF 在作决定时过多地依赖自由裁量

---

❶ 《IMF 协定》第 29 条。

❷ 董小君：《金融风险预警机制研究》，经济管理出版社 2004 年版，第 144 页。

权。例如，独立评估办公室在一份关于阿根廷的报告中指出：“对于一项特定的决定是如何作出的还缺乏明确性。正是 IMF 由于缺乏明确的规则指导，便会产生滥用自由裁量权的隐患，而这又产生了对于 IMF 下一步做什么更大的不确定决定以及不可预见情形的担忧，这最终只会鼓励阿根廷当局为偿还贷款而采取有问题的措施。”[1] IMF 并不披露其治理政策、决定以及计划。对那些 IMF 选择性披露的文件，常常带有偏见，或简单地介绍其决策及行动的消极方面，公众更多地获得的是一些无关紧要的信息。[2] 甚至，在某些情形下 IMF 允许成员方决定是否向公众披露有关该国的文件，这实际上是 IMF 在推卸责任。

2. 执行行动的秘密性

IMF 备受诟病的执行行动的秘密性主要指 IMF 有关行动通过秘密会议的形式以排除公众的监督，由此可能导致程序上的不公正。其中，特别是 IMF 执行董事会决定的审查过程缺乏一定的透明度。IMF 一般通过各种内部和外部评估来对决定进行审查，其中内部评估是秘密进行的，而外部评估结果原则上会向公众公布。[3] 事实上，外部审查长时间以来几乎没有什么影响，IMF 也没有采取事后的评估。但是，不能完全否定 IMF 在提升决策和执行透明度方面进行的努力。IMF 针对备用批评的决策制定和执行的

---

[1] See Independent Evaluation Office, IMF, The IMF and Argentina, 1991 - 2001 (2004).

[2] See John W. Head, *The Future of the Global Economic Organizations: An Evaluation of Criticisms Leveled at the IMF, the Multilateral Development Banks, and the WTO*, Transnational Publishers, 2005, p. 65.

[3] See Ngaire Woods & Amrita Narlikar, Governance and the Limits of Accountability: the WTO, the IMF and the World Bank, *International Social Science Journal*, Vol. 170, No. 569, 2001, p. 575.

秘密性进行了回应。例如，2001年1月到2003年3月，理事会依据《IMF协定》第4条协商条款，公布了超过80%的信息，其中包括93%成员方申请贷款资助的意向书以及57%的IMF支持项目的独立报告。IMF如今在其官网公布每一个成员方在IMF的金融地位、季度金融报告以及其他关于IMF行政和运行的信息。[1] 此种回应是相对令人满意的，这使得利益攸关方足以了解和评估IMF的行动。

IMF于2002年设立了独立评估办公室，公众期待其能对IMF的外部评估发挥更大的作用，实际上这些外部评估确已在促进IMF运作方面起到了巨大帮助。但是，由于IMF独立评估办公室有关职能并未被考虑在基金组织的日常运作中，加之缺乏监督机制，为此，外部评估对促进决策透明度方面作用非常有限。独立评估办公室对于保证IMF方案的有效性方面，强调系统的事后审查和对过去案例研究的重要性。[2] IMF在对成员方进行危机情况考察和事后经济发展状况评估方面，缺乏统一且权威的规则标准，同时整个过程也不够透明。[3] 可见，透明度问题是IMF改革进程中需要特别加以解决的问题，这对于提高IMF公信力和贷款条件性实施程度都大有裨益。

### （二）分配不公平与社会不平等问题

正如前文有关内容分析，IMF的减少贫困和发展便利确实将减贫和调整项目的社会影响作为贷款条件性考虑因素。不可否认，IMF

---

[1] See François Gianviti, The Reform of the International Monetary Fund (Conditionality and Surveillance), *International Law Review*, Vol. 34, No. 107, 2000, p. 109.

[2] See Independent Evaluation Office, IMF, Evaluation of Prolonged Use of IMF Resources (2002).

[3] 蔺捷："金融危机背景下IMF贷款条件性改革"，载《国际商务研究》2011年第5期。

许多贷款项目确实或多或少造成了成员方区域内社会动乱，特别是当 IMF 贷款条件性下的调整政策触及普通民众的福祉和权利时。

笔者认为，IMF 贷款资助项目造成分配不公平与社会不平等的观点，实则高估或低估了 IMF 对一国经济增长的作用。IMF 如今贷款条件性仍依据《IMF 协定》主要限于宏观经济领域，但不可否认 IMF 某些调整项目确实造成了成员方分配不公平和社会不平等等社会问题，但是要认定 IMF 贷款条件性是成员方社会问题出现的主要原因则有些偏颇。同时，IMF 也应对其贷款项目所可能产生的社会问题加以适当注意并尽量避免。

（三）权利与义务的不对称

尽管 IMF 加权投票制和贷款条件性本身单看都是合法且适宜的，但是将两者结合起来，情况却是错综复杂。拥有在 IMF 决策中较大权重投票权的成员方，往往对寻求 IMF 贷款资助国家强加符合该国自身利益的经济改革、贸易政策自由化、开放外资准入市场等条件，如 1997 年 IMF 主导下多种类型政策出现在韩国贷款救助计划的条件中，如平衡财政预算、加强银行监管、关闭问题银行并实现贸易与投资自由化等。[1] 又如 2003 年阿根廷“备用安排”中所规定的银行重组、投资改革等条件。此两国通过 IMF 贷款资助实际上并未实现预期效果，反而因措施不切合国情而在危机中“不可自拔”。尽管 IMF 贷款除储备部分外都附加有一定的条件性，但是此种条件性的决定权往往掌握在 IMF 的理事会手中，而理事会加权投票制又使得低收入国家的实际情况得不到真正的反映，因此贷款条件性设置间接地成为发达国家输送国家利益的

---

[1] See John W. Head, Lessons from the Asian Financial Crisis: The Role of the IMF and the United States, *KAN. J. L. & PUB. POL' Y*, Vol. 70, No. 7, 1998, pp. 73—74.

途径之一。

除了 IMF 贷款资助决定权比重不对称外，IMF 对成员方接受贷款而产生的双方权利义务也存在明显的不对称。IMF 专家约瑟夫·金认为，IMF 贷款条件性是 IMF 希望成员方以符合《IMF 协定》的宗旨和条款的方式来确定利用 IMF 资金而遵循的政策。[1]根据约瑟夫·金的观点，IMF 对成员方所附加的贷款条件性，特别是“备用安排”尽管常被认为是“协议”，但实质上条件性本身并不构成 IMF 与成员方之间的正式协议，IMF 拥有内在权利取消其作出的任何决定，因此“备用安排”是 IMF 针对成员方作出的单方决定[2]。而且，通过 IMF 贷款协议达成的程序可知，一般是成员方先提出贷款意向书，而后与 IMF 进行协商，最后由 IMF 执行董事会最终批准而获得通过，如果成员方在使用资金过程中不符合“绩效标准”，则 IMF 有可能停止对成员方进行资金援助。可见，IMF 与成员方在贷款协议中并不存在合同法意义上平等主体间的合意或符合国际协议的有关要件，成员方常常受区域内金融形势所迫不得不接受 IMF 贷款条件性要求，而 IMF 所作出的贷款条件性却对其本身没有约束力，这种政策性高压单向约束力往往使成员方处于不利地位，权利义务严重失衡。

## 二、IMF 的“使命偏离”

### （一）具体内涵

IMF“使命偏离”问题，纵向看始于 20 世纪 70 年代，固定汇

---

[1] See Joseph Gold, Conditionality, *IMF Pamphlet Series*, *No.* 31, Washington, D. C., 1979, p. 2.

[2] See Joseph Gold, “Use of the International Monetary Fund’s Resources: ‘Conditionality’ and ‘Unconditionality’ as Legal Categories”, *Journal of International Law and Economics*, Vol. 6, No. 1, 1971, p. 25.

率制度崩溃之时。随着 20 世纪 80 年代债务危机的出现以及 90 年代关注“治理”问题和危机管控，可以看出 IMF 现今已将其行动扩展至那些无职权且无权限的领域。值得注意的问题是，需要区别两种类型的“使命偏离”。第一种是指 IMF 已经进行并扩展“使命”，而不是 IMF 是否作出选择的简单事实，这实际上是关于 IMF“使命偏离”的方向和内容的争论。第二种“使命偏离”是指 IMF 行动正在促使该组织逐渐政治化并最终将削弱其功效，主要指 IMF 所要求采取的措施很多属于一国国内主权管辖事项。概而言之，主要是在“不是此项使命偏离”和“没有使命偏离”间作出区分，即 IMF“使命”是否是依据《IMF 协定》合法地进行扩展以及 IMF 是否应该进行“使命”扩展。对 IMF“使命偏离”做上述区分，有助于分析 IMF 扩展其职权是否合法且合理性。从 20 世纪亚洲金融危机开始，IMF“使命偏离”已逐渐削弱其紧急援助的职能，并且导致 IMF 贷款条件性范围、内容相对改变，如国际收支稳定和汇率合作不再是唯一的关注点。

### （二）主要表现

#### 1. 法律层面的合法性问题

针对 IMF“使命偏离”中的合法性问题，主要指 IMF 是否可以依据《IMF 协定》扩展其职权范围。对 IMF 超越权限而行为，IMF 一般将之归入治理和危机管控问题。美国学者哈克特（Hockett）认为 IMF“使命偏离”在法律层面上是合法且是有意义的，因为《IMF 协定》所规定的条款十分广泛且模糊，这是为了确保条约的继续存续和适应情势变更。[1] 在贷款条件性方面，IMF

---

[1] See Robert Hockett, From Macro to Micro to “Mission – Creep”: Defending the IMF’s Emerging Concern with the Infrastructural Prerequisites to Global Financial Stability, *COLUM. J. TRANSNATL L.*, Vol. 41, No. 153, 2002, p. 178.

“使命偏离”主要表现为调整政策制定从“宏观转向微观”经济领域，特别是结构性调整项目。从“法不禁止即自由”这一行政法理论分析，《IMF 协定》并未明文禁止贷款条件性不能涉及微观经济领域，不论 IMF 是否应该将微观经济调整政策纳入条件性中，但 IMF“使命偏离”从法律层面上看可以认定为符合 IMF 章程宗旨，具有合法性。

2. 事实层面的合理性问题

IMF 将结构性和微观领域问题作为其职权管辖范畴，不仅正确而且是有必要的，它是 20 世纪 70 年代浮动汇率制和外汇交易市场全球化的可预见结果。[1] 金融形势瞬息万变，随着布雷顿森林体系的解体，IMF 的角色也发生了相应的变化，特别是在国际监管和国际合作方面需要其发挥重要作用。在 IMF 贷款条件性中扩展其调整政策涉及领域是现实的需要，如当微观经济领域问题足以影响到宏观经济表现时，此时 IMF“使命偏离”便存在一定的合理性。

## 本章小结

IMF 贷款条件性所可能产生的损益结果，可能导致问责争议的出现。问责主要是指问责主体要求问责对象对其某项行为负责。问责机制构成要件由问责主体、问责对象、问责方式、问责内容、问责目的等组成。IMF 贷款条件性外部问责机制的法律依据主要

---

[1] See Robert Hockett, From Macro to Micro to “Mission – Creep”: Defending the IMF’s Emerging Concern with the Infrastructural Prerequisites to Global Financial Stability, *COLUM. J. TRANSNATL L.*, Vol. 41, No. 153, 2002, p. 158.

有 IMF 自身法律体系所规定的内容以及国际法规则。IMF 外部问责机制中最为重要的是公众问责制，由于 IMF 享有国内法院的管辖豁免权，因而 IMF 外部责任机制主要依靠公众对其的监督。虽实践中难以操作，但原则上 IMF 理应允许个人向其投诉，建立相应的公众问责机制是有效途径之一。IMF 内在问责机制存在强制约束力缺乏和判定标准模糊等缺陷，为此导致 IMF 内部专门审查部门——独立评估办公室的问责实际效用不明显，IMF 执行董事会仍是 IMF 问责争议处理的最高权力机构。IMF 问责机制是 IMF 有效履行贷款资助职能、监督 IMF 贷款条件性执行情况、防止 IMF 权利滥用的重要制度保障，可从责任制度的法律法规完善、专门部门设置以及独立第三方裁定等角度进行改革。

CHAPTER 04 >>

# 第四章

# IMF贷款条件性改革的路径选择

20世纪90年代亚洲金融危机将IMF卷入了无止境的改革讨论之中，而在2008年新一轮全球金融危机中，IMF的各项管理问题及制度缺陷，使得对IMF进行改革的声音不绝于耳。金融全球化使各国金融领域的联系更为密切且相互依赖，IMF危机处理能力的不足招致了成员方的不满，其中备受诟病的IMF贷款条件性改革也被推上了风口浪尖。重塑国际经济秩序和金融框架、加强国际合作和金融监管、改革国际货币体系的呼声日益高涨，实现全球经济可持续发展需要“全球最后贷款人”，而IMF需要为此作出巨大努力。

## 第一节　IMF贷款条件性改革的必要性

在20世纪30年代经济大萧条中，许多国家采取了“损邻政策”，这不但没有使各国摆脱经济萧条，反而进一步恶化了各国国内经济境况。而 IMF 就是国际社会试图解决上述困境的一个良方。IMF 成立之初，国际货币秩序确实得到了巨大的改善。但是，随着经济全球化浪潮的不断深入，经济领域的问题不再是单纯的“个体问题”，往往多种问题交织且相互作用。特别是“系统性”金融问题的出现，更要求 IMF 拥有除货币监管外更多的金融职能。IMF 面对金融危机时的“无能为力”促使 IMF 进行必要的改革，而贷款条件性则是重中之重。

## 一、新时期下 IMF 的职能与宗旨

《IMF 协定》的签订，标志着国际货币法的诞生，也是国际货币体系史上的里程碑。《IMF 协定》不仅推动了国际货币合作的机制化，而且构建起了在全球范围内具有广泛法律效力的制度框架。如今，IMF 拥有 188 个成员方，它的宗旨包括六项内容：

（1）通过设置一个常设机构，便于国际货币问题的商讨与协作，以促进国际货币合作；

（2）便利国际贸易的扩大与平衡发展，以促进和维持高水平的就业和实际收入以及所有会员方生产资源的开发，作为经济政策的首要目标；

（3）促进汇价的稳定，维持会员方间有秩序的外汇安排，并避免竞争性的外汇贬值；

（4）协助建立会员方间经常性交易的多边支付制度，并消除妨碍世界贸易发展的外汇管制；

（5）在充分保障下，以基金的资金暂时供给会员方，使其有信心利用此机会调整其国际收支的不平衡，而不致采取有损于本国或国际繁荣之措施；

（6）依据上述目标，缩短会员方国际收支不平衡的实践，并减轻其程度。[1]

其中，第一项、第二项属于总体宗旨；第三项、第四项则主要关于国际支付和汇率安排，通常纳入国际货币制度的范畴；第五项、第六项所指国际收支调节机制下的贷款资助服务。IMF 将贷款资助安排作为宗旨之一，表明它是一种“货币管理机构”，为成员方提供贷款资助服务。IMF 名称由“国际”“货币”和“基金”三个关键词组成，表明 IMF 作为国际货币组织的性质定位，但从其宗旨中可见它既是国际货币体制的行政机构，又是能提供贷款资助等服务的国际金融机构。

自布雷顿森林体系解体以来，IMF 经历了巨大的转变，纵观《IMF 协定》七次修订的过程便可知晓 IMF 正在努力推进改革进程并实现职能的适时更新。第一次修订决议 No. 23 – 5 于 1968 年 5 月 31 日通过，次年 7 月 28 日生效，该次修订设立了特别提款权账户并进行了特别提款权的分配，同时明确了黄金作为国际储备资产的特征；第二次修订决议 No. 31 – 4 于 1978 年 4 月 1 日生效，主要涉及国际货币体系从固定汇率转为浮动汇率。该次修订使特别提款权的地位得到了提升并削弱了黄金在国际货币体系中的地位，反映了布雷顿森林体系的解体；第三次修订 No. 45 – 3 决议于 1990 年 6 月 28 日获得通过并于 1992 年 11 月 11 日生效，该次修订主要明确了 IMF 成员方不履行《IMF 协定》有关义务将导致相关权利终止的情形。第四次修订 No. 52 – 4 决议虽在 1997 年 9 月 23 日获得通过，但是直到 2009 年 8 月 10 日才予以生效，主要是为了使特别提款权部门参与者获得相等的特别提款权分配配额而进行的特

---

[1] 《IMF 协定》第 1 条。

别提款权一次性分配。第五次修订 No. 63－3 决议于 2008 年 5 月 5 日通过，2011 年 2 月 18 日生效，IMF 投资权力得到扩展。第六次修订 No. 63－2 决议于 2008 年 4 月 28 日获得通过并于 2011 年 3 月 3 日生效，涉及 IMF 成员方份额与投票权的改革。最近一次修订发生于 2010 年，IMF 理事会完成了第 14 次份额总审查并决定将 IMF 份额增大一倍，并会向有活力的新兴市场转移 6% 的投票权。同时，要求执行董事会成员都由选举产生，并为发展中国家和新兴市场国家增加执行董事会席位。

其中，《IMF 协定》第二次修订标志着布雷顿森林体系的解体及牙买加体系的建立，这次修订具有划时代的意义。同时，最近一次对《IMF 协定》的修订表明了当今国际社会中新兴经济体及发展中国家参与新国际货币体系建设的意愿强烈。IMF 适时修订《IMF 协定》以适应新时期的金融状况，特别是 2008 年国际金融危机这一新时期以来，IMF 边缘化问题更加凸显，这使其职能进一步得到削弱。

新时期下 IMF 职能得到了扩展。新时期下 IMF 职能定位与其由国际货币组织到国际金融组织地位的转变息息相关。《IMF 协定》第 1 条第 1 款明确了 IMF 作为国际金融组织的职能范围，要义在于确认 IMF 主要就国际货币问题进行磋商与合作。然而，IMF 从过去主要关注汇率稳定及兑换转变为如今涉猎更广的国际金融机构。如今的 IMF 不仅局限于货币问题，它同样也处理诸如银行和资本市场监管与规制、金融改革、债务重组等金融领域的问题，例如，20 世纪 80 年代 IMF 在最不发达国家主权债务重组中起到了领导作用；苏联解体后在社会主义国家所进行的市场经济体制改革中其扮演了金融咨询的角色；在 20 世纪末及 2007—2009 年金融危机和欧元主权债务危机中 IMF 所进行的努力。依据《IMF 协定》第 1 条，IMF 的职能可以归为三种：监管、金融资助、技术支持。监管如今主要涉及金融领域问题且作用于宏观经济政策，如银行或金融机构监管与规制、金融改革、银行重组，等等。金融资助则是针对收支困难的成员方提供条件性贷款便利，而在这方面 IMF 结构性贷款便利的设置便充分体现了其不断深入成员方宏观经济领域的改革。IMF 的技术支持则以银行和金融制度领域最为活跃，表现为建议和要求成员方采取统一行动。可见，IMF 职能不是固定不变的，在新时期下 IMF 更多地关注全球金融治理以预防和应对金融危机。

IMF 职能扩展存在合理的法律基础。2010 年 2 月，IMF 在其题为“基金组织的管理——法律框架”[1] 的文件中试图探寻现今 IMF 法律框架所存在的局限性与灵活性，以期通过 IMF 借贷、授予明确的“系统性监管”权力提高基金组织在促进全球金融稳定中的地位。该文件不仅讨论了对成员方储备政策及资本流动的监管，同时也论及其金融资助条款和技术支持职能。IMF 处于国际货币体系和国际金融体系的中心地位[2]，并总是试图寻找两者的联系。依据《维也纳条约法公约》第 31～33 条有关国际条约具体条款解释规则[3]，2010 年 2 月的文件似乎已表明《IMF 协定》足够灵活促使其不断革新，而且协定缔约者也并不吝啬授予其对金融

[1] SeeInternational Monetary Fund, “The Fund’s Mandate—The Legal Framework” (22 February 2010), available at: www.imf.org/external/np/pp/eng/2010/022210.pdf (Last visited 12 August 2015)；在此之前 IMF 公布了另一个文件，即“基金组织的地位与管理——评估报告”即“The Fund’s Role and Mandate—An Overview” (22 January 2010), available at: www.imf.org/external/np/pp/eng/2010/012210a.pdf (Last visited 12 August 2021).

[2] 国际货币体系主要指关于汇率、资金储备、资本支付与流动制度等官方安排；而国际金融体系主要包括正式和非正式国际金融机构，以及一系列处于国际金融市场中的公共与私人行为体。See Rosa M. Lastra, *International Financial and Monetary Law*, Oxford University Press, 2015, p. 433.

[3] IMF 关于此方面的权限往往以概括性术语表述，解释权实际可实施程度则受制于《IMF 协定》的书面术语表述并兼以制订历史予以考察。

领域问题适时更新或扩展职能范围。可见，IMF 可在不修改其宗旨的情况下，对现有条款规定进行扩大解释，以适应职能的转变。文件同样也承认修订《IMF 协定》并不是件易事，可见，尽管 IMF 存在职能扩展的法律基础，但是 IMF 职能范围的实际改变却依赖于成员方的共同意志。因此，不可否认 IMF 可适时调整并扩充自身的职能范围，但是这种权力是有限度的。

## 二、IMF 贷款条件性改革的缘起

IMF 贷款条件性是 IMF 贷款资助的重要内容，是 IMF 推行自身政策的有效手段。对 IMF 进行改革的声音不绝于耳，分析并研究改革进程的理论基础、可行性和必要性，是 IMF 努力充当国际最后贷款人所需要关注的重点。

### （一）IMF 贷款条件性理论基础

IMF 主要采取事后条件性贷款，通过对其理论基础进行研究，可以窥探条件性所蕴含的缺陷和改革方向。IMF 贷款条件性主要有四个方面的理论基础。

第一，贷款条件性对陷入危机的国家在危机发生后改革经济政策能起到保证作用。如果成员方欲采取的经济政策与 IMF 所推崇的政策相同，则贷款条件可以起到保证成员方在取得贷款后落实这些政策的作用。如此，成员方可以获得潜在债权人的信任，从而在危机扩大前能够获得足够资金用以解决“债务悬垂”问题。[1] 贷款条

---

[1] See Diwan I., Rodrik D., Debt reduction, adjustment lending, and burden sharing, NBER Working Paper 4007 (1992); Sachs J., Conditionality, Debt Relief, and the Developing Country Debt Crisis, in Sachs J. ed., *Developing Country Debt and Economic Performance*, University of Chicago Press, Vol. 1., 1989.; Rodrik D., Promises, Promises: Credible Policy Reform via Signaling, *Economic Journa*l, 1989, Vol. 99, pp. 756—772.

件性可以增进成员方与 IMF 在经济政策上的一致性，提高成员方转变经济政策的可能性。[1] 此时贷款条件若能得到实施则是其保证作用实现的前提。但现有数据显示，贷款条件的执行水平一直都处于相对低下状态。[2]

第二，"贿赂政府"的理论[3]，即 IMF 以贷款发放为条件，诱使成员方采取其原本并不认同的经济政策。IMF 认为成员方只有通过贷款条件性的执行改变原有的经济政策才能保证其有能力偿还贷款，使其他成员方的利益不受损害。此理论的前提条件为，贷款条件性能够得到良好的执行。但是，此前提条件在现实中难以成立，并且与借款的成员方的原本意图相反，最终贷款条件性的执行往往只是暂时的。大量数据显示，IMF 所提的"药方"有时反而起到了消极或加剧危机的作用。[4]

第三，"信号作用"。此处的信号作用类似于第一章中提到的"核准戳记"。IMF 可通过贷款条件性探析成员方的经济政策方针，以此筛选出政府当局能力强且政策稳健的国家批准贷款。成员方获批 IMF 备用安排等，可起到对其他潜在贷款主体的信号作用，使他们更倾向于向获得 IMF 条件性贷款的国家发放贷款。但是，危机的紧急性和严重性使 IMF 难以在发放贷款时进行选择，并且由于条件

---

[1] See Bird G. , Willett T. D. , IMF conditionality, Implementation and the New Political Economy of Ownership, *Comparative Economic Studies*, Vol. 6, No. 3, 2004, pp. 423—450.

[2] See Axel Dreher, IMF Conditionality: Theory and Evidence, *Public Choice*, Vol. 141, No. 1, 2009, pp. 247—249.

[3] See Khan M. S. , Sharma S. , *IMF Conditionality and Country Ownership of Programs*, IMF Institute, 2001.

[4] See Dreher A. , *The Development of IMF and World Bank Conditionality*, in L. Yueh ed. , *The Law and Economics of Globalisation: New Challenges for a World in flux*, Cheltenham: Edward Elgar, 2009, Chapter 6.

性设置的本身受到 IMF 的影响，因此成员方真实意志难以得到反映，由此导致信号作用在实践中效果不佳。[1]

第四，“道德风险”的规避作用。IMF 贷款条件性的设置提高了成员方的借贷成本，从而增强国家在面临危机前采取防范措施的动机，减少了完全依赖 IMF 援助而怠于防范的可能性。此观点的前提条件是，IMF 的贷款条件得以有效实施。但事实上，IMF 对贷款条件未能执行的国家，仍会选择发放下一期贷款，[2] 这也就使得规避作用难以在现实中得到实现。

可见，IMF 贷款条件性在功能上虽起到一定作用，但实际效果欠佳。对 IMF 贷款条件性进行改革是矫正上述理论中有关缺陷的必然要求。

### （二）IMF 贷款条件性改革的必要性与可行性

1. 必要性

主权侵蚀使 IMF 贷款条件性备受诟病。纵观历次金融危机，从 1997 年俄罗斯金融危机、1998 年亚洲金融危机、2008 年美国次贷危机到 2010 年希腊主权债务危机，区域性和全球性金融危机周期性暴发的频率越来越高，而且危机负外溢性增强甚至使全球经济陷入衰退之中。IMF 将维持国际货币收支平衡作为核心任务，但 IMF 贷款资助项目在预防和应对金融危机时却显得“束手无策”。特别是 IMF 将经济和市场自由化以及新古典主权所主张的紧缩财政政策作为贷款条件性核心内容，此做法往往忽视成员方的

---

[1] See Bird G., Rowlands D., Financing Balance of Payments Adjustment: Options in the Light of the Illusory Catalytic Effect of IMF Lending, *Comparative Economic Studies*, Vol. 46, No. 3, 2004, pp. 468—486.

[2] See Vreeland, J. R., IMF Program Compliance: Aggregate Index versus Policy Specific Research Strategies, *Review of International Organization*, Vol. 1, No. 4, 2006, pp. 359—378.

经济具体情况而采取“以一适多”模式而进行救援。同时，如第三章所述，IMF 贷款条件性的具体内容特别是结构性调整要求，很多涉及成员方微观经济领域事务，对成员方经济主权造成严重挑战。尽管如此，IMF 在履行职能过程中若用力过小，金融稳定的目标则难以实现，而若用力过猛，又会有过度侵犯成员方主权之嫌。为此，IMF 贷款条件性改革需在两者间谋求平衡。

金融霸权主义阻碍了 IMF 贷款条件性的实际效果。发达国家对 IMF 的改革要求与发展中国家存在巨大分歧和矛盾，主要原因在于以美国为首的发达国家是现行 IMF 运行机制的最大受益者。为了维护在 IMF 的既得利益，发达国家势必阻挠有损其利益的任何 IMF 实质性改革。美国作为 IMF 最大“股东”，如若改革方案未获得其支持，那么 IMF 改革之路将遥遥无期。其中，增加发展中国家的话语权和投票权是抵制 IMF 内美国金融霸权的有效途径，也是 IMF 贷款条件性更能反映成员方具体金融状况的有效举措。

IMF 贷款条件数量不断增加且实施效果不佳促使改革。IMF 贷款条件数量自 2010 年后又呈现增长趋势，特别是金融危机之后请求 IMF 资金援助的国家增多，进而贷款条件性也相应地增长。如图 4 -1、图 4 -2 所示[1]。

[1] Conditions per year are defined as the total number of conditions reviewed in a given year, normalized by the number of programs that are ongoing during the same year (on a quarterly basis, but annualized). In any given year, the volume of conditionality is affected by the frequency of reviews. Frequency itself depended on the initial schedule of reviews (quarterly or semi - annual) and on the implementation record of programs, as delays in reviews or off - track periods will affect the conditionality that is expected to be implemented in the year.

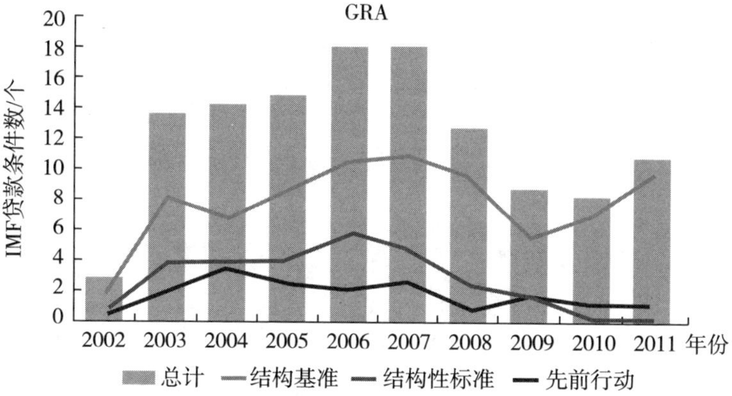


**图4-1 普通资金账户正在进行的项目每年的IMF贷款条件总数（2002—2011）**

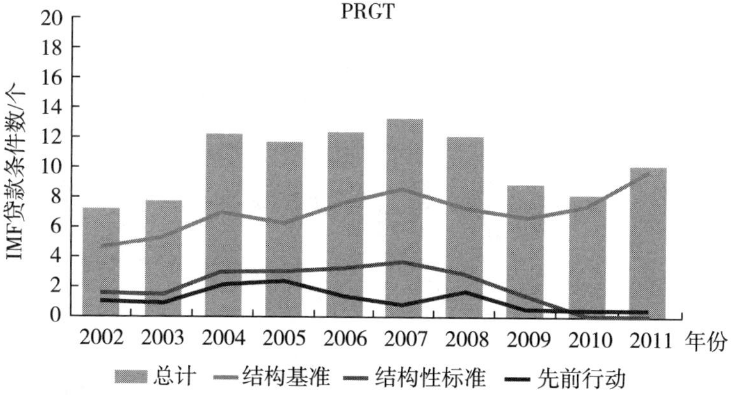


**图4-2 减少贫困和发展便利正在进行的项目每年的IMF贷款条件总数（2002—2011）**[1]

IMF的普通资产账户与减少贫困和发展便利基金的项目有许多在实施过程中就停止了，显示IMF贷款条件性具体实施结果不

---

[1] See IMF, 2011 *Review of Conditionality*, available at: http: //www. imf. org/external/np/pp/eng/2012/061812. pdf (last visted 24 March 2016). (SB: Structural Benchmark; SPC: Structural Performance Criteria; PA: Prior Action)

尽如人意。21 世纪早期，IMF 贷款项目执行情况得到改善之后又恶化。特别是金融危机暴发后，IMF 贷款项目未得到执行的情况愈加严重。减贫和发展基金项目执行情况非常差，2011 年普通资金账户下的项目也是如此。如图 4－3、图 4－4 所示。

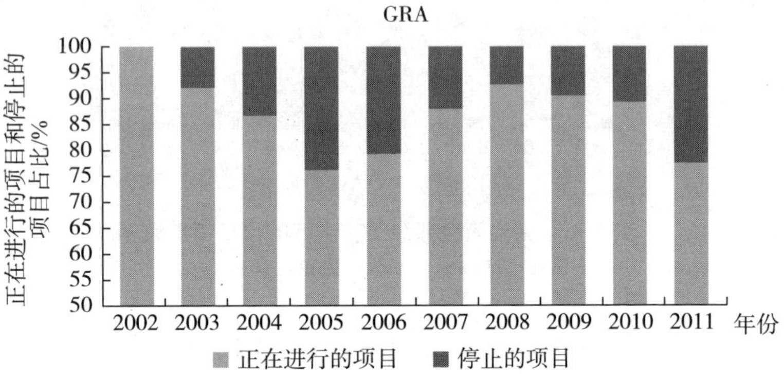


**图 4－3　普通资金账户按年份分类的项目中断情况占比（2002—2011）**

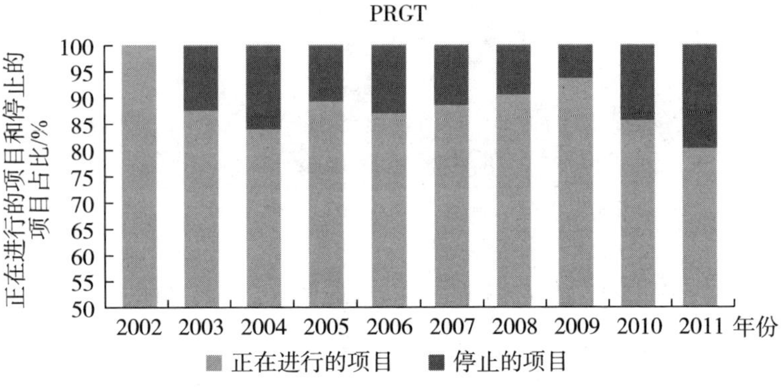


**图 4－4　减少贫困和发展便利按年份分类的项目中断情况占比（2002—2011）**

从 20 世纪末的东南亚金融危机中可见，IMF 不但没能预测危机的暴发并作出及时的反映，而且 IMF 贷款条件性由于具体内容的僵化且不顾个体情况，反而使成员方国内经济状况进一步恶化。

至此，东南亚各国自危机后，不再信任 IMF，而是以积累大规模外汇储备来防范金融危机爆发。在 2008 年美国次贷危机中，由于美国是储备货币发行国，其通过发行美元的方式直接向本国金融体系注入流动性，而不申请 IMF 贷款便利。在这场危机中，IMF 无疑成为摆设，在发达国家发生金融危机时，IMF 也难以发挥应有的作用。IMF 在过去几十年所取得的成就不容忽视，但是 IMF 只有对自身进行改革才能适应时代变迁下的职能和地位转变。

2. 可行性

IMF 为贷款条件性改革所作出的努力为进一步改革指明了方向。《IMF 协定》经历了多次修订，可见 IMF 改革进程并未停止。IMF 一系列主动的改革，便包括对贷款条件性的重新审视。为了提高 IMF 贷款条件性的有效性，IMF 开始强调以下几个方面：第一，在贷款条件性具体内容方面，更加注重宏观经济领域改革而尊重成员方经济主权事项；第二，在程序性方面，通过披露有关信息而加强透明度，改善监管体系。2002 年《贷款条件指导方针》是 IMF 贷款条件性改革的重大举措，引进了判定贷款条件性是否恰当的标准并提出了结构性贷款调整项目的重要性。其中，贷款调整项目中改革议程尽可能由成员方来主导，从某种程度上体现了 IMF 试图改进贷款条件性的意愿。[1] 但是，由于 2002 年《贷款条件指导方针》对 IMF 的约束力不强，为此 IMF 贷款条件性仍需进一步改革。

IMF 贷款条件性下贷款框架虽已发生较大改革但程度不够。全球金融危机的蔓延，导致新兴市场和发展中国家面临严重的外部融资枯竭、出口大幅锐减和商品价格下跌等严重挑战。[2] IMF 于 2009

[1] 周先平：“IMF 贷款条件新指导方针研究”，载《国际金融研究》2003 年第 2 期。

[2] 占云生：“对国际货币基金组织贷款新政的评析”，载《中国集体经济》（财税金融）2009 年第 7（上）期。

年 3 月 24 日对其贷款框架进行了重大改革，主要表现为：第一，贷款条件性资格标准从传统事后条件转为更多依靠事前条件，如新的“灵活信贷安排”（flexible credit line，FCL）的确立以取代现行的“短期流动性机制”（short – term liquidity facility，SLF）等；第二，停止在贷款安排中使用结构性绩效标准，简化和调整贷款的成本和到期偿付结构；第三，提高贷款条件性下备用安排的灵活性和可获得性，将非优惠贷款上限提高一倍，放松对低收入国家优惠贷款的审批条件，并停止一些“无人问津”的贷款工具等。[1] 上述措施体现了 IMF 与时俱进的改革态度，有利于实现其金融援助的职能和重塑形象。但是，IMF 贷款资金池相较于金融危机的范围及全球金融市场规模所需资金来说，仍是力量单薄，无法承担维持国际货币体系稳定的全部责任。并且，以事前条件提供资金的方式在实践中缺乏可操作性，加之金融霸权难以一时得以消除，因此，IMF 贷款条件性仍有进一步改革的空间。

### （三）IMF 作为“最后贷款人”的道德风险溢出

#### 1. IMF 贷款条件机制所蕴含的道德风险

道德风险常用于分析保险效力，它指的是保险条款提高了事故发生的可能性，这是因为投保人会因为保险而疏于采取防范措施。在金融领域，经济学家和政策制定者常探讨来自诸如 IMF 等机构的金融援助是否会导致道德风险。事实上，存在这样的风险预期，因为 IMF 作为成员方面临金融危机时的借贷方可能会导致借款方作出不利于危机解决的行为。这其实从 20 世纪亚洲金融危机时对印度尼西亚、韩国、俄罗斯等国的紧急援助中可以知悉，道德风险主要表现为：IMF 向政府当局示意其经济管理不善将不

[1] See IMF Public Information Notice（PIN）No. 09/40，April 3，2009.

受惩罚以及向这些国家的投资者示意他们可以无风险地进行投资，因为如果成员方受到金融危机打击，IMF 将对其进行紧急援助。IMF 将金融援助作为宗旨之一，通过资金援助是为了增加资金的流动性，让受援国保持清偿能力，不至于破产。从某种意义上来说，它起到了金融危机最后一道防线的功能。

IMF 贷款条件性与其固守的理论基础密切相关。IMF 传统贷款“药方”建立在荷兰经济学家波拉克（Pollak）的国际收支模型基础上。从 Ms = R + D❶ 这一公式可知，在货币供给保持固定的情况下，国内信贷的扩张与外汇储备的减少呈一一对应的关系。❷ 依据此理论，IMF 为了达到外部均衡，会对储备变化 R 制定一个目标值，再由 D = Ms - R 判定国内储备的膨胀程度。一般外汇储备的目标值所呈现的正偏差不会对宏观政策造成巨大冲击，危机时刻可能还会受到鼓励，由此便可对国内信贷膨胀设定一个上限。事实上，国内信贷上限便是 IMF 提出的实施标准的核心内容。IMF 认为国内的扩张性政策是导致国际收支逆差的原因，为此 IMF 要求成员方采取紧缩货币政策，消除超额货币供给，恢复货币市场的存量平衡，以达到国际收支平衡。另外，自由主义理论也使 IMF 在贷款条件性中设置结构改革和经济自由化措施。从上文可知，IMF 贷款条件由于脱离成员方的政治、经济和社会条件，往往效果不佳，反而使道德风险加剧。

如果道德风险是一个需要解决的问题，那么 IMF 贷款条件性明显不“胜任”。为了便利公众监督，条件性应该越少越简单，并

---

❶ 其中，Ms 表示名义货币的供应量，D 代表国内中央银行的供应量，R 代表国外供应量。

❷ 危勇：《基于道德风险视角的最后贷款人救助政策研究》，暨南大学 2008 年博士学位论文，第 84 页。

且 *IMF* 需要予以公布。[1] IMF 有义务告知公众是否条件性已经被执行。道德风险不仅存在于损害发生后，它也可能是引起金融危机的缘由。但是，道德风险也能够尽量加以避免。第一，条件性事前设置可以降低道德风险，如财政政策领域对涉及 GDP 的预算赤字设置限制。第二，道德风险可通过提高 IMF 借贷机会成本而加以应对。利率补贴需要被排除，并以处罚取而代之，以使 IMF 真正成为“最后贷款人”。第三，道德风险可通过严格地限制 IMF 贷款资金使用期限而加以降低。[2] 贷款可以限制为 3 年，之后 6 年内没有任何的续借或更新。这其实也意味着 IMF 将发展的任务转移给世界银行或其他特殊的发展机构。

2. IMF 作为国际最后贷款人的所面临的困境

有学者指出，IMF 在金融危机救助过程中承担了最后一道防线的功能，认为 IMF 具有最后贷款人的性质。[3] 也有学者认为，IMF 的角色定位之一便是成为国际最后贷款人。金融全球化需要一个国际最后贷款人来预防金融危机，IMF 可发挥类似中央银行的功能，建立一个全球层面的货币供应体系和国际收支调节机制。[4]

IMF 如若作为国际最后贷款人，除无法逃避道德问题外，还存在其他方面的问题。第一，IMF 作为危机贷款者，通过贷款向成员方注入资金以增强流动性，但因此有可能造成某成员方肆意或更加倾向于超额举债，产生道德风险。另外，IMF 如若充作国

---

[1] See Vaubel Roland, *The Political Economy of the International Monetary Fund: A Public Choice Analysis*, Co: Westview Press, 1991, pp. 204—244.

[2] See Vaubel Roland, “The Moral Hazard of IMF Lending”, in Allan H. Meltzer ed., *International Lending and the International Monetary Fund: A Conference in Memory of Wilson E. Schmidt*, Heritage Foundation, 1983, pp. 65—79.

[3] 黎文龙：“‘拯救’还是‘干预’国际货币基金组织的悖论分析”，载《东南亚纵横》2008 年第 5 期。

[4] 李欢：“全球化环境下职能的转变”，载《金融经济》2006 年第 4 期。

际最后贷款人是不能够像一国中央银行那样创造货币的。为此，IMF 应具备很强的金融资源或筹资能力。然而，IMF 作为最后贷款人面临资金困境，这从墨西哥金融危机和亚洲金融危机爆发后的援助措施来看，IMF 的资金状况只能用“捉襟见肘”来形容。第二，IMF 作为危机管理者，是指其对处理危机或潜在的危机承担责任，避免危机外溢。IMF 救援资金仍侧重成员方外部经济平衡问题，而成员方实际经济发展要求往往被忽视，从而导致贷款条件实施效果不佳、国际债权者与债务者间投资风险不合理分担等问题的出现。[1] 为此，IMF 的出路在于改革，强化其职能，而不是努力争当国际最后贷款人。

## 第二节 IMF 贷款条件性改革的对策与建议

改革涉及对成员方现有利益格局的调整，各国从自身利益出发会提出各种要求，为此并不存在全球统一化的改革方案，IMF 最终改革的成功与否仍取决于主权国家间利益的制衡和协调。国内外学者和政府官员对 IMF 贷款条件性改革都从不同角度提出了各种建议，主要包括两个方面：一方面，改革意见主要集中在对 IMF 份额分配机制和投票权机构的改革；另一方面，针对 IMF 贷款条件性的改革大多数建议仍停留在理论层面，未提出相应的制度以保障改革内容的实施，即贷款条件性的程序改革上缺乏一个完善的体制。为此，本节在借鉴众多学者的建议基础上，主要从上述两方面提出 IMF 贷款条件性改革对策。

[1] 郑振龙、江孔亮：“关于 IMF 能否作为国际最后贷款人问题之研究”，载《现代财经》2000 年第 9 期。

## 一、改革 IMF 治理结构

国际经济格局正发生着深刻变化，2000 年前后，新兴市场国家对全球经济增长的贡献率大约是 1/3，金融危机发生的 5 年内，这一贡献率上升到 3/4，其中中国对全球经济贡献率占到了 1/3，[1] 这一趋势需要在 IMF 的治理结构中得到体现。

### （一）份额与话语权改革

IMF 决策机制由投票权分配制度和表决权集中制度构成。在表决票数既定的情形下，投票权分配制度起着决定性作用。IMF 通过份额公式评估成员方的世界经济地位，并以此为基础给成员方分配特定份额。目前的份额公式是四个经济变量的加权平均值，即 GDP、开放度、经济波动性和国际储备。IMF 份额公式已长久没有随着各成员方经济形势的变化而变化，改革举步维艰。最近一次的份额改革，随着 2015 年美国国会参众两院批准 IMF 改革方案，中国由此成为 IMF 第三大成员方，印度、俄罗斯和巴西的份额都跻身前十行列。尽管此次份额改革适当扩大了新兴国家的份额，但仍不足以反映当今经济发展趋势，并且美国的投票权仍超过 15%，拥有一票否决权。为此，对 IMF 贷款条件性改革仍大部分取决于发达国家的意志。

IMF 确定配额的过程当中，应当将发展中国家向 IMF 请求救助的潜在需求、获得私人资本的难易程度以及金融危机的承受能力等因素加以考虑，如此才能均衡地在发达与发展中成员间分配

[1] 中国 21 世纪议程管理中心可持续发展战备研究组：《全球格局变化中的中国绿色经济发展》，社会科学文献出版社 2013 年版。

基金份额，使发展中成员在 IMF 决策中平等地表达话语权。[1] IMF 份额改革是一个渐进的过程，如何才能使 IMF 份额分配真正反映一国的经济实力和国际地位同时又不忽视发展中国家和弱小国家的声音，这需要 IMF 成员相互间不断协商和合作。

### （二）独立评估机构等的建立

透明度问题主要源自 IMF 协商机制的内在缺陷，由于 IMF 目前仍然采用磋商和协商一致等议事规则，通过过程的不公开是为了避免外界对 IMF 决策产生影响。IMF 内部的监督机构独立评估办公室的成立是 IMF 改变自身既当规则制定者又当规则实施者的重要进步。然而，IMF 独立评估办公室的设立是为了独立评估 IMF 行为，如 IMF 在巴西、印度尼西亚和韩国金融危机中的地位。改革 IMF 贷款条件性赋予 IMF 独立评估办公室对贷款方案实质性审查权利，无疑在程序上限制了执行董事会“独裁”资金援助的权力。[2] 独立评估办公室能发挥对 IMF 政策和活动进行独立和客观评估的作用，监督 IMF 的改革进程。但是，独立评估办公室所存在的缺陷也不容忽视，它主要表现为 IMF 未将其列入日常运作中，导致外部评估对 IMF 贷款条件性制定的影响非常有限。为此，要建立一个由理事会选举并与执行董事会地位平行的独立监督委员会来补充或代替独立评估委员会实行监督职能，才能够完善 IMF 的内部监控机制，实现 IMF 治理主体的全新分权和制衡。加强诸如独立评估办公室等独立机构的监督作用，在特殊情况下引入第三方监督主体，将对提升 IMF 贷款条件性的透明度和公信力发挥

---

[1] 万国华：“从亚洲金融危机看 IMF 法律机制亟待改革的几个重要问题”，载《南开学报》1999 年第 2 期。

[2] See IMF, IMF Survey Supplement, 16—17, 2003, p. 32. Available at www.imf.org/external/pubs/ft/survey/2003/091503.pdf (last visited 2016.01.15).

巨大作用。

### （三）管理层任命制度与决策机制改革

#### 1. 管理人员任命制度改革

众所周知，IMF 内部机构与职能设置好比一个国际性的股份制金融组织。[1] 根据《IMF 协定》第 12 条的规定，IMF 是按照“理事会—执行董事会—总裁”治理结构配置权力并运转的，由成员方股东代表组成的理事会则很像商业公司的股东会，是 IMF 的最高权力机关。以往，IMF 最高管理层的人事安排与世界银行形成了惯例，即由欧洲人执掌国际货币基金组织，美国人执掌世界银行。如今，这一“惯例”也未改变，其中更多地体现为政治和经济实力的博弈。2010 年 IMF 改革方案于 2015 年 1 月 26 日正式生效，这标志着 IMF 执行董事会成员将首次全部由选举产生。选举产生管理层人员是 IMF“民主赤字”下的巨大进步，不但有利于提升 IMF 的民主程度，也有利于新兴经济体和发展中国家在选择管理层人员中表达自身的观点，选择自身认为合适的人员。

另外，IMF 人事管理制度改革方面，增加执行董事会总席位并预留给发展中国家。鉴于 IMF 项下成员方股东的权利和地位存在不平等现状，增加执行董事会席位能够在进行决策时使发展中国家的利益更多地得到体现，并且由于发展中国家所选之人对本国国情更为熟悉，因而更有利于其作出正确决策。同时，设立理事会对不称职执行董事会人员进行罢免。通过该机制，有利于激发董事成员的办事积极性，促使他们尽职尽力办事。同时，改革 IMF 总裁遴选制度，使其以更为民主和公开的方式产生，并

---

[1] 王德迅、张金杰：《国际货币基金组织》，社会科学文献出版社 2005 年版，第 55 页。

增加新兴市场国家和发展中国家人员在管理层和工作人员中的比例。[1]

2. 决策机制的改革

在 2008 年全球金融危机刚爆发时，IMF 的预测或决策信息十分混乱，有时甚至自相矛盾，导致成员方错过了作出正确决策的最佳时机，结果使经济危机加速蔓延，最终致使全球经济衰退。对此，从成员方股东层面来看，IMF 治理机制理应作相应改革。第一，可通过建立信息档案机制。建立 IMF 项下成员方金融和经济信息档案库，这使 IMF 在信息共享基础上，迅速且准确地预测全球经济发展演变态势，并尽早给予成员方正确的可供决策的信息。第二，建立信息披露机制。成员方向 IMF 申请贷款时以披露正确的信息作为批准贷款的必要充分条件，同时对信息披露不充分的成员方给予包括追加限制贷款等内容的惩罚。IMF 决策机制的改革不仅包括提升决策透明度、可问责性等程序性事项，对如何促使 IMF 正确作出决策的机制性改革也是必要的。

## 二、IMF 贷款条件性下特别提款权的改革

特别提款权一直是 IMF 改革的核心内容，作为国际储备货币，它能对 IMF 贷款条件性改革产生有益的尝试。充分发挥特别提款权在贷款条件性中的作用，也有利于 IMF 金融资助职能的实现。

---

[1] 廖凡："国际货币体制的困境与出路"，载《法学研究》2010 年第 4 期。这一点在第四次 G20 峰会上得到了印证。成员方在会后发布的峰会宣言中承诺增强国际金融组织的合法性、可信性和有效性，建立公开、透明和择优的负责人及高管层遴选程序。

## （一）IMF 贷款条件性下特别提款权面临的困境

### 1. IMF 贷款条件性与特别提款权之间的关系

特别提款权最初引入布雷顿森林体系是为了解决特里芬难题。特别提款权在《IMF 协定》第一修正案中作为“现存储备资产的补充”而被设立，之后在第二次《IMF 协定》修订中确立为国际货币体系主要储备资产的地位。IMF 在其资产负载表中不持有特别提款权，就如同美国联邦储备银行不持有联邦储备票据。特别提款权在信贷需求增加下发行，在信贷偿付后取消。因此，将特别提款权作为 IMF 交易的主要工具的后果之一就是 IMF 将不再持有特别提款权。IMF 持有特别提款权所获得的收入，实际上主要是由于外部大量持有特别提款权所产生的费用远远超出了 IMF 分配特别提款权所需支付的利息。

在特别提款权管理部门下，特别提款权以等份额形式分配，特别提款权能够使成员方储备资产额外增加。成员方所持有的特别提款权是该方自身而非 IMF 的储备资金，IMF 由于成员方履行义务而在普通资金账户下转让特别提款权给 IMF，IMF 也因此可以以相同的方式出售这些特别提款权给那些需要 IMF 资金援助的国家[1]。某成员方可因违反特定义务而不能使用特别提款权，该种情况下最严重的后果是，该成员方不能接受来自其他国家所转让的特别提款权，也不能提供另一种可自由兑换货币予以偿付。[2] 然而，如果 IMF 发现成员方违反了涉及特别提款权的任何义务，则 IMF 会决定暂停成员方使用特别提款权的权利。如果 IMF 宣布某成员方在使用基金组织一般资源贷款上“不适格”，成员方使用特

[1] 关于 IMF 出售特别提款权的政策可见诸，Executive Board Decision No. 6772 -(81/35) G/S, March 5, 1981, Selected Decisions, pp. 84—85.

[2] 《IMF 协定》Article XIX, Section 5 and Schedule F.

别提款权的权利却不受影响。[1] 反之亦然。可见，该条款的目的在于区分使用特别提款权与一般资源贷款“适格”的标准。特别提款权是成员方所持有的资产，可自由使用，IMF 不能因成员方在普通资金账户下贷款条件性未得到满足而停止该成员方行使特别提款权有关权利，除非该使用阻碍了特殊提款权账户部门职能的有效行使。

2. 特别提款权现有缺陷与发展趋势

IMF 为补充成员方国际储备不足、应对国际贸易发展需要而增加资产流动性，于 1967 年 7 月创设了特别提款权，并于 1970 年 1 月首次向成员方分配。特别提款权基于成员方缴纳的份额进行分配，分配后即成为该国的资产。成员方可使用特别提款权换取特定可兑换货币来弥补国际收支逆差，也可用于偿还 IMF 的贷款。然而，特别提款权不能成为通用储备货币的缺陷在于：第一，特别提款权仅仅是 IMF 内部的货币单位，并仅在一些有限的交易中充当交换媒介，它不能用于国际外汇交换。第二，特别提款权缺乏政治支持，之前所组成的五个特别提款权货币篮国家（美国、德国、日本、法国和英国）并没有极大地推动特别提款权地位的提升。[2] 人民币加入特别提款权虽提升了发展中国家的力量，但整体格局下货币格局仍难以改变。特别提款权虽然在私人间使用具有明显的优势，但政治态度的转变将是特别提款权发挥根本作用的关键所在。

特别提款权使用范围和对象受到较大限制，其只能在官方机

---

[1] 《IMF 协定》Article XXIII, Section 2 (f).

[2] See Michael Mussa, James M. Boughton, and Peter Isard ed., *The Future of SDR in Lights of Changes in the International Financial System*, International Monetary Fund, 1996, p. 147.

构之间使用，不能作为流通货币直接用于国际贸易或国际支付，也不能兑换成黄金或换取现金。因此，特别提款权往往主要存在于 IMF 成员方间，作为一种账面资产而被使用。然而，随着特别提款权作为“超主权储备货币”的地位逐渐得到认同，特别提款权持有者的范围和使用领域得到了扩展。特别提款权的主要持有者除 IMF 成员方外，还有 IMF 非成员方、特别提款权部门中非参与者、为超过一个成员方而承担中央银行功能的金融机构、其他官方非私人实体。[1] 特别提款权成为计量货币单位可见诸 1983 年“新的发展和培训联邦电信计划”中关于海上运输责任与赔偿问题的规定。可以预见未来特别提款权将在使用领域和对象方面得到扩展，同时将其作为可交换“货币”用于国际借贷也是其功能逐步完善的必然要求。

3. 新增特别提款权分配并未削弱 IMF 贷款条件性规定

条件性是 IMF 贷款的标志性特点，它主要指 IMF 给予成员方的资金援助不是无条件和自动授予的，成员方在向 IMF 请求经济资助时必须以符合《IMF 协定》的宗旨和条款的方式利用 IMF 的资金而遵循的政策，以解决该国国际收支困难问题。[2] IMF 贷款条件性的法律渊源在于《IMF 协定》第 5 条第 3 款第 3 项。通常，借助贷款条件性来实施金融监督往往只能约束有赖于 IMF 贷款的国际收支逆差国，而对于主要工业国家这样的国际收支顺差国，IMF 贷款条件性往往成为顺差国追求国家利益工具。这特别体现在如

---

[1] See Joseph Gold, SDRs, Currencies, and Gold Seventh Survey of New Legal Developments, International Monetary Fund, *IMF Pamphlet Series No. 44*, Washington D. C. , 1987, p. 9.

[2] See Joseph Gold, Conditionality, *IMF Pamphlet Series No. 31*, Washington, D. C. , 1979, p. 2.

今美元主导的“不对称性”储备货币格局中，例如，特别提款权以份额为基础的分配方式就存在严重不对称问题。特别提款权自2009 年最大一次额度分配后（规模远超以往，相当于 2 500 亿美元），因 IMF 不直接持有特别提款权，则实际只有不到 1 000 亿美元能够惠及发展中国家，而低收入国家更是只能获得约 200 亿美元。如此悬殊的特别提款权持有量必将使特别提款权参与 IMF 贷款活动受限，使真正需求贷款的国家不得不受制于普通资金账户下贷款条件的约束。

事实上，改革 IMF 特别提款权征收费用标准是促进低收入国家增加货币储备的有效方法之一，也是提高 IMF 贷款资源利用率和实效性的渠道之一。由于特别提款权的费用征收是以 IMF 分配额为基础不是以持有量为标准，因此，如果富裕国家将特别提款权无偿转让给低收入国家时，富裕国家仍需要支付被转让特别提款权的费用，由此导致富裕国家积极性不高，特别提款权持有量仍集中在主要发达国家手中。2009 年第三次特别提款权一般分配中，IMF 针对该问题只是声明“尚无任何关于特别提款权自愿再分配的建议付诸实施”，由于其“对于提供者有着真实的成本”。[1]于是，IMF 随后提出另一方案就是将富裕国家闲置的特别提款权先转让给 IMF，再由 IMF 将由此获得的资源借贷给低收入国家，其中捐赠国必须事先将特别提款权兑换成可自由使用货币才能由IMF 进行借贷。此种通过 IMF 作为中介将富裕国家闲置储备资产借贷给低收入国家看似系优惠性贷款，但是因 IMF 贷款条件性限制，此种原本无偿无条件性借贷经 IMF 之手就变成附带有 IMF 贷款所固有的财政和货币条件。由此，当特别提款权被转移给 IMF

---

[1] See IMF, Proposal for a General Allocation of SDRs, June 9, 2009, Available at: www. imf. org/external/np/pp/eng/2009/060909. pdf.

而不是直接转移给低收入国家时，除储备部分贷款外，它们就从无条件且低成本的资源转变为有条件且创设债务的贷款。[1] 发达工业国家认为，特别提款权所分配而增加的无条件流动性会削弱市场价值并使低收入国家缺乏进行必要经济改革的意识，因此通过 IMF 转让特别提款权并附加必要条件是发达国家追求国家利益的有效方式。尽管特别提款权创设目的之一是增加资产流动性，并为成员方提供“无条件性”流动性资产，但是从最近一次特别提款权再分配的实际效果可知，如果特别提款权绝大部分仍掌握在发达国家手中，则特别提款权将很难削弱 IMF“条件性”贷款便利，这一问题的解决关键在于扩大发展中国家特别提款权持有量，并使特别提款权代替或者成为 IMF 主要的借贷方式。

### （二）适当扩展特别提款权属性和使用范围

特别提款权从性质上讲并不是一种货币，通常将其作为“计量单位”而由 IMF、IMF 特别提款权部门参与[2]以及所谓的“特定持有者”[3] 持有。特别提款权本身并不是货币，不能直接在国际经贸往来中发挥流通和支付职能，特别提款权只是代表着 IMF 成员方“提取”货币（款项）的权利。因而，特别提款权在现行制度下并不视为是成员方在 IMF 的存款或者针对 IMF 的债券，是 IMF 成员方对可自由使用货币而存在的潜在请求权。[4]

一种观点认为，可将特别提款权属性定义为成员方在 IMF

---

[1] See Ambrose & Muchhala, *Fruits of the Crisis Leveraging the Economic Crisis to Secure Development Resources and Reserve Reform*, European Network on Debt and Development, 2010, pp. 7—9.

[2] 《IMF 协定》第 16 条。

[3] 《IMF 协定》第 17 条第 3 款。

[4] 廖凡：《国际货币金融体制改革的法律问题》，社会科学文献出版社 2012 年版，第 59 页。

的存款，这样成员方可将未被使用的特别提款权借贷给有需要的国家。[1] 通常情况下，IMF 借款活动主要是在普通资金账户下进行，而特别提款权账户则相对独立且不作为贷款资金，如果将特别提款权视作成员方的存款不仅将扩大 IMF 借贷资金来源，消除 IMF 一般和特别提款权部门之间的界限。同时，特别提款权性质的转变也对 IMF 借贷活动条件性提出新的要求，此时依据所贷资金为特别提款权设置更为宽松、灵活的借贷条件，将更有利于发挥特别提款权作为“超主权货币”的属性，也实现了 IMF 为稳定全球金融收支平衡、预防金融危机的渠道多元化。

联合国贸发会议专家组于 1965 年提出并在《斯蒂格利茨报告》中重申所谓“发展关系”。该建议认为，成员方将未被使用的特别提款权投资于多边开发银行发行的债券，如向亚投行购买债券，而亚投行将所获得的资金用于满足发展中国家对基础设施建设的长期资金需求。此种将 IMF 成员方多余的特别提款权转变成具有购买力的现实存款，不但改变了特别提款权的现有属性，而且由于多边开发银行的贷款条件不像 IMF 那样苛刻，因而广大发展中国家则更愿意向多边开发银行借款。[2] 对此，亚投行的筹资方式应主要依靠发行债券，若允许其他国家用剩余的特别提款权购买亚投行债券，不仅能够扩展特别提款权使用范围、丰富其属性，而且也为亚投行实现打通从太平洋到大西洋的战略通道奠定了货币基础。

## 三、明确 IMF 贷款条件性解释规则

许多发展中国家认为“强加”的贷款条件性本身就会带来消

---

[1] See José Antonio Ocampo, “Building an SDR - Based Global Reserve System”, *Journal of Globalizaiton and Development*, Vol. 1, No. 2, 2010, p. 7.

[2] See *Ibid*, p. 9.

极效果，而 IMF 在 20 世纪 80 年代末金融危机中的不良表现，使得要求解释“备用安排”实施效果的意愿逐渐强烈。[1] 在 20 世纪末金融危机中，IMF 对阿根廷所施加的贷款条件性并没能有效地处理好金融危机，反而条件性的设置是服务于《华盛顿共识》，帕多克认为这是 IMF 所采用的“以一适多”的模式，却并未考虑阿根廷、墨西哥、亚洲国家面对金融危机时各自的具体情况，而仅是教条式通过削减预算赤字、紧缩国内信贷和货币供应量以降低通货膨胀率，防止外汇流失。往往一个地区、一个国家所面临的金融危机缘由不同，因此所需要采取的措施更应本土化。但是，IMF 在决定贷款条件性具体内容时，是否考虑了受援方的实际情况，以及条件作出后 IMF 根据何种标准解释与评判实际效果，如果 IMF 贷款条件性“事与愿违”，对成员方民生产生消极影响又该如何解决和承担何种责任，上述问题的规制还有待 IMF 明确条件性措施的具体解释规则。同时，IMF 贷款条件性的授予往往是其他商业银行、国家借贷等途径的前置要求，因此明确 IMF 贷款条件性实体与程序具体解释规则是成员方充分获得国际借贷的重要保障。IMF 在贷款条件性解释规则方面不存在模糊、权限不清等问题，为此 IMF 贷款条件性改革仍需明确贷款审批、提取、还款等规则。

### （一）规定 IMF 贷款条件性解释权范畴

#### 1. 正式程序下《IMF 协定》排他性解释规则

《IMF 协定》第 29 条第 a 款和第 b 款规定了关于解释 IMF 章

[1] See Erik Denters, *Law and Policy of IMF Conditionality*, Kluwer Law International, 1996, p. 206.

程的权限内容。[1] IMF 并没有独立且专门的解释委员会，当出现针对《IMF 协定》有关条款的争议时，原则上引用第 29 条有关规定。执行董事会引用解释规则而作出的裁决，对理事会具有终局性和法律约束力，原则上只能由执行董事会作出后续解释才能予以撤销或宣布之前裁定的无效。综上，笔者将由执行董事会作出针对《IMF 协定》的解释性裁定称为 IMF 内部解释性裁定程序，此种程序具有排他性效果，这可以从英文术语"应该"（shall）而不是"可能"（may）加以判定。同时，对某一事项是否属于对《IMF 协定》具体条款的解释问题这一先决问题，也属于执行董事会的排他性管辖范围。

执行董事会对出现的任何关于《IMF 协定》的解释性争议，采取"不提交争议不予理睬"的方式，即执行董事会不会自动针对任何解释性争议进行裁决，除非成员方向执行董事会提交了该类争议。另外，执行董事会对解释性争议的上诉处理受到解释委员会的辅助，委员会采取不同于加权投票制的表决模式，委员会下每个成员都有一票投票权。如若解释委员会的决定得以运行，实际上它的决定将是最后裁决。

那么，关于 IMF 附则、决定、规章制度等的解释，该如何判

---

[1] 《IMF 协定》第 29 条规定：（a）凡成员方与基金组织间或成员方间对于本协定条文的解释发生任何异议，应即提交执行董事会裁决。如该异议对某一无权指派执行董事的成员方有特殊影响时，则该方将有权按第 12 条第 3 款（j）项之规定派代表出席。

（b）如执行董事会已按照上述（a）项之规定裁决，任何成员方仍可在裁决日起三个月内要求将该异议提交理事会作最后裁决。提交理事会的异议应由理事会的条文解释委员会予以商议。委员会成员投票权为每人一票。理事会应作出关于委员会成员、程序和票决多数的规定。委员会的决议即为理事会的决议，除非理事会以总投票权 85% 多数通过不同的决议。在理事会未作出决定前，基金组织如认为必要时可以先按执行董事会的裁决执行。

定呢？此类规章制度不属于《IMF 协定》中的条款，因此执行董事会理应对此无排他性解释权。特别是，如果 IMF 向国际法院请求咨询意见时，由于国际法院仅就 IMF 行为范畴内的法律问题提出意见，因而诸如 IMF 1979 年和 2002 年《贸易条件指导方针》等文件不能被认为应适用上文提到的内部解释性裁定程序。[1]

2. 列举 IMF 解释规则下的例外情况

48 个欧洲国家非政府间组织所建立的“欧洲债务和发展网络”的报告显示 IMF 在过去两年针对每一笔贷款平均都附加大约 20 个条件，2011—2013 年“欧洲债务和发展网络”调查显示许多条件性主要集中于政治敏感领域，如削减公共机构工资或私人机构改革。[2] IMF 贷款条款性逐渐渗透到成员方经济结构改革问题，而成员方则认为此种是经济主权的过度让渡，因而导致协商贷款协议困难重重。例如，《IMF 协定》第 1 条第 5 款要求“贷款措施在‘备用安排’下对一国民生不产生消极影响”，而 IMF 从未在正式的决定中澄清这一具体的判断标准。因此，IMF 解释规则下对某些条款具体内容进行详细规定或排他性规定，实则有利于贷款条件性的实际实施。

IMF 贷款条件性有关解释性问题并不能适用《IMF 协定》第 29 条，如当贷款资助以货币贬值为条件时，对此的解释性问题并不列入第 29 条解释性框架之内。同样地，成员方也不能要求对 2002 年《贷款条件指导方针》是否正确适用而进行解释。

---

[1] See Erik Denters, *Law and Policy of IMF Conditionality*, Kluwer Law International, 1996, p. 199.

[2] Eurodad Report, World Bank and IMF Conditionality: A Development Injustice, June 2006, pp. 8—9.

### （二）解释权争议处理

1. 执行董事会解释权定性

《IMF 协定》第 29 条所规定的内部解释性裁定程序，并不属于准法律性质的司法解释程序，[1] 将第 29 条所规定的程序列为行政性行为可能更为合适。原因如下：第一，“自己不能做自己的法官”这一原则，从一开始便排除了第 29 条程序的法律性质；第二，第 29 条所规定程序体现为单方性行为，执行董事会并没有给对方公平的申辩权利。综上，执行董事会依据《IMF 协定》第 29 条可对 IMF 章程进行扩大或缩小解释，且该权利具有排他性，所体现的关系是非平等当事方的权力博弈。

2. IMF 贷款条件性解释权改革之建议

解释委员会的成立是协调非平等当事方解释权争议的有益尝试。解释委员会由独立且公正的法律专家组成，可适用法律程序中的有关原则，这从一定程度上避免了执行董事会做“自己案件的法官”。

利用第三方仲裁等机构对解决 IMF 与成员方间对某一解释权问题的争议大有帮助。当出现解释权争议而当事方协商不成时，通过独立且公正的第三方进行裁决，实为另一条可以加以利用的有效途径。

## 四、发展和完善 IMF 问责机制的制度设计

随着全球金融治理的深入，IMF 问责机制需要不断发展完善。IMF 问责机制不论对外还是对内，仍存在问责对象“各自

[1] See Mann, F. A., *The Legal Aspects of Money*, 5th edition, Clarendon Press, 1992, p. 5.

为政”的局面，致使问责主体的权益救济得不到真正保障。对IMF 问责机制进行改革是履行贷款资助职能的必然要求和情势所趋。

### （一）完善 IMF 问责机制的相关法律法规

IMF 的自我管理和规制是建立 IMF 责任制度的重要形式。IMF 责任制度的具体内容可以依据 2005 年国际法委员会通过的《国际组织责任条款草案》中关于国际组织的责任构成那样进行设置。其中，主要包括：概念界定、责任的构成要件、归责原则、责任承担形势等方面的内容。随着 IMF 参与国际法实践的发展和国际社会对其资金援助的巨大需求，将 IMF 责任制度包括在《国际组织责任条款草案》中，可以视为是一种重要的制度构建途径。将IMF 责任机制中问责内容进行分类处理，有助于问责的迅速有效落实。

#### 1. 使命问责

IMF 作为重要的国际经济组织，最终责任都是实现其使命。不同的国际组织拥有不同的使命。IMF 的贷款资助职能是其重要使命之一，并规定在《IMF 协定》之中。对 IMF 的使命问责要求IMF 实现 IMF 章程中所设定的使命，如以不损害成员方经济发展的方式提供贷款，这便涉及 IMF 贷款条件性设定要符合一般法律要求和价值取向，如有关国际人权公约、IMF 要尊重联合国安理会某些决议等。

#### 2. 组织问责

IMF 的组织问责是指 IMF 如何全面地实现其职能，最重要的是依据“职能性原则”行为。国际组织的法律人格体现了其“职能性原则”，即凡国际组织基本文件（章程）所未加规范的事项，几乎都不在其职权与管辖范围之内。[1] 国际法院在“为联合国服务而受损害的赔偿案”的咨询意见中已经确认，国际组织作为国际人格享有者，其权利和义务取决于其特定的宗旨和职能。为此，IMF 设置贷款条件性必须在其职权范围之内才属合法，这是 IMF 对内条件性设置的限制。对内而言，IMF 职能之一便是提供金融资助，而贷款条件性设置是为了“保障”金融资助下借贷资金的安全。通过国际组织法“职能性原则”可知，IMF 设置贷款条件性是根据《IMF 协定》而作出的行为，是拥有法律基础的行为。对外而言，IMF 作为全球最重要的金融组织，提供资金资助是国际社会赋予 IMF 成立的宗旨，是其立根之本。

组织问责上，这便要求 IMF 有关决策要透明，行为方式要高效且透明。IMF 对此需要依据章程来设置组织和成员的构成、投票权结构及其管理层选择、年度会议召开、对外合作、监督及惩处程序等，通过具体程序实现治理机制的完善。

3. 法律问责

法律问责是指当 IMF 违反了法律义务和条约义务时需要承担的责任。依据国际法规范，IMF 作为国际法主体，理应对其国际不法行为或国际罪行负责。《国际组织责任条款草案》是重要的法律依据。

综上，三种问责内容不是孤立存在的，而是相互影响、相互促进且相互转化的。为此，IMF 贷款条件性设置当遭受问责时，有可能涉及某一项或某几项问责内容，此时 IMF 应加以区分适用不同标准来加以回应。

[1] 梁西：《梁著国际组织法》，杨泽伟修订，武汉大学出版社 2011 年版，第 10 页。

### （二）设立专门的问责部门

IMF 可以借鉴世界银行在问责制设置上的做法。世界银行建立对执行董事会负责的业务评估部门，评估银行借贷业务的操作情况，并最后连同银行的政策和程序一起汇报给执行董事会，从 1993 年起这些报告会定期公布。[1] IMF 可像世界银行一样设立专门的检查组，在此种问责机制下，对受到 IMF 贷款调整项目影响的个人允许其直接向检查组投诉，同时检查组也负责对 IMF 贷款项目的实施情况进行有效性评估。其中检查组应由当事方非成员方专家人员组成，对私人投诉的事实进行初步判定，并对投诉作出初步回应。而后检查组可对执行董事会进行建议是否全部展开调查，并提出自己的解决方案。执行董事会有权决定是否展开全面调查，并对投诉拥有最终的决定权。

### （三）独立第三方处理问责争议

独立第三方作为问责争议的处理者，相对 IMF 内部问责机制而言，更为公正且权威。当涉及的问责主体为非主权国家且当地救济穷尽的情况下，IMF 可依据案件实际情况，将某项问责争议交由独立第三方裁定。例如，IMF 执行董事会可决定建立一个特别仲裁庭来处理公众投诉。此时，独立第三方的裁定应对 IMF 具有强制约束力。通过此种方式，IMF 的有关问责争议将能够得到更为公正且有效的解决。

## 五、自我设定条件

自我设定条件的 IMF 贷款条件性改革方案是由奥弗灵族（OferEldar）提出的，其出发点虽是贷款程序方面，但却能起到完

---

[1] 张晓静："国际金融机构的公众问责制"，《法学家》2014 年第 1 期。

善贷款条件性内容的目的。该方案的提出有一定的可行性，笔者在结合有关研究成果基础上，将 IMF 贷款条件性改革方案归纳为以下几点。

（一）设立多种危机贷款便利

2008 年美国次贷危机暴发后，IMF 对 2006 年新推出的外部冲击贷款（exogenous shocks facility，ESF）的有关内容进行了调整，以使低收入国家能够迅速获得援助。而附加在外部冲击贷款上的条件性可以成员方的经济情况的需要和环境而决定，这使得 IMF 贷款条件性具备了一定程度的灵活性。2008 年 10 月，IMF 推出短期流动性贷款（short – term liquidity facility，STLF），主要适用于新兴市场准入的经济体，该项贷款所附加的条件仅限于对解决危机和恢复对外状况所完全必需的措施。IMF 面对金融危机适时推出新型贷款便利，是充分发挥 IMF 贷款资助职能最为有效的途径。

IMF 贷款的条件，即成员应实行紧缩的宏观政策和经济结构改革措施等，一般只有在危机是由于道德风险和结构性问题引起的情况下才适用。当然，大多数情况下任何一个经济体出现问题都是内因起主导。IMF 必须对危机发生原因加以区分，如果是由于一个经济体的外部原因或受他国危机传染而造成国际收支失衡时，IMF 贷款条件性应适度宽松。如果是内部原因造成的危机，IMF 可以根据具体的情况，施加更为严格的条件。对此，IMF 针对危机起因区别地加以适用不同类型的贷款便利并设置不同程度的贷款条件性，这能够促使 IMF 权力和成员方主权间的平衡。

（二）贷款框架及方式的重大改革

纵观 IMF 的发展历史，事前条件性贷款并非全新概念。在布雷顿森林体系解体之前，固定汇率制度使各成员方无法随意调整经常项目下的支付，从而规避了国际资本流动引发的汇率风险。那时的 IMF 条件性贷款主要是为了推动成员方调整政策，解决国际收支不平衡问题。然而，随着盯住汇率制（pegged exchange rate）的崩溃和自由汇率制的确定，国际汇率风险明显增加，导致危机频发。20 世纪七八十年代，IMF 利用事后条件性贷款资助遭受危机的国家。但是事后条件性容易引发道德风险，从而引发 IMF 不得不对其贷款框架进行改革。

1. 理论基础

事前条件性贷款与事后条件性贷款为互补性模式。IMF 贷款资助如前文所述，有可能削弱国家采取措施进行事前防范的积极性，但是如果事前防范可以降低损失和事后防范的成本，那么成员方可能就不会怠于采取事前措施。但是，当某个国家的金融危机具有负外溢性时，道德风险就有可能产生。这是由于若危机存在蔓延至其他国家的可能性，那原发国的事前防范措施所产生的效果便会在某种程度上为他国所享用，从而使其他国家免受或降低危机侵害的成本。国家的自私或短视特性，以及当届政府任期有限有可能使其不能尝到降低事后成本的甜头，为此国家可能更倾向于不采取事前防范。IMF 通过事前贷款条件性可对政府的动机产生影响，并抵消可能发生的道德风险。在绝大部分情况下，IMF 危机贷款中事后条件仍应是原则，只有在少数可能发生道德风险的情形下才需要使用事前条件。[1]

事前条件性贷款代替事后条件性贷款的替代型模式。阿克塞尔·德雷尔（Axel Dreher）等学者在全盘否定 IMF 事后条件性贷

---

[1] See Olivier Jeanne, Jonathan Ostry, Jeromin Zettelmeyer, A Theory of International Crisis Lending and IMF Conditionality, *IMF Working Paper No. 06/236*, October 2008, p. 5.

款有效性基础之上，主张事前条件性贷款完全取代事后条件性贷款。[1] 上文提到 IMF 贷款条件性在理论上的作用，德雷尔对贷款条件的必要性和有效性产生了根本上的怀疑。依据他自己所提的模型，IMF 应在非危机期间对所有成员方经济政策进行评估并定期公开评估报告，危机时期成员方所能获得的贷款额度和利率根据日常经济政策水平而定，具体挂钩标准也应在非危机时期予以公开。如此，成员方便会对采取事前防范措施有足够的积极性，促使国家改善日常的经济政策，同时也可避免事后条件的规制。

2. 具体实践

（1）临时信贷安排（CCL）。该项目专门向经济政策良好但又可能遭受金融危机波及的国家，在发生危机之前可向 IMF 申请短期贷款，以防止受到危机的影响。成员方获批此贷款项目，表示 IMF 对该国经济政策的认同，能够促使更多的国际资本流入该国。但是，该项目并未对事前条件作出具体规定，在其实施的 5 年中，也没有国家使用过该贷款便利。直到 2003 年，该贷款便利自动失效。

临时信贷安排之所以未被任何国家使用，可能有几个方面的考虑：一是临时信贷安排并未对申请贷款的成员方设置具体的资格标准，为此所形成的不确定性也会使贷款项目的客观性和公正性更易受到质疑；二是临时信贷安排是成员方非危机时期向 IMF 申请的贷款，由此可能会造成该成员方经济形势恶化等错觉，从而动摇市场信心，不利于该国的资本市场发展；三是贷款的实际取得要经历资格审批和贷款启动两个程序，即便获得

---

[1] See Axel Dreher, IMF Conditionality: Theory and Evidence, *Public Choice*, Vol. 141, No. 1, 2009, pp. 233—267.

贷款资格，最终也未必能够取得贷款；四是临时信贷安排规定其只适用于外部性的传染性危机，而现实中由于危机常同时并存于经常项目和资本项目之下，由此导致难以实际区分内部与外部的危机影响。❶

实际上，从临时信贷安排从未被使用的情况来看，也反映出事前条件性贷款存在的一些问题。一方面，事前条件性贷款可能由于“信号作用”而对资本市场产生难以预料的影响，甚至可能与初衷背道而驰。虽然事前条件性能够避免事后条件中所备受诟病的结构性条件，但由于事前具体条件难以细化和量化，最终只会影响条件的客观性。另一方面，临时信贷安排以危机的外部性为标准进行贷款资助，在现实中难以实现。如若仅仅将事前条件性贷款限制在具有外部性的危机之内，可能使潜在申请方因难以判定危机类型而不得不放弃贷款请求，这也给 IMF 判定具体形势是否属于贷款项目的范畴增加了难度。

（2）灵活信贷安排（FCL）。有些学者设计了新型的事前条件性贷款项目，❷ 也有学者提出通过与 IMF 监督制度相结合，将事前条件引入所有的贷款项目。❸ IMF 于 2009 年出台的灵活贷款安排是对事前条件性贷款的一次新的尝试，而且已有墨西哥、哥伦比亚、波兰三国向 IMF 提出了项下贷款申请并获批。

作为事前条件性贷款的一种，灵活信贷安排最为引人关注。与临时信贷安排相同，此类贷款项目不设任何事后性条件，而是

---

❶ See IMF, Review of Contingent Credit Lines, prepared by the Strategy, Policy and Review Department in Consultation with Other Department, February 11, 2003.

❷ See Cordella Tito, Eduardo Levy Yeyati, A (New) Country Insurance Facility, *IMF Working Paper 05/23*, 2005.

❸ See JonathanD. Ostry, JeominZettelmeyer, *Strengthening IMF Crisis Prevention*, *IMF Working Paper 05/206*, 2005.

以各国的经济政策水平为标准，决定是否发放贷款。灵活信贷安排的新特点有：一是灵活信贷安排除在危机发生时申请外，也可以作为预防性措施在非危机时刻申请。二是灵活信贷安排对危机类型的要求较为宽松，它适用于任何类型的金融危机。三是灵活信贷安排对申请方经济政策水平的审查是以该方申请贷款为前提，且在确定发放贷款之前不对外公开。四是灵活信贷安排针对申请方经济水平规定了详细的评估标准，尽管标准虽未绝对量化，但 IMF 是在综合考虑各项因素的基础之上作出最终评价。[1] 依据德雷尔所提出的模型，灵活信贷安排从设计结构上看更为符合，即将事前条件性贷款普遍适用于所有类型的危机，包括危机处理和危机预防的应用中。灵活信贷安排虽作为一个新型贷款便利，但仍与传统事后条件性贷款并存，同时又因申请资格判定标准严格，能够符合申请条件的国家非常有限。为此，灵活信贷安排仍只能作为传统事后条件性贷款的补充而非替代而存在。

总而言之，如若依据德雷尔模型，事后条件性贷款应彻底为事前条件性贷款所取代，事前条件适用于所有成员方，并以事前条件为确定 IMF 贷款数额和利率的重要标准。IMF 设置灵活信贷安排是改革贷款条件性框架及方式所作出的巨大努力，事后条件贷款转向事前条件性设置有其合理性。但是，如若完全依据德雷尔模型，摒弃事后条件在如今的国际环境中也不太现实和客观。为此，对灵活信贷安排的具体实施效果应作进一步考察，先将事后条件作为根本而事前条件作为补充是现行较为可行的方式。

---

[1] See IMF, The Flexible Credit Line – Guidance on Operational Issues, prepared by the Strategy, Policy and Review Department in Consultation with Other Departments, November 02, 2009.

### （三）确立贷款审查答辩磋商等程序

在 IMF 和成员方贷款磋商的程序中，一般情况下不能通过 IMF 评审的比例相对较小。在成员方提出贷款申请而评审不能通过时，原则上 IMF 应当给予成员方答辩的机会。[1] 因为使用 IMF 一般提款权是成员方的一项权利，当此种权利不能实现时，应当给予其补救的机会。当贷款资助评审未通过时，执行董事会应当通知成员方，并向成员方公开评审结果的书面分析，同时告知借款方在规定的时间内向基金组织提交答辩意见。当 IMF 对成员方答辩满意时，视为评审通过；如若 IMF 和成员方就答辩不能达成共识时，就有必要在双方之间展开磋商。磋商的范围仅限于评审过程中出现的有争议的措施。设立贷款答辩磋商等程序的目的是协调各方意志以促成贷款安排，同时也能够提升 IMF 的透明度和公信力。当然，从程序和实体上对 IMF 贷款条件性进行改革是必要的，具体操作步骤有待进一步研究，大致可从以下两个方面进行努力。

1. 成员方自主制定调整政策

自我设定条件最核心的特征在于赋予成员方更多的自主权，充分体现 2002 年《贷款条件新的指导方针》所阐释的自主权价值。成员方通过自我设定调整方案，使 IMF 贷款条件性体现多样性，而不是拘泥于一成不变的模式。成员方自我制订调整方案，可充分分析和研究导致自身国际收支失衡的基础上，提出符合本国国情的调整和改革方案。每个国家的政治经济背景不尽相同，遭受的困境也存在差异性，成员方依据本方实际情况提出调整方案，针对性和可操作性强。通过这种方式，使得贷款条件体现多

---

[1] 温树英，冯丽：“国际货币基金组织贷款条件改革的法律分析”，载《山西大学学报》（哲学社会科学版）2006 年第 4 期。

样性和针对性，而不再是“以一适多”的模式。

2. IMF 对成员方方案进行合理性审查

IMF 对成员方贷款申请而自身提出的方案的基础上，对方案进行合理性审查，审查内容仅限于成员方方案的实质内容及相关考虑。由于成员方方案大多涉及经济改革等行政性措施而非合法性问题，因此 IMF 对成员方方案的审查应为非司法审查。对此，IMF 实则将贷款条件性具体内容设置的决策权转移至成员方本身。特别是，IMF 独立评估办公室可以通过对成员方提议的调整政策或方案进行审查，这也从一定程度上体现了 IMF 的权力。另外，IMF 与成员方间就调整方案设立磋商等程序能够使他们相互之间的紧张关系得到缓解，并照顾到了成员方的“情绪”，也使得按照成员方自身提议的方案进行调整和改革的成效更大。通过自我设定条件增加了贷款程序的透明度，奥弗灵族（OferEldar）所提方案中要求成员方提交调整政策与中期汇报、IMF 相关人员提交的文件、IMF 执行董事会制定的审查依据、IMF 独立评估办公室的审查结果、IMF 执行董事会的决定等都应予以公开，提高信息的透明度，该做法必然将提高实施调整和改革措施的有效性。[1]

总之，IMF 可适当引入公司关联交易审查机制对申请的相关文件进行审查，通过成员方自身依据社会经济状况提出贷款申请，只要符合了借款条件便可借款。[2] 另外，IMF 面对贷款申请方，鉴于危机之时若过于严苛的贷款条件会影响救援速度和效率，为此

[1] See Eldar Ofer, “Reform of IMF Conditionality – A Proposal for Self – Imposed Conditionality”, *New York University Law and Economics Working Papers*, 2006, p. 39.

[2] 万国华、刘晓逾：《国际金融危机背景下 IMF 治理结构与治理机制若干问题探讨》，中国法学会银行法学研究会 2009 年年会，第 124 页。

可引入形式审查。IMF 在审查成员方调整方案的合理性时，由于贷款条件常可能远远超出协定条款确定的贷款原则，因此 IMF 需要审查该贷款申请是否有助于解决成员方的国际收支失衡问题，关键在于从形式审查上看是否遵循了关联交易程序。

## 第三节 IMF 贷款条件性改革对国际货币体系变革的影响

20 世纪末至今，全球经济失衡急需全球治理，而其中一个重要方面就是改革目前国际货币体系存在的严重制度性缺陷。IMF 贷款条件性改革是 IMF 改革的重要内容之一，IMF 作为国际货币体系改革的中坚力量，其改革进程必将影响国际货币体系改革的成效。通过上述对 IMF 贷款条件性改革的分析，可以得出几点对国际货币体系改革路径选择的观点。

### 一、全球金融治理背景下 IMF 贷款条件性的角色定位

#### （一）全球金融治理理论概述

1. 全球治理理论

20 世纪 90 年代初期，美国学者詹姆斯·罗西瑙（James N. Rosenau）作为全球治理理念创始人之一，在其代表作《没有政府统治的治理》中将治理定义为“一系列活动领域的管理机制”，包括政府管理下的正式机制也包含非正式机制。[1] 全球治理委员会对

[1] See James N. Rosenau, *Governance without Government: Order and Change in World Politics*, Cambridge University Press, 1995, p. 5.

治理作出了权威和代表性的界定。在其研究报告《我们的全球之家》中治理被定义为各种公共或私人的个体和机构管理共同事务的诸多形式的总和，它能使不同甚至相互冲突的利益得以协调并以联合行动的方式处理问题。治理是一个持续性的互动过程❶，基础在于协调。可见，学者一般将“全球治理”认为是正式和非正式机制的总和，这为我们进一步探讨全球金融治理理论奠定了基础。具体而言，全球治理是一系列正式和非正式机构、规则的集合，是尊重各方意见的持续性互动过程，是各治理主体意志协调的过程。

全球治理是指通过具有约束力的全球规制解决全球性的冲突、生态、人权、移民、毒品、金融等问题，以建设或者维护国际政治、经济秩序。❷ 全球治理在主体上是多元的，手段并不限于法律或者政治方面，国际社会通过诸如 G20、巴塞尔委员会等“软”约束力的机制，多元化地处理各类全球性问题。从治理主体上看，全球治理不再以主权国家、政府间组织为排他性行为体，市民社会、非国家行为体、国际力量等多方共同发挥作用的治理模式成为全球治理最突出的表现。从治理方式上看，全球治理强调多元化的联结网络，改变自上而下的垂直管制性模式，进而转向宏观、平行、合作共赢的处理方式，突出“以公共利益为目标的社会合作过程——国家在这一过程中起了关键但不一定是支配性的作用”❸。总之，全球治理应当是一种“多向度的综合”和“多向度的权利网络”，需要由各国政府、非国家行为体、市民社会等在形

---

❶ 俞可平：“全球治理引论”，载《马克思主义与现实》2002 年第 1 期。

❷ 张庆麟、刘天姿：“论全球金融治理中的软法”，载《国际经济法学刊》2011 年第 1 期。

❸ ［英］托尼·迈克鲁尔：“走向真正的全球治理”，陈家刚译，《马克思主义与现实》2002 年第 1 期。

成共识的基础上，对全球事务进行“调节性”管理。❶

2. 全球金融治理理论

大部分研究现代国际关系的学者把治理理解为运行一系列的行为规则，并通过明确行动、分配角色以及引导互动来解决共同的问题。❷ 全球金融治理是各行为体在全球范围内相互协调配合的过程，是全球治理背景下金融领域治理的具体化。全球金融治理旨在预防与应对全球金融危机，改革现有国际金融体系，推动建立有序的全球金融秩序并最大化照顾各方利益的一个可持续动态过程。全球金融治理所要实现的价值在于维护金融秩序稳定、提高效率，同时维护金融消费者的利益。❸ 2009 年时任央行副行长朱民提出，重构全球金融治理框架包括四个方面：建立趋同的标准、增加金融市场的透明度、全球统一实施检查、执行和评价的标准，以及复苏政策上推动相互协作。❹

在金融全球化时代，全球金融治理机制主要指国际货币体系、国际金融机构以及全球监管体系等组成的框架结构。2008 年金融危机爆发后，全球金融治理核心组织包括 G20、IMF 和金融稳定委员会❺等。全球金融治理中 IMF 与世界银行对国际货币体系构建起着主导作用，而非正式机构 G20 等推动了金融稳定和系统性金融

---

❶ 徐崇利：《全球化时代国际立法模式的转型：从“国家间立法”模式到“跨国立法”模式》，中国的和平发展与国际法研讨会 2004 年论文集。

❷ See Kern Alexander, Rahul Dhumale & John Eatwell, *Global Governance of Financial Systems: The International Regulation of Systemic Risk* , Oxford University Press, 2006, p. 18 .

❸ 刘天姿：《全球金融治理中的软法问题研究》，武汉大学 2010 年博士学位论文。

❹ 程志云：“朱民履新央行后首次亮相：重构全球金融治理框架”，资料源于 http://finance.ifeng.com/bank/special/zhuminimf/yhj/20091113/1463972.shtml.

❺ 瞿栋：“全球金融治理体系发展动向及我国的应对策略”，载《国外社会科学》2014 年第 4 期。

风险的防范。IMF 作为政府间国际金融组织，为顺应国际情势作出了较大的改变，加强了与其他机构的联系，但程度仍然不够。[1]由于 IMF 由主权国家组成，若其改革顺利实施，则全球金融治理进程将向前迈出一大步。

### （二）全球金融治理对国际货币制度改革的要求

国际货币体系是全球金融治理的战略工具。国际货币体系虽经历了布雷顿森林体系解体、牙买加体系确立，但是美元在国际货币体系中的核心地位仍然没有改变，美国通过汇率和利率政策的变化，将金融风险输出，这成为导致全球金融危机的重要原因。全球金融治理离不开国际货币体系的重构，而国际金融机构是金融治理的重要主体。由于政治因素影响治理思路、投票权被少数国家把持等原因，在治理主体多元化的今天，国际金融组织治理的合法性和公正性不断受到质疑。因此，国际金融组织如 IMF、世界银行等需以全球治理理论为指引，推动国际货币制度向着“共赢”发展，并以此为突破口全面促进全球金融治理切实反映国际格局。

IMF 作为正式机构是全球金融治理的中坚力量。G20 一度被认为是最重要的国际经济治理机制，但是该非正式机制在推进全球经济治理过程中效果不彰，全球经济治理面临巨大困境。全球经济治理机制除 G20 以外，还包括 WTO 多哈回合谈判所欲建立的

---

[1] See Tony Porter, Beyond the International Monetary Fund：The Broader Institutional Arrangements in Global Financial Governance, working paper of the Centre for International Governance Innovation, 2007, available at：http：//kms（—）isn. ethz. ch/serviceengine/Files/ISN/28909/ipublicationdocument _ singledocument/122489b3 - c258 - 4946 - 8b49 - 4a70e56648dc/en/WP _19. pdf .（last visted on March 1 2021）.

全球贸易体系和 IMF 份额改革为标志的新全球金融体系。[1] 全球经济治理需求正式和非正式机制协调合作[2]，正如奥兰·扬所述："一个治理体系是一个不同集团成员就共同关心的问题制定集体选择的特别机制"[3]，而 IMF 作为《IMF 协定》下成员方广泛的正式机制在货币体系建设及推动全球金融"善治"进程中发挥着不可替代的作用。无政府状态下的治理在一定程度上可以存在，但没有机制的治理将无法想象。[4] 如今，在国际主体格局没有发生实质性改变的情形下，全球治理仍还是基于"俱乐部"的模式，IMF 和世界贸易组织、世界银行等传统经济组织仍是主要制定全球金融治理规则的平台，除各国国内层面存在的金融监管制度外，实际有能力参与全球金融领域治理的国家相对较少。

国际货币制度改革的核心在于 IMF 的改革。由于 IMF 某种程度上未能预见并防止 2008 年全球金融危机的出现，导致对其改革的呼声也日渐高涨。细看 IMF 的具体职能，有学者认为可以将其划分为两类，一类是国际公权力机关的行政性管理职能，另一类

---

[1] 宋国友："后金融危机时代的全球经济治理：困境及超越"，载《社会科学》2015 年第 1 期。

[2] 肯尼思·艾伯特、罗伯特·基欧汉等国际制度研究学者根据成员方在国际制度中所做承诺的属性，把国际制度分为正式国际制度与非正式国际制度两种，具体可以从义务性的授权性和精确性三个方面来衡量国际制度中承诺的属性：如果在国际制度中作出的承诺具有国际法上的义务性和法律约束力，将执行承诺的权力授权给国际制度本身，承诺又清晰明确，那么这样的国际制度就是正式国际制度，如果相反，则是非正式国际制度。See Keneth Abottand Dunean Snidal, Hard Law, and Soft Law in International Governance, *International Organization*, Vol. 54, No. 3, 2000, pp. 421—456.

[3] See Oran Young, *International Governance: Protecting the Environment in a Stateless Society*, Cornell University Press, 1994, p. 26.

[4] See James N, Rosenau and Ernst Otto Czempiel, *Governancewithout Government: Order and Change in World Politics*, Cambridge University Press, 1992, pp. 8—9.

是作为国际金融机构的经营性服务职能。[1] 其中，关于行政性管理职能的改革主要是提高新兴经济体和发展中国家在 IMF 的份额，提高它们的话语权，改革 IMF 治理结构，以防止其成为某些大国实施金融霸权的工具。而关于其经营性服务职能则更多关注的是贷款资助职能下贷款条件性改革问题，即如何使 IMF 调整项目在预防与应对金融危机中起到特定作用。事态发展往往事与愿违，尽管 IMF 很早就推行了声势浩大的改革，但是数年之后，IMF 改革特别是份额改革还未能真正落实，这也使与份额挂钩的贷款条件性改革如同"空中楼阁"，最终致使 IMF 治理的合法性饱受质疑。

全球金融治理要求各国合作推动新国际货币体系的建立。全球经济治理作为一种公共领域的集体决策行为，需要有效的程序来制定治理规则。[2] IMF 作为当时战后国际货币体系的核心，设立的宗旨便是通过这一"永久性的国际金融机构"来促进国家间货币与金融领域的合作。由于 IMF 采取加权投票制，一些有影响力的国家，可能会利用决策程序达成损人利己的目的，导致"多数暴政"的情形。因此，通过沟通和合作协调各方意志，共同推动新国际货币体系的有效运转才是全球金融治理的实现路径。

### （三）"条件性"在国际货币制度中的地位与角色

"条件性"体现了国际货币制度的发展趋势。IMF、世界银行以及其他货币机构都将贷款职能作为机构正常运转的手段，而条件性设置是为了使贷款能够顺利收回。条件性的理解不能孤独于

---

[1] 余元洲：《国际货币基金组织法律制度改革研究》，武汉大学出版社 2001 年版，第 33 页。

[2] 宋国友："后金融危机时代的全球经济治理：困境及超越"，载《社会科学》2015 年第 1 期。

当时的国际经济制度。[1] 随着市民社会、非国家行为体等广泛参与国际金融治理的情形可知，国际社会需求合作以达到“共赢”，而其中贷款条件性可以促使国际金融机构与成员方进行广泛的协商与合作，并在一定程度上敦促成员方遵守国际金融准则，以防止成员方采取危害全球金融秩序稳定的措施。

“条件性”是 IMF 监督和推动成员方国内货币制度改革的有效途径。IMF 通过贷款条件性将其管辖范围深入成员方的内部事务，IMF 通过贷款条件性设置推动成员方经济结构改革。由于条件性大部分存在实质性量化标准，因此金融机构通过条件性直接或间接影响成员方国内经济制度。特别是成员方获批 IMF 备用安排成为其从其他渠道获得援助的前提条件，为此 IMF 贷款条件性对成员方经济制度影响更大。

“条件性”改革是国际货币制度改革的重要内容。国际货币制度改革需要多元主体的参与并提升国际社会及国家对金融危机的预防与应对能力，而贷款条件性改革正是为了提高 IMF 对金融危机的救援能力。尽管现行国际货币体制在 2008 年国际金融危机中备受诟病，但维持 IMF 在国际货币体制中的核心地位，对其进行实质性改革，仍是国际货币体制改革的重要内容。[2] 全球金融治理下国际货币体系存在内容广泛、主体多元化等特点，但由于少数发达国家凭借加权投票制实际上掌握了对 IMF 事务的发言权和决定权，使得 IMF 在一定程度上成为大国“经济霸权”的实施场所。于是，现今国际货币体制发展趋势要求更多地反映新兴经济体和发展中国家的利益，使 IMF 机制更具有代表性和公平性。

---

[1] See Manuel Guitián, *Conditionality*: *Past*, *Present and Future*, IMF Staff Papers, December 1995.

[2] 廖凡：“国际货币体制的困境与出路”，载《法学研究》2010 年第 4 期。

## 二、IMF 贷款条件性改革的发展方向

### （一）适度扩展和修改 IMF 的宗旨

《IMF 协定》规定 IMF 所要达成的根本目标或宗旨为促进成员方货币政策并保持各成员方国际收支平衡。该目标涉及广泛的金融、财政和货币制度问题，IMF 只有取得成员方的授权而从事广泛与货币相关的活动，上述宗旨才能实现。虽然各方的经济结构和经济政策属于一方排他性管辖事项，但是金融危机的负外溢性和周期性，便突出了国别经济政策与相对应的国际法律制度存在冲突。IMF 作为国际货币制度改革的中流砥柱，其现行宗旨目标就因此显得过于狭小。尽管《IMF 协定》第 12 条第 8 款规定了，只有经 70% 多数票赞成同意后，IMF 才有权确定成员方的货币政策与经济发展状况是否有可能直接导致其他成员方国际收支的严重失衡，并就此向其他会员方公布。此条款虽考虑了某成员方货币政策的传染性，但此条款仍存在明显缺陷。第一，该条仅将当事方的货币政策作为考虑因素，而该方的其他相关政策均未涉及。第二，由于该条款的实际实施有赖于 IMF 的表决程序，而不是 IMF 理事会被直接授权行使该权利，由此往往会使该条款实施的效果大打折扣。第三，该条款未被列入 IMF 宗旨内，也使得如此重要的条款的地位大为降低。《IMF 协定》中宗旨的另一大缺陷，是现行目标条款几乎全是“促进”“帮助”“劝导”“补救”等概括性质的条款。此类“促进”“挽救”性质的立法宗旨使国际经济法律的效力更加软化，有可能产生直接不利的后果，甚至会延误对金融危机乃至经济危机的预防和处理的时机。

总而言之，笔者认为《IMF 协定》所规定的宗旨有必要增加事前事后的监督功能条款。通过要求加强 IMF 对货币危机成员方

之货币与经济运行情况的预警与监督机制的强烈呼声可知，这体现了国际货币制度立法发展的内在要求。

### （二）建立区域性货币合作组织以及加强与其他国际经济组织的合作

#### 1. 协调与其他国际经济组织的合作

IMF 的另一缺陷被认为是其未能很好地与世界银行及世界贸易组织等国际机构协调政策及统一价值取向。IMF 加强与其他国际经济组织的合作，建立稳定的合作关系，有助于在制定贷款条件性时兼顾各方利益，促进条件的顺利实施。正如第四章所论述的，IMF 贷款条件性有时不得不涉及成员方某些社会领域的问题，此时加强与人权国际组织的合作，也有助于 IMF 贷款资助职能的顺利实施。

#### 2. 开展与区域性国际组织的合作

《IMF 协定》第 10 条规定："IMF 与一般的国际组织和在有关领域内负有专门责任的公共国际组织进行合作。"从字面含义理解，IMF 在处理金融危机时原则上只与现行的一般性和专业性全球国际组织进行合作，并明显排除了与区域性尤其是还未设立的区域性货币组织进行合作的可能性。作为全球重要的国际货币组织，成员方的广泛性往往有可能导致信息的不对称和援助资金紧张等问题，IMF 如若能与区域性货币组织建立长期且正式的联系，将有助于提升 IMF 处理金融危机的能力，同时缓解贷款资助资金短缺等问题。

### （三）IMF 贷款条件性改革的前景预测

只有当危机可能危及该国货币的自由汇兑或债权债务的清偿时，IMF 才会予以援助。正是由于 IMF 只是关注成员方维持自由汇兑的能力，它对成员方提供资金援助时提出的援助条件和实施援助计划也就必然会以恢复这种支付能力为核心，因而也就自然而然地会开出他们传统的“紧缩”药方。IMF 提供的援助是货币性质的援助，其目的是帮助成员方恢复对外清偿能力，它本身不是经济发展援助。因此，IMF 贷款条件性定位仍是以恢复成员方国际收支平衡为方向，防止过度干涉成员方经济主权事项。

2002 年《贷款条件指导方针》是 IMF 继亚洲金融危机后，其贷款资助未能达到预期效果而遭受到指责所作出的努力，由此对 IMF 改革的呼声水涨船高。但是，对 IMF 这个努力并不能高估，因为 2002 年《贷款条件指导方针》仅是对 1929 年《贷款条件指导方针》进行形式的变更，具体内容未发生本质性改变。就 IMF 贷款条件性改革而言，首先要以改革指导方针为出发点。虽然 2002 年《贷款条件指导方针》在原有基础上取得了一定的进步，但从法律效力来看其对 IMF 的约束力并不强，这也是 IMF 贷款条件性具体内容常常不能符合成员方实际金融情况的原因。可见，2002 年《贷款条件指导方针》并没能有效实施，需要继续研究。其次，对 IMF 贷款条件性“顶层设计”的问题必须加以解决，包括 IMF 本身的治理结构和制度、法律体系等都应重新予以审视并适度改革。最后，IMF 贷款条件性改革应该是系统、持续、深层次的改变，这需求所有成员方的共同努力和合作。

## 三、IMF 贷款条件性改革推动了国际货币体系新秩序的构建

自 1944 年布雷顿森林体系起，以 IMF 为核心的国际货币体系迄今为止已经历了 2/3 个世纪。21 世纪后，新兴经济体特别是“金砖四国”的崛起使得国际货币金融格局中的力量对比产生了明

显变化，这使得以发达经济体为主导的国际货币体制已不再适应形势发展，改革势在必行。

### （一）现今国际货币体系面临的困境

IMF 在成立之初实则是英美两国政治妥协的结果。IMF 在系列金融危机处理中不尽如人意的表现，促使国际社会不断反思现有国际货币体系的局限。事实上，作为现今国际货币体系的主导者，发达国家更为关注 IMF 运作的时效性，即其能否有效维护国际货币金融稳定和安全，成功推行符合其国家利益的原则和政策。[1] 因此，发达国家注重加强 IMF 的危机处理能力，建议从提供危机预防能力、尽量缩短贷款期限、引入私人部门介入危机处理和预防以及加强国际合作等方面对 IMF 进行改革。[2]

然而，对在国际货币体制中长期处于被动地位的发展中国家而言，他们更为关注国际货币体系的代表性和公平性，即国际经济组织是否公平、民主、透明地代表和体现不同成员方的利益和诉求。为此，该类主体强调对 IMF 治理结构、价值取向等方面的改革，关注 IMF 份额和投票权改革，特别是扩大 IMF 储备货币一揽子方案，增加贷款的灵活性等。

综上，现今国际货币体系存在缺陷需要进行改革，这一共识得到国际社会的普遍认可。但是，针对国际货币体系改革路径选择上则存在诸多不同意见，如何“求同存异”才是最亟待解决的问题。秉承国家主权平等的国际法原则，以全人类共同利益为福祉，加强国际合作、协商谈判才能促进新国际货币体系的

---

[1] 廖凡：“国际货币体制的困境与出路”，载《法学研究》2010 年第 4 期。

[2] See Yilmaz Akyü, Reforming the IMF: Back to the Drawing Board, G – 24 Discussion Paper Series, No. 38, November 2005.

建立。

### （二）国际货币体系改革的建议

在全球治理视野下，全球性金融危机存在再次爆发的可能性。尽管国际社会早已开始了对国际货币体系改革的研究，但要建立真正符合各方利益需求又能实现全球经济“再平衡”的货币体系实属不易。国际货币体系改革进程中，非政府组织、金融机构、私人团体、跨国公司、市民社会等都发挥着重要的作用，改革的路径已不再是某个大国、某个政府间经济组织的专属事务，这是现今国际货币体系改革参与主体、参与方式多元化发展趋势的表现。在全球化背景下，各国都试图对现有国际货币体系改革发出自己的“声音”，谋求稳定的外部经济环境，防止金融危机的全球传染。为此，国际货币体系改革可从以下几个方面进行努力：

第一，通过提升 IMF 运行机制的透明度以推动国际货币体系向公平、民主、平等方向改革。成熟的市场经济体系要求经济政策高度透明。IMF 可通过要求成员方公开披露相关信息，并公布有关决策结果等方式，提升 IMF 公信力。通过此种方式，有利于调动国际社会各主体参与国际货币制度制定和改革的积极性。

第二，扩充 IMF 的资金池构成以促进国际货币体系在货币构成上实现多样化。如今将 IMF 改造为具有最后贷款人职能的世界中央银行是不现实的，由于 IMF 是具有信用联盟性质的机构，不能创造货币。但是，巨大的国际贷款需要，要求国际货币体系对此作出反应。目前可考虑的做法是 IMF 再次增加份额，并扩大特别提款权的作用。

第三，加强国际合作并建立完善的货币监督机制。利用 IMF

双边监督机制，加强对系统性风险和金融危机的预警能力，维护国际货币体系的稳定。

## 本章小结

IMF 贷款条件性是 IMF 改革的重要内容，IMF 贷款条件性存在诸多问题与挑战，对条件性改革的原因可从条件性设置的理论基础、改革的必要性与可行性以及 IMF 作为“最后贷款人”的道德风险溢出等角度进行分析。IMF 贷款条件性需要进行改革的原因之一，便是“民主赤字”问题。该问题主要指 IMF 在贷款条件性设置上决策缺乏透明度、存在分配不公平与社会不平等问题以及产生权利与义务的不对称。另外，“使命偏离”也是贷款条件性为何要进行改革的原因之一，IMF 依据《IMF 协定》可对其贷款条件性具体内容进行扩大解释。这虽从表面上似乎有些“偏离”IMF 宗旨，但实则在法律层面上合法且在事实层面上合理。针对 IMF 贷款条件性存在的诸多问题，具体的改革对策与建议是必需的。首先，可从改革 IMF 治理结构，即份额与话语权改革、设立独立评估机构、改革管理层任命制度等角度加以分析。其次，特别提款权作为国际储备货币，如何发挥其对 IMF 贷款条件性的作用也是 IMF 改革的关键问题之一。特别提款权改革路径的选择对 IMF 贷款条件性改革具有重大意义，IMF 可适当扩展特别提款权属性和使用范围促使特别提款权“物尽其用”。最后，由于 IMF 贷款条件性很多标准存在模糊性且可操作性差等问题，明确条件性解释规则，有利于条件性的有效实施。根据《IMF 协定》，IMF 具有监管、金融资助、技术支持三大职能，但其作为国际货币体制的核心，在新时期下职能所涉范围得到扩展，逐渐从单纯国际货币机构转变成为国际金融组织。对 IMF 贷款条件性的改革对国际货币体系改革具有重要意义，IMF 可通过加强国际合作，必要时修改宗旨以促进新国际货币体系的建立。

# 下 篇

# 中国参与国际金融机构贷款条件性改革的对策研究：以亚投行为例

CHAPTER 05 >>

# 第五章
# “一带一路”倡议下亚投行贷款条件的发展理路

“一带一路”倡议和亚投行的提出，体现了中国现今的世界秩序观。亚投行旨在“一带一路”倡议下，促进区域基础设施建设，实现区域内基础设施的互联互通，这既是对已有国际金融安排的补充，也是国际金融的重大创新。亚投行因“一带一路”倡议提出而设立，自然服务于、服从于这一倡议。因此，如何准确判定“一带一路”倡议的金融需求，最大限度地满足亚洲国家尤其是发展中国家在基础设施方面的融资需求，同时又与其他性质的金融机构的贷款条件错开，发挥各自优势，受到学者的广泛关注。

亚投行于2014年正式签约成立，其旨在通过支持亚洲国家基础设施和其他生产性领域的投资，促进亚洲地区经济发展和区域经济及金融合作。亚投行从性质上讲是一个区域性政府间国际组织，它业务范围具有单一性，主要旨在提供资金支持包括东盟国家在内的本地区发展中国家的基础设施建设。截至 2020 年年底，亚投行共有 103 个成员，已然成为仅次于世界银行的全球第二大多边开发机构，这也表明亚投行在“一带一路”中将发挥更大的、更基础性的作用。

贷款条件一般是指国际借贷或融资行为需以满足一定的条件为前提，才能取得国际金融机构的贷款。传统国际金融机构的项目贷款和政策性贷款所具有的外部“干预性”和“强制性”往往容易造成对受援方经济和政治的过度干预而引发合法性质疑，甚至有些贷款项目在效果上“适得其反”。尽管贷款条件在法理、情理上合法且正当，在实际操作中“分批拨款”也使得资金有技术上的保障，但是并非所有贷款申请方都愿意接受设定的贷款条件，特别当所列条件有侵犯经济主权之嫌时。如何实现贷款条件的规范化和体系化，是摆在亚投行面前的一大难题。

## 第一节　国际金融机构贷款条件性的发展现状

### 一、世界银行贷款条件的规定及发展

#### （一）世界银行贷款条件的法律性质

世界银行主要宗旨在于促进全球减贫，为发展中国家经济社会领域建设等项目提供长期资金援助。世界银行主要经营硬贷款业务、无息贷款和捐赠业务等，其中项目贷款和政策性贷款为其主要信贷工具。20 世纪 90 年代以来，世界银行逐步确立了以“华盛顿共识”为基础的政策性贷款条件，其核心内容是借款方应实行

经济私有化、自由化等政策。[1] 受 IMF 启发，世界银行注重申请方政策改革和制度建设方面需求的资金缺口。该类贷款和 IMF 结构性调整贷款相类似，一般贷款期限较短，但也常常附加严格的贷款条件，主要针对申请方的经济发展问题。同时，此种贷款往往以申请方接受或遵守 IMF 所提出的贷款条件作为世界银行授予贷款的先决条件，IMF 与世界银行因此构成了所谓的贷款“交叉条件”。[2] 例如，1977 年，世界银行在与牙买加的贷款协议中设置了贷款交叉条件，即要求牙买加政府必须先向 IMF 申请获得一定额度的备用安排。[3]《国际复兴开发银行协定》第 5 条第 8 项第 b 款规定了世界银行不存在遵循其他国际组织贷款条件设置的法律义务，仅需对建议和意见“加以考虑”。由于世界银行政策性贷款协议是经由申请方与世界银行签订，性质为国际协定，具有法律约束力。由此，世界银行所设置的贷款条件性被认为比 IMF 具有更强的约束力，申请方由此所承担的违反协议的成本也更大。

### （二）世界银行贷款条件的发展

尽管市民社会组织和非政府组织对世界银行贷款条件性是否增加或减少问题上存在不同观点，但实际上由于世界银行在 20 世纪 80 年代的一系列经济改革逐步完成而使得现今所附加的条件在总量上是趋于减少的。[4] 世界银行宣称条件性从 20 世纪 90 年代中

---

[1] 黄顺武：“世界银行调整贷款的特点与中国的应对措施”，载《经济纵横》2008 年第 7 期。

[2] 缪心毫：“世界银行与国际货币基金组织贷款交叉条件的法律分析”，载《现代法学》2010 年第 9 期。

[3] See IBRD. Loan Agreement（Program Agreement）between Jamaica and the IBRD, Loan No. 1500 JM［R］. 1977：1.

[4] See Eurodad（2007）, Untying the knots：How the World Bank is failing to deliver real change on conditionality.

期的 30 多个减少到 2005 年只有 10—12 个。与具体贷款项目相比，调整性贷款和发展政策贷款可归于政策性贷款，旨在强调对申请方经济领域的结构性调整。由此，该类贷款往往被认为违背了《国际复兴开发银行协定》第 1 条第 1 款所规定的贷款发展性宗旨，即促进借款方的经济与社会发展，而且政策性贷款条件也被认为直接侵犯了涉及公共服务与公共设施管理等主权权力。又如，世界银行“非直接条件性”主要指监管机制和审查程序，如国家政策与机构评估（country policy and institutional assessments, CPIAs）、基准，尽管这些机制并不能决定世界银行是否授予贷款，但是该类事先作出的评估会影响最终贷款落实的广度与深度。而申请方如果不考虑或者按照评估结果提出政策改革方案，往往有可能招致贷款申请失败或者贷款额度减少，如若接受则会严重限制申请方自主决定国内政策的空间并削弱民主程度。因此国家政策与机构评估被认为是“暗含的条件性”[1]，世界银行贷款条件性可谓“明暗交加”，约束力巨大。

另外，世界银行捐赠方一般无权要求贫困国家实施特定的经济政策改革，而是通过利用贷款或者债务减免作为手段，实现国家利益输出。世界银行贷款条件性之所以备受诟病，往往不在于贷款条件本身，而在于世界银行设置与执行贷款条件在程序上存在巨大的缺陷，未具体问题具体分析。[2] 世界银行所设立的贷款条件性并不是其加强“善治”的最好方式，[3] 最需要做的反而是让贷

---

[1] See Alexander, N. The World Bank's Scorecard for Borrowing Governments, *Citizens' Network on Essential Services*, 2004.

[2] 缪心毫：“论世界银行政策性贷款条件的合法性与有效性”，载《国际经济法学刊》2010 年第 4 期。

[3] See Carlos Santiso, Good Governance and Aid Effectiveness: The World Bank and Conditionality, *The Georgetown Public Policy Review*, *Vol.* 7, No. 1, 2001, p. 4.

款“提供者”减少对申请方在项目援助上的控制。因此，国际社会逐渐趋向于认同，世界银行政策性贷款条件是不适宜、不民主且无效的，援助只有在充分考虑了申请方实际情况并让其承担贷款使用主导权时才更为有效。

尽管世界银行比亚投行更早存在基础设施项目贷款，然而其利用经济政策条件性来影响申请方的经济发展，并且规定只有执行一系列经济改革或接受条件性，申请方才是“适格”的。由于项目贷款往往附加政策性贷款条件，并且世界银行对项目前期评估调查采购等环节设置了复杂的程序，因此项目的最终落实往往是2—3年之后的事情，导致项目效果不能适时顺应不断变化的市场情形。2004年世界银行发布了一个关于条件性借贷的评论，并由此采纳了一些涉及条件性的实践标准，如所有权、和谐、定制化、关键性、透明和可预测。虽然世界银行有志于改变，但是其经济政策条件性仍主要以私有化和自由化作为主要方式开展国际金融援助，贷款的最终目的并未发生实质性改变。

## 二、亚洲开发银行贷款条件的规定及类型

亚洲开发银行（以下简称亚开行）成立于1966年，总部设在菲律宾马尼拉市。亚开行现今拥有67个成员方，其中48个来自亚太地区，其余主要是西欧和北美发达国家。[1]亚开行的口号为“在亚洲地区与贫困做斗争”，它旨在帮助发展中国家减少贫困，提高居民生活水平，通过提供项目贷款和技术援助等方式，推动政府和私人实体在亚太地区进行投资，以促进该地区经济发展与合作。亚开行项下提供包括贷款、赠款、技术援助、担保和债务管理等

[1] See ADB Financial Profile 2014, p. 7.

产品。这些金融产品受普通资金源以及特殊信托基金资助，其中亚洲开发基金资助力度最大。亚开行大部分贷款来自普通资金源，亚洲开发基金以极低利率贷款以及赠款等方式，向亚开行最贫困借款方提供资助。亚开行章程要求普通资金源与特殊基金的使用必须是分离的。亚开行贷款援助规定了两个基本原则：第一，贷款限制。亚开行贷款政策规定，通过股权投资发放的贷款总金额，以及可能从亚开行担保组合下所获得的资金不得超过亚开行未受损认缴资本、储备总量、盈余的最高限额（不含特殊准备金）。第二，借款限制。亚开行规定其未偿还借款总额不得超过借款非会员方可调用的资金、实收资本及储备的总额（包括盈余）。

亚开行贷款的“条件性”与世界银行和 IMF 一样，主要体现在其政策性贷款。亚开行政策性贷款实践始于 1978 年全球石油危机，随后亚开行在 2000—2010 年政策性贷款的增长速度超过其主权融资业务的整体增长速度。[1] 整体而言，亚开行在此十年间的政策性贷款平均附加条件为 31 项，已超越世界银行同期水平。在亚开行一份研究报告中，一方面建议减少贷款条件数量，实现借款方在制度改革与贷款金额上相脱离；另一方面却又突出相关条件的前置性和约束性。[2]

## 三、“一带一路”倡议下亚投行的战略定位及贷款安排

贷款条件是多边开发机构进行贷款援助时所附加的要求，相关条件包括政治、经济、环境、社会等多个方面。亚投行作为“一带一路”建设融资的重要平台，相较于世界银行和亚开行等贷款条件，亚投行既体现了共性，更多地表现为鲜明的个性。亚投

---

[1] ADB Policy Paper, Review of ADB's Policy-Based Lending, June 2011, pp. 25—26.

[2] ADB Policy Paper, Review of ADB's Policy-Based Lending, June 2011, pp. 7—8.

行能从 IMF 贷款条件性弊端中进行正确的角色定位，从世界银行项目贷款中吸取有关经验和教训，并借鉴亚开行运行管理模式，实现与全球和地区性银行的“互补融通”。

## （一）亚投行设置贷款条件的路径选择

亚投行并非对现有多边开发金融机构的替代而是补充，亚投行作为商业化运作的国际金融机构，决定了亚投行的贷款不可能完全是“无条件”的。相较于世界银行等多边开发机构，最大的区别不在于是否有无附加条件，而在于贷款条件的特点、内容和性质。与之相比，亚投行下的贷款条件更宽松，且以需求为基础，不涉及一国经济主权范围内的结构性调整，亚投行应吸取 IMF“不对称义务分配”的缺陷，公平合理地按照成员方金融贡献比例，平衡地区和非地区国家的投票权，使亚投行真正成为为亚洲国家服务的融资平台。亚投行目前投资主要集中于本区域基础设施建设和相关生产性领域，其贷款条件主要围绕经济事项展开，而不像亚开行和世界银行的政策性贷款那样，或多或少涉足政治领域和公共管理。❶ 亚投行的《环境和社会框架》虽规定了较为严格和全面的环境和社会条件，但这实则顺应了国际社会总体趋势和可持续发展的理念。综上，亚投行非政治化的基本原则使得它的条件性与其他多边开发银行相比有所简化和弱化。

目前，亚投行应立足银行宗旨，积极引入公私合作伙伴关系、PPP 模式等，建立外部评审机制，通过强化发展中国家市民社会力量的话语权与活动能力，对不合理贷款条件的设置建立外部约束机制。亚投行贷款条件设置在注重基础设施项目贷款上，应创新产品和服务，借鉴商业银行运行模式，通过股权融资、发放债券、

---

❶ 廖凡：“比较视野下的亚投行贷款条件研究”，载《法学杂志》2016 年第 6 期。

丝绸之路基金等方式，以更多更丰富的金融增值服务推动亚太地区经济发展。

### （二）“一带一路”倡议下中国在亚投行的角色定位

面对 IMF、世界银行、亚开行贷款所呈现出的种种缺陷，多边开发金融机构在现今的蓬勃发展，不仅在一定程度上补充了 IMF 等国际金融机构贷款资源不足和分配不对称性等问题，而且对于地区经济发展和全球金融繁荣都起了巨大的推动作用。通过亚投行这样的货币合作不仅有助于解决亚太地域的矛盾冲突，而且也会在一定程度上打破现行国际货币领域的均衡，减少以邻为壑的局面，促进新型国际货币体系的建立。中国作为亚投行最大的出资方，并不意在控制亚投行的主导权，而是为了寻求新的投资渠道。亚投行现今仍然以美元计价，但日后会逐渐引入地区性主要货币或者特别提款权等措施，必将丰富亚投行资本来源和减缓资本账户危机。另外，人民币作为亚洲地区接受程度比较高的货币，有望在亚投行内部充当美元以外另一主要货币形式，这也必将加速推动人民币国际化进程。同时，亚投行应积极利用全球基础设施基金这一全球基建平台，与国际其他机构、组织紧密合作，并以银行同业拆借和成员方发行主权债券为主要融资方式，拓展业务，丰富资金来源。

毫无疑问，“一带一路”倡议是亚投行前进的方向和目标，但该倡议在很大程度上是中国提出的，如何使其与亚投行各成员方的利益点有效结合，也成为贷款条件路径选择的重要影响因素。从历史发展脉络看，亚投行各项法律制度设计有可供参照的对象，有可供汲取借鉴的经验，这一方面可以说相对“轻车熟路”。但另一方面，亚投行与当前国际上主要的政府间国际金融机构相比，它又是独特的，是开创性的，是一家侧重于经济领域基础设施建设融资、而尽量降低政策性贷款条件的政府间国际金融机构。亚投行应继续秉持贷款条件法律制度的设计由政治向经济方向转变，同时又确保不偏离“一带一路”倡议的宗旨，在经济建设与理念宗旨之间寻找平衡点，在中方与其他成员方之间寻找利益契合点，在亚投行与被投资方之间寻找共同点。

## 第二节　亚投行贷款条件的法学探究

### 一、亚投行设置贷款条件所体现的法学理论

#### （一）法经济学理论

法经济学又称“法律的经济分析”或“法律与经济学”，是代表法学与经济学相互交叉渗透的前沿学科、交叉学科。对法经济学理论并没有一个准确定义，其中理查德·波斯纳（Posner Richard）认为，法经济学的内涵就是法律的经济分析，并且，法经济学并没有野心改变经济学理论。[1] 微观经济学和宏观经济学的基本理论框架被称为新古典经济学，法经济学分析方法借鉴了众多新古典经济学的内容。法经济学理论拥有众多范式，具体包括成本效益理论、法律市场理论、法律供求理论和法律均衡理论。[2] 对贷款条件的研究，可从上述范式中分析条件性设置的必要性和合理性。

---

[1] Posner Richand A., The New Institutional Economics Meets Law and Economics, *Journal of Institutional and Theoretical Economics*, Vol. 149, 1993, pp. 73—87.

[2] 冯玉军：“法经济学范式研究及其理论阐释”，载《法制与社会发展》2004 年第 1 期。

1. 成本效益理论

交易成本是法经济学研究的核心范畴，法律的交易成本分析有一系列命题和重要推论。❶ 实际上，法经济学理论的核心观点在于，一切立法、司法以及整个法律制度设计等所有法律活动都服务于资源的有效配置。因此，所有法律活动以效率最大化为目的，可用经济学效益—成本的方法来分析和指导有关法律制定行为。波斯纳定理认为，“如果市场交易成本过高而抑制交易，那么，权利应赋予那些最珍视它们的人”。❷ 该定理下设定了三个假设条件：第一，行为在特定法律条件下可进行成本—收益的分析，正是行为所产生的不同估价而促使交易的进行。第二，法律制度所带给当事人的收益和成本，可通过效益最大化、均衡和效率来判断法律行为。第三，法律权利的清晰界定可以降低交易成本。可是，当事人进行某一行为时都会产生一定的交易成本，而法律制度的功用在于使成本计量化，使当事人可以评估行为为自己带来的实际利益。当事人总是试图追求效益的最大化，为此将交易成本降低并实现资源的最优配置是达成这一目标的有效途径。

亚投行设置贷款条件旨在利用法律实现对权利、义务、责任等的合理配置，以期给人们带来实际利益。从成员方来看，成员方受制于贷款条件时会产生交易成本，这主要指贷款调整项目所带来的立法、社会、环境、人权等方面的损益。但是，接受贷款条件意味着成员方可以获得亚投行贷款，这是成员方获得的收益。从亚投行方面来看，条件性所产生的交易成本是为提供贷款资金

❶ 冯玉军：“法经济学范式的知识基础研究”，载《中国人民大学学报》2005 年第 4 期。

❷ ［美］理查德·A. 波斯纳：《法律的经济分析》（上），蒋兆康译，中国大百科全书出版社 1997 年版，中文版译者序言，第 20 页。

而制定规则、付出人力、供给资金、监督实施等内容。亚投行设置贷款条件能获得维持亚洲金融秩序稳定、促进亚洲基础设施建设等收益。由于贷款资助是亚投行职能之一且已明文规定于《亚投行协定》第5条当中，因此亚投行设置贷款条件的交易成本相对固定化。同时，《亚投行协定》第31条规定贷款条件的“非政治化”及《亚投行贷款条件通则》等要求确保借款方对项目财政和管理的控制权。可见，亚投行贷款条件所产生的收益实则大于交易成本。因此，设置贷款条件是必要的，因为收益大于或等于交易成本。

2. 法律供求理论

从现代经济学理论的激励分析方法出发去研究经济主体行为，尤其是分析经济主体的预期行为，能为我们正确认识法律供求理论提供很好的帮助。在波斯纳看来，已经发生的事件及案例是传统英美法学研究的主要方向，是一种偏向“事后研究”的方法，而法经济学理论则主要从“事前研究”的方法入手，因此，它需要着重分析因法律制度变革及其他因素变化所引发的预期行为刺激。波斯纳认为，“对法律经济学家而言，过去只是一种‘沉没了的’成本，他们将法律看成是一种影响未来行为的激励系统”。[1]例如，法经济学理论在讨论由于合同条款的模糊性而产生合同履行过程中偶发性风险（损失）的分配问题时，具体某种规则的确立是为了要警告未来当事方及审判法院去采用这个规则来分配不履行合同的损失，从而使未来签约的当事人在确立规则的基础上设计出对损失风险明确分配的协议，推动经济活动效率的改善。该观点的核心在于，法律可以提供预期刺激使行为人事先得知法

---

[1] Posner, R., *Economic Analysis of Law*, 2nd ed., Little Brown, 1997, p. 5.

律后果。正是存在此种预期刺激需求，才有制定法律的需求。法律供给一般是指有关国家机关制定和实施法律等活动的总称。法律需求则是人们对于现存的和尚未设定的法律资源的肯定性要求和现实行为，即人们有购买法律的主观愿望和客观能力。[1] 从理论上看，需求决定供给，法律制定与实施是一个动态的过程。

当成员方面临基础设施建设困境而需要贷款资金时便产生需求，亚投行成员方利用《亚投行协定》申请贷款是可预见的行为，该协定从制度上提供法律供给。其中，亚投行设定贷款条件是其为“保障”资金安全而产生的“法律需求”，而借款方制定国别战略计划书、实施调整项目等是对应的“法律供给”。亚投行与借款方的贷款协议具有法律约束力，因此可适用法律供求理论分析贷款条件存在的合理性。

### （二）可持续发展理念

可持续发展理念是全球化时代最受瞩目的新兴发展概念，该理念已超越最初人与自然和谐发展的范畴。金融领域的问题“必然受到可持续发展的促动而进行变革”[2]，并反映可持续发展的价值目标和评判尺度。可持续发展理念是否已成为国际经济法原则虽存在争议，但是其作为协调经济发展、社会和谐、环境保护等问题的基础理论，势必在更广范畴内反映平等、自由、秩序等法理价值，该理念正逐渐“通过法院审判和法律科学的适用而获得其独特的形态”[3]。同时，金融可持续发展理论是在一系列金融危

---

[1] 冯玉军：“法经济学范式研究及其理论阐释”，载《法制与社会发展》2004 年第 1 期。

[2] 何志鹏：“国际经济法与可持续发展”，载《法商研究》2004 年第 4 期。

[3] M, Decleris, *The Law of Sustainable Development: General Principles*, EC Commission, 2000, p. 7.

机爆发的背景下产生的，它以金融资源配置为研究对象，以金融分析为方法，旨在推动金融与经济的可持续发展，是可持续发展理念在金融领域的延伸。具体而言，可持续发展理念在国际多边金融机构贷款条件性方面所体现的法理内涵广泛，其中主要包括：代际公平、法律秩序。

1. 代际公平

代际公平主要指“当代人必须留给后代人生存和发展的必要环境资源和自然资源”[1]，最早规定于环境领域。然而，有关债务可持续发展的代际公平主要包括三类政策：第一，防止现今消费所产生的经济债务需后代人偿还；第二，对现今人类健康、教育进行投资，防止后代人为此支付社会债务；第三，利用自然资源过程中不超过地球的可再生能力，防止为后代创造生态债务。[2] 可见，债务表现形式可能多种多样，此处加以研究的是第一种债务类型，即亚投行的贷款条件对国家经济可持续发展的影响。

无论是商业还是优惠性贷款，何种程度及类型的债务影响一个国家的可持续发展，取决于经济、社会及其他因素的考虑。例如，人口增长、经济繁荣、自然资源的可利用都是决定性因素。但是，经济上的“过度负债”可能会损害未来发展的需求。20 世纪 70 年代的债务危机警示“发展政策”的不可持续性，这些无节制的信贷流入，并没有使资金合理分流以满足债务还本付息中的外汇需求。[3] 例如，《IMF 协定》第 4 条的磋商条款使 IMF 可以讨

---

[1] World Commission on Environment and Development（1987）, p. 43.《里约环境与发展宣言》第三原则，即“发展权必须以满足现今和后代对发展与环境的需求”。

[2] 联合国开发计划署 1992 年人权发展报告，第 17 页。

[3] Erik Denters, *Law and Policy of IMF Conditionality*, Kluwer Law International, 1996, p. 147.

论“关于国际收支不平衡问题下的官方或准官方借贷中‘过度负债’不可持续水平”。[❶] 备用安排一般包含一个条款即成员方遵守公开的保证其外债水平的限制规定。[❷] 尽管该条款不能影响已负债的水平，但它至少是 IMF 防止不可持续债务水平而采取的必不可少的措施。可见，IMF 贷款条件性在《IMF 协定》及具体条件性内容设定方面，均将成员方债务水平是否“可持续”列入其是否准予金融援助的考虑范围。对此，亚投行可借鉴 IMF 的做法，将后代发展需求作为其贷款资助的考虑因素，设置条件防止和管理“过度负债”。

2. 法律秩序

一个法律制度，总体上是一个由一般性规范同适用与执行规范的特殊性行为构成的综合体。[❸] 应然层面的普遍性规范与实然层面的执行状态往往并不一致，但法律秩序的构建不会因此而停滞，它仍在推动“应然”规范的实际实施。法律秩序中规范与事实互为条件且互相作用，国际社会秩序的构建需要各主权国家遵循国际法有关规则。《亚投行协定》、《亚投行贷款条件通则》、执行董事会决议等尽管在形式上有些并不能称为法律，但是贷款条件的设定是为了借款方在实然层面能够自我审视以维持亚洲金融秩序稳定。对成员方而言，遵循贷款条件规定能够为其创设有利的外部环境和国际信用，使成员方获得更为广泛的贷款资助，进而推动国内基础设施建设的发展，造福于民。

---

❶ Surveillance over Exchange Rate Policies, Dec. No. 5392 – (77/63).

❷ 债务条款一般列入绩效标准的备用安排中，即一国的外债规模和水平是设计调整项目时的考虑因素。The Chairman’s Summing Up on External Debt Management Policies, EB Dec. No. 6230 – (79/140).

❸ [美] E. 博登海默：《法理学——法律哲学与法律方法》，邓正来译，中国政法大学出版社 2010 年版，第 254 页。

### （三）行为科学理论

对人类行为的研究是一个学科或理论体系建立和发展的基础，现已形成多个学科关于人类行为的重要研究成果。[1] 从法学研究角度看，法则是调整人们行为的规范。[2] 马克思也精辟地指出：“对于法律来讲，除了我的行为以外，我是根本不存在的，我根本不是法律的对象。”[3] 为此，将人的行为作为研究的出发点是法律科学建立和发展的基础，也是法学研究的基本思路。行为科学理论注重“行为的两重性”，即从内部看行为受一定目的、欲望、意志等的支配，从外部看行为往往通过如语言、文字、肢体等方式表现出来。[4] 而行为法学作为一个法学流派的出现，正是以行为科学理论为基础。按照法行为的观点，研究贷款条件需结合人的法需求、法动机、法行为原则与结果等进行考察，进而去探寻贷款条件的法律性质。

亚投行是由 79 个成员方组成的集体，亚投行为设置贷款条件作出了各种行动，包括《亚投行协定》《亚投行贷款条件通则》《环境与社会框架》等规则的制定以及一系列其他相关行为；从亚投行职能来看，贷款条件是履行亚投行贷款资助职能的具体措施。按照行为科学理论，亚投行设置贷款条件实际上是在集体意志支配下表现出来的一种群体行为。从内部看，这些行为主要受亚投行集体意志、执行董事会意志的控制；从外部看，这些行为以各种文件、举动表现出来。另外，由于亚投行是国际金融组织，该

---

[1] 黄陵东：“人类行为解读：韦伯与哈贝马斯的社会行动理论”，载《福建论坛》（人文社会科学版）2003 年第 4 期。

[2] 沈宗灵主编：《法学基础理论》，北京大学出版社 1994 年版，第 32 页。

[3] 《马克思恩格斯全集》（第一卷），人民出版社 1956 年版，第 16—17 页。

[4] 杨吉：“论法学研究的行为转向”，载《求索》2005 年第 9 期。

行为是在国际法相关规则下进行的，又具有了国际性。在此并不是要对亚投行的所有行为逐一分析，而是要选择对亚投行贷款资助最有影响意义的行为进行专门研究，除贷款条件设置外，该职能下的其他行为都是为保障条件的有效实施而做的准备。

## 二、亚投行贷款条件的实体规则

在亚投行正式文件中涉及贷款条件的主要有《亚投行协定》《亚投行贷款条件通则》《亚投行融资业务政策》《亚投行环境和社会保障框架》四个文件。

首先，《亚投行协定》将亚投行的投资领域限定在基础设施及生产性领域，“利用其可支配资金为本区域发展事业提供融资支持，包括能最有效支持本区域整体经济和谐发展的项目和规划”。[1]实际上，规划一词则显示非项目贷款也是亚投行的贷款业务类型。因此，亚投行的贷款实则包括主权贷款和非主权贷款，贷款方式包括直接贷款、联合融资和参与贷款，贷款对象涉及任何成员方的行政机构、单位、企业、参与本区域经济发展的国际机构及私营实体等。特殊情况下，经亚投行理事会绝大多数投票通过，贷款也可向其他对象开放。《亚投行协定》第 13 条所规定的业务原则要求，亚投行在开展业务时要保证从事的每项业务需符合银行的业务和财务政策，不仅仅单纯考虑环境和社会影响方面。同时，在对融资进行审议时，还应考虑借款方从别处获得资金的能力。以风险适宜的融资条件从事担保融资等业务。另外，依照《亚投行协定》的业务原则及其他规定，亚投行在发放、参与或担保贷款时，需订立合同对贷款或担保条件予以明确，所设置的贷款条

---

[1] 《亚投行协定》第 2 条。

件应考虑银行收益和财务状况的需要。

其次，《亚投行贷款条件通则》详细规定了贷款协议和其他法律协议的具体条件，涵盖了借款申请、贷款条件、项目执行、消极担保等内容。该通则第 3 条明确了贷款条件的前端费用、利息、还款、预付款、分批付款、支付地点、货币和方式及贷款条款转换等。通则适用于银行与项目实施主体或银行与成员方间签订的贷款协议条款，明确贷款条件的有效性和合法性。但是，《亚投行贷款条件通则》缺乏强制执行力和效力，但贷款协议的任何条款与该通则的任何条款不一致时，以法律协议的条款为准。贷款协议可依据意思自治原则选择该通则的条件或对该通则的条件进行修改和补充。

再次，《亚投行融资业务政策》规定了亚投行融资业务的具体规则，规定银行应以特定项目或特定投资计划提供股权投资、融资和技术援助等。若有成员反对该种融资，则银行不得资助该成员领土内的任何事业。同时，《亚投行融资业务政策》应确保每项融资业务符合银行的业务和财政政策，并且采取必要措施，确保银行担保、参与及提供的任何融资收益仅用于融资的目的，并适当注重经济和效率。依据《亚投行融资业务政策》，亚投行会对项目逐个进行评估，包括技术评估、经济评估、财务评估、环境和社会评估、稳健及财务管理评估、风险评估、成本收益评估、法律评估及采购评估。[1] 必要时可引入第三方进行多方面评估。

最后，亚投行贷款条件在环境和社会等方面的要求在《亚投行协定》第 13 条中有所提及，具体表现为《亚投行环境和社会保障框架》。依据《亚投行环境和社会保障框架》的规定，亚投行需

---

[1] 廖凡：“比较视野下的亚投行贷款条件研究”，载《法学杂志》2016 年第 6 期。

要对项目进行环境和社会的尽职调查，以适宜项目规模和性质的方式开展，调查方式需与项目潜在的环境和社会风险及影响程度成比例。若调查发现项目存在潜在的负面环境风险和影响，则客户将被要求对这些风险和影响进行评估，并设置相对应的措施来应对。与此同时，《亚投行环境和社会保障框架》所附的“环境和社会排除清单”列明了禁止亚投行在明知情形下依旧提供融资的项目范围。此类禁止性规定可以在某种程度上避免借款方等走上以牺牲环境或公民权益为代价的老路，这不仅对借款方有益，而且也有利于保障人类的可持续发展。

## 三、亚投行贷款条件的法律位阶分析

法律位阶是指每一部法律规范在法律体系里的纵向等级。在一般意义上，下位阶的法律必须服从上位阶的法律，所有的法律必须服从最高位阶的法。同时，“特别法优于一般法”“新法优于旧法”。通过理解亚投行法律体系中各类法律规范的效力位阶，有助于我们更好地理解贷款条件所产生的法律效力问题。

### （一）亚投行自身的法律体系

亚投行已形成自身相对完善的法律体系。国际多边金融机构所形成的法律规范，可以从形式和内容两个方面对其加以分类。从法律渊源来看，亚投行法律规范中，第一类为亚投行的基本文件，即《亚投行协定》，其作为亚投行的“宪法”，对成员方具有普遍的约束力，涵括了亚投行宗旨、目标、份额认缴、机构设置及决策程序等事项；第二类为亚投行理事会制定和修改的《亚投行附则》及其所通过的决议，该类规范主要是对《亚投行协定》的具体化和补充；第三类为由理事会及董事会拟定和修改的《理事会议事规则》、《董事会议事规则》及其决议，它为《亚投行协定》提供了具体的实施规则、程序、制度及相关条文的解释。以上三类法律规范的法律效力从高到低。[1] 另外，由于《亚投行协定》对理事会决议是否有约束力并未作出明确的限制，因此原则上理事会决议可以对成员方产生约束力。执行董事会的决议也可因理事会直接授权而产生法律约束力，只是效力等级弱于理事会决议。[2] 亚投行的法律渊源除来自自身外，还包括一些国际法渊源，诸如国际组织法、一般法律原则等也同样适用，只是得到重视及具体实施的程度不同而已。

亚投行法律规范也可分为强制性规范和一般选择性规范，前者如融资比例、业务原则、不干涉成员方政治事务原则等[3]，后者如《亚投行贷款条件通则》第 1 条第 2 款规定的贷款协议可以选择其中的条件安排并根据不同需求进行适度修改和补充。两种类型的法律规范都具有法律约束力，仅在适用效力上存在一定的差异。为此，亚投行贷款条件的法律效力问题大致可以归为两类：一类是《亚投行协定》中关于贷款条件的法律规范；另一类是关于如何执行贷款条件而由董事会通过的决议。同时，贷款条件本身是否属于强制性或选择性法律规范，取决于两个因素，即所属文件的法律性质和双方的意思表示。第一，若贷款条件所指内容规定于《亚投行协定》当中，则其自然属于强制性法律规范，对成员方有法律约束力。第二，若贷款条件作为执行董事会具体决定附加于贷款协议，则其由于缺乏当事方合同意思表示要件而不产生法律效力，如 IMF 贷款条件下的备用安排。

---

[1] 李仁真主编：《国际金融法专论》，湖北人民出版社 1995 年版，第 17—18 页。

[2] 《亚投行协定》第 26 条。

[3] 《亚投行协定》第 13 条、第 14 条、第 31 条。

### （二）亚投行贷款条件所形成的“软法”体系

“软法”是相对“硬法”提出的概念，依据《布莱克法律词典》将其定义为“那些规定了行动模式但不直接强制执行的行动方针、政策性声明或规章”。[1] 软法的核心要素是缺乏法律拘束力[2]，即行动各方共同遵守相关内容并促使其产生实际的效果，不遵守不属于违背义务。软法一般靠自愿及自我限制的方式实施，可能出于对道义、害怕报复行为或其他激励性目的等的考虑[3]。软法在国际法语境下，可以分为两类：一类是法律性软法，即存在于条约或国际组织决定中有软性义务的规定，它的违反可产生法律制裁后果；另一类是非法律性软法，即不具有约束力的决议和行为规范，通常通过政治制裁来实现。[4]

亚投行有相对完善的法律制度，分析亚投行贷款条件的“软法”规则，有助于更好地理解“硬法”之外贷款条件所产生的具体法律效力。具体而言，法律性软法主要指亚投行董事会针对《亚投行协定》中明确银行业务的决定及《亚投行贷款条件通则》。该通则体现了亚投行在贷款协议涉及“条件性”谈判时所应遵守的行为准则，如依据合同意思自治原则允许贷款协议条款可根据不同需求进行修改。《亚投行贷款条件通则》从性质上看属于一般选择性条款，具有“软法”性质，不具有强制适用的效力，一般

---

[1] Bryan A. Garner, *Black's Law Dictionary*, West Group, 1999, p. 397.

[2] Linda Senden, Soft Law, Self – regulation and Co – regulation in European Law: Where Do They Meet? . *Electronic Journal of Comparative Law*, Vol. 9, No. 1, 2005, p. 18.

[3] Roy Goode, *Commercial Law*, 2nd edition, London: Penguin Books, 1995, p. 20 – 21.

[4] C. M. Chinkin, The Challenge of Soft Law: Development and Change in International Law, *International Comparative Law*, Vol. 38, 1989, p. 850.

认为当成员方在违反该通则及《亚投行协定》时才产生法律责任。实际上，通则是通过细致的编纂，在具体实践中灵活性强。《亚投行贷款条件通则》如同 IMF 2002 年《贷款条件指导方针》一样，尽管都是“软法”，但对内而言并不意味着对机构本身没有约束力。[1]《亚投行贷款条件通则》是董事会对“贷款条件性”的含义及行为准则所做的解释性决定，为此该通则似乎类似于亚投行对《亚投行协定》中“基础设施”和“其他生产性领域”的含义所做的解释性决定，但是两者产生的程序不同导致法律性质存在差异。由于《亚投行贷款条件通则》并未完全遵守亚投行的正式决策程序，而是亚投行的非正式决定。亚投行拥有对《亚投行协定》具体条款的排他性解释权，一般认为亚投行各种决定的法律效力来源于亚投行对其的权威解释，然而亚投行却并没有对正式解释和非正式解释的法律效力加以区分，所以原则上认为《亚投行贷款条件通则》拥有法律上的拘束力。根据《亚投行协定》作出的董事会的正式决定理应对成员方有明确的法律效力，其审查、废除，或宣布无效都必须由理事会随后的解释来进行。但是，由于《亚投行贷款条件通则》的“软法”性质，致使其对成员方法律约束力不足，实际执行还需辅助其他条件性安排。

另外，属于非法律性软法的是由董事会通过的关于贷款条件的决定，由于《亚投行贷款条件通则》是贷款条件性的一般选择性条款，不具有强制适用的效力，不属于贷款协议的组成部分，但又因贷款发放取决于亚投行决策机构。因此，尽管成员方对条件性内容可与亚投行协商，存在一定的选择权，但实际规则的执行仍事实上依赖于成员方的“信用”，并且虽违反该通则并不产

[1] Eva Riesenhuber, *The International Monetary Fund under Constraint—Legitimacy of it's Crisis Management*, Kluwer Law International, 2003, p. 302.

生强制性法律责任，但是相应制裁后果使其存在一定的拘束力。

概而言之，《亚投行协定》第 14 条融资条件第 1 款对亚投行贷款条件作了原则性规定，但是由于其笼统性可能导致实施效果不佳，这就需要亚投行对此加以解释。亚投行决策机构关于《亚投行贷款条件通则》的决定对亚投行有法律上的约束力，这是亚投行自身的强制性规范，但成员方视具体情况可在贷款协议中对通则的某些规定作出相应修改。可见，亚投行贷款条件在国际法上的效力位阶实则取决于有关规定所属文件的法律性质。

## 四、亚投行贷款条件的实际法律效力剖析

### （一）《亚投行协定》在程序法上规定了“条件性”的事实拘束力

“虽然传统国际法上一般没有实体法和程序法的区分，但当代国际法中的程序法律制度已有较大的发展”。[1] 国际法中的程序法主要用来促进国际法的实施，依据《亚投行协定》的规定，决策机构批准备用安排其实就是程序法内容的一部分。亚投行设置贷款条件的程序包含国别战略书、实质性评审、协商谈判等。那么，决策机构的决定如何在程序法上引起亚投行与成员方之间权利义务发生变动呢？其实，决策机构审核并批准贷款条件，是亚投行贷款条件产生约束力的必经环节和必要程序。《亚投行协定》通过此程序上的必经性把决策机构的决定放在了“基础性”的地位，成为成员方获得亚投行贷款资助必过的一道“坎”，从而使决策机构的决定即亚投行贷款条件在程序上具备了约束成员方的能力。

[1] 江国青：“略论国际法实施机制与程序法制度的发展”，载《法学评论》2004 年第 1 期。

无论从理论上还是从实践上看，否认决策机构的决定在程序法上的法律效力是行不通的。由于亚投行贷款资助对成员方来说，是它们应对国内基础设施建设资金短缺的一种有效手段，可将该权利看成是成员方在亚投行项下的既得利益，而国家在本质上都具有逐利性，为此成员方不会轻易放弃这种利益。另外，亚投行贷款条件被认为是贷款协议中的“先决条件”，具备法律的一般属性，如若借款方不能满足先决条件可能会产生违约情形。[1] 我国学者普遍认为，先决条件是国际贷款协议的履行条件，而非协议的生效条件。[2] 因此，若成员方不按照一定程序申请亚投行贷款，则先决条件不影响亚投行与借款方间贷款协议的效力，但却直接关系到银行是否发放贷款。

亚投行方面，《亚投行贷款条件通则》的有关规定是为了保证亚投行权力和职权得以实现或行使，从程序法意义上可以认为其是约束亚投行的程序性规定。其中，关于行长提出推荐意见、董事会批准等都被认为是“条件性”的必经步骤。成员方方面，磋商、国别战略书等是借款方申请亚投行普通资金的必要程序。可见，贷款条件不是借款方与亚投行直接协商的结果，而是要经过一系列程序得以确定的制度安排，每一个必经步骤都体现了《亚投行协定》第 14 条第 1 款规定的成员方申请一般提款权的“充分保障”要求。总之，借款方若要获得亚投行的金融资助，必然要获得决策机构对此的决定并受之约束，这便是贷款条件设置在程序法上产生法律效力的必要性。

---

[1] 孟于群：“‘一带一路’之亚投行贷款条件的设计理路”，载《江西社会科学》2018 年第 2 期。

[2] 刘胜题：《国际银团贷款法律风险分析》，中国财政经济出版社 2013 年版。

### （二）《亚投行贷款条件通则》在实体法上体现了“条件性”的约束力

在法理学上，实体法是规范实体权利义务的。它以规定和确认权利和职权以及义务和责任为主要功能。《亚投行贷款条件通则》第 7.04 款规定：其一，贷款协议的效力高于借款方国内法，并排除任何国内法的适用；其二，针对贷款协议条文解释及协议履行过程中产生的争议一律交由仲裁裁决。针对第一点，由于亚投行不同于大多数营利性金融机构，而是作为提供基础设施建设贷款的国际多边机构。因此亚投行有必要拒绝借款方选择本国法作为协议的准据法或公共秩序保留，因为这样可能导致贷款协议的效力长期处于不确定状态。对于第二点即亚投行对仲裁程序的排他性适用，是大部分国际组织在贷款协议中的普遍做法，体现了贷款方从解决法律冲突的长期实践中形成的统一惯例。[1] 无论是针对国际法主体之间的协议，还是亚投行与借款方某企业实体间的贷款协议，《亚投行贷款条件通则》都排除国内冲突法的适用，以保证借贷双方遵守本应承担的国际义务。总地说来，《亚投行贷款条件通则》对贷款协议中“借款人”并未按成员方借款人和非成员方借款人加以区别，而是统称为贷款协议的借款方。亚投行与非成员方之间的贷款协议虽缺乏当事双方都为国际法主体资格这一要件，但由于担保协议的存在，使得亚投行、借款方和担保方三者存在密不可分的内部法律关系。《亚投行贷款条件通则》规定了较为具体的金融条款，并要求贷款条件争议适用仲裁及排除国内法，体现了亚投行已从实体法层面上强化了“条件性”的法

---

[1] G. R. Delaume. Jurisdiction of Courts and International Loans. A Study of Lenders' Practice, *The American Journal of Comparative Law*, 1957, 6 (2/3): 211.

律拘束力。

亚投行贷款条件拥有规范性拘束力，该效力并不是来自类似合同性质的条件性规定本身，而是出自于不遵守条件所产生的经济和地缘政治的消极影响。[1] 如同其他金融合同，贷款条件也包含“诚信”性质的内容，即要求“尽职履行”有关规定。贷款条件本身在范围和内容上比传统合同关系要广泛和宏观，因为它主要关注的是项目计划或政策措施的实施。就连世界银行也承认“如果成员方没有满足特定条件，借贷方就有权停止资金的发放”[2]，这类似“制裁”的规定似乎是对贷款条件法律性质的模糊定义。当然，这并不是不遵守贷款条件的唯一后果，它有可能导致其他渠道贷款的停止、推迟官方债务减免或者向私营金融市场发送消极信号。例如，IMF 对最不发达国家债务减免则要求该成员方在 IMF 和世界银行项目中有改革的记录和实行了良好的政策。[3] 同时，遵守 IMF 贷款条件的记录也会对 G20 债务重组及国家的国际信用评级产生影响。由此可见，亚投行决策机构对贷款条件的决定在实际实施和是否批准金融资助的过程中，都会间接或直接影响到借款方的贷款申请和实现。亚投行与成员方的贷款协议属于合同性

---

[1] Celine Tan, *The New Disciplinary Framework*: *Conditionality*, *New Aid Architecture and Global Economic Governance*, *in Governance through Development*: *Poverty Reduction Strategies*, *International Law and the Disciplining of Third World States*, Routledge, 2011, p. 112.

[2] World Bank, *Review of World Bank Conditionality*: *The Theory and Practice of Conditionality*: *Legal Aspects of Conditionality*, Washington DC: World Bank, 29 June 2005.

[3] IMF, *Debt Relief under the Heavily Indebted Poor Countries* (*HIPC*) *Initiative*, A Fact Sheet, Washington DC: IMF, March 2009.

质，但是贷款条件有时可作为独立文件附加于贷款协议之后。[1] 当然，贷款条件中所指“条件”与民法意义上附条件法律行为[2]存在巨大的差异。民法意义上的“附条件”是合同的一部分，是决定合同生效与否的不确定事实。然而，借款方是否满足亚投行的贷款条件并不影响贷款协议的效力。为此贷款条件本质上是一系列确定且量化的未来目标，具有事实上的拘束力，正是由于其要求成员方所承担的实际后果使其具有法律上的意义。

总之，亚投行贷款条件源于《亚投行协定》第 14 条第 1 款的规定，它在涉及亚投行贷款资助的具体实践中得到发展，于社会、环境、人权等考量中频现，又因《亚投行贷款条件通则》的适用而备受瞩目。理论上，亚投行设置贷款条件源自《亚投行协定》，为亚投行向成员方提供贷款资金设置了一个防御性保障，于法于理都较为妥帖。在实践中，亚投行设置贷款条件有其固定的程序和实体规则，且已产生了实际的拘束力。亚投行作为中国“研发”的国际公共产品且作为“一带一路”建设融资的主要平台，对贷款条件的合理设置有利于贷款项目的可持续发展。

---

[1] Celine Tan, “Governance through Resource Dependency: The Legal Aspects and Political Context of Structural Adjustment Programmes”, in Bradlow, Daniel and David Hunter ed., *International Law and International Financial Institutions*, Kluwer, 2006, p. 14.

[2] 《中华人民共和国民法典》第 158 条规定：“民事法律行为可以附条件，但是根据其性质不得附条件的除外。附生效条件的民事法律行为，自条件成就时生效。附解除条件的民事法律行为，自条件成就时失效。”该法典第 159 条规定：“附条件的民事法律行为，当事人为自己的利益不正当地阻止条件成就的，视为条件已经成就；不正当地促成条件成就的，视为条件不成就。”

## 第三节 亚投行贷款条件的设定依据

《亚投行协定》和《亚投行贷款条件通则》是亚投行公布的正式文件中涉及贷款条件的最主要的法律文件，是亚投行后续进行贷款谈判和起草的法律依据。《亚投行贷款条件通则》是亚投行继世界银行1945年《国际复兴开发银行贷款条件通则》之后，第二个公布贷款条件通则的多边金融机构。比较国际金融机构协定和贷款条件通则的文本发现，《亚投行协定》在关于融资条件时使用“terms and conditions for financing”，其中“conditions”和“terms”在表达内容上存在一定的差异性。一般认为，“conditions”泛指贷款条件，包含原则和一般性具体条件；而“terms”则指较为具体的贷款协定中的条款，如《亚投行贷款条件通则》所使用的“loan terms”。

### 一、《亚投行协定》对贷款条件的原则性规定

《亚投行协定》第1条规定，亚投行的宗旨在于通过在基础设施及其他生产性领域的投资，促进亚洲经济可持续发展、创造财富并改善基础设施互联互通，并与其他多边和双边开发机构紧密合作推进区域合作和伙伴关系。为此，亚投行履行以下四方面的职能：（1）推动区域内发展领域的公共和私营资本投资，尤其是基础设施和其他生产性领域的发展；（2）利用其可支配资金为本区域发展事业提供融资支持，包括能最有效支持本区域整体经济和谐发展的项目和规划，并特别关注本区域欠发达成员的需求；（3）鼓励私营资本参与投资有利于区域经济发展尤其是基础设施

和其他生产性领域发展的项目、企业和活动；（4）为强化这些职能开展其他活动和提供其他服务。该职能指引着亚投行贷款条件的设置。

亚投行订立贷款或担保合同所明确的条件应依照《亚投行协定》第 13 条的业务原则及其他条款的规定，同时将银行收益和财务状况的保障纳入考虑范围[1]。《亚投行协定》第 14 条明确了亚投行贷款条件需要参考的三个内容：第一，亚投行贷款条件以各项业务原则为准；第二，《亚投行协定》其他条款对亚投行贷款条件的限定；第三，亚投行贷款条件设置要注重银行收益和财务状况。

首先，《亚投行协定》第 13 条关于银行业务原则的具体规定，该条第 2 项规定了银行的业务应该主要是"特定项目""特定投资规划""股权投资"和"技术援助"。亚投行中"特定"一词已限定项目和投资规划的条件性（即项目贷款条件和政策性贷款条件），此处的"特定"可以理解为是《亚投行协定》第 1 条、第 2 条所称的宗旨和职能，即项目贷款主要针对基础设施和生产性领域的投资。亚投行在贷款条件上并不像其他国际金融机构以"特殊情势例外"作为政策性贷款条件的法律依据，并以此渗透到借款方内部的制度建设和安排。相对而言，亚投行在章程中对宗旨、职能和融资条件并未规定"特殊情势例外"。另外，国际金融机构在"采购条件"中对国别限制的规定也备受诟病，特别是发达国家进行的捐赠和技术援助项目一般都会进行国别限制，即用贷款和技术援助换取贸易。[2] 然而，《亚投行业务原则》第 4 项包括但不限于保护环境和社会影响方面的政策，关于环境和社会影响方面具

---

[1] 《亚投行协定》第 14 条。

[2] 孟于群："'一带一路'之亚投行贷款条件的设计理路"，载《江西社会科学》2018 年第 2 期。

体可参照亚投行颁布的《环境与社会框架》；《亚投行业务原则》第5项和第6项规定了偿债能力和市场融资不能作为可供选择或同时作为贷款协议的先决条件；第7项规定了融资风险的应对；第8项规定了不管是普通业务或是特别业务，银行不对融资项目的货物和服务采取国别限制；第11项明确了“控制权”的问题，除了保护银行投资需要外，银行对所投资的企业和实体不应承担任何管理责任，也不苛求对该企业或实体的控制权，这极大地保证了借款方的自主权。

其次，《亚投行协定》第1条和第2条对宗旨和职能的“条件性”限制体现在“基础设施”和“其他生产性领域”这两个方面，而“其他生产性领域”这一概念对“条件性”范畴的认定提供了一定的弹性空间。对此，亚投行在一定程度上需要对“条件性”范围进行限制，如限制职能的范围和明确业务范围，对“其他生产性领域”作出清晰或严格解释，避免对“条件性”进行过度干预，造成合法性危机。同时，《亚投行协定》第31条规定的“不干涉成员方政治事务原则”，要求银行及其职员不干涉任何成员方的政治事务，决策时也不得受任何成员方政治因素的影响，决议产生只考虑经济因素。此处，经济因素界定不清晰，为“条件性”的确定留下较大的谈判空间。

最后，亚投行为了保障自身的收益和财务的需求，对亚投行贷款条件作出了对偿债能力的考察、股权投资金额不超过一定比例、货币风险最小化等方面的政策规定。

## 二、《亚投行主权支持贷款条件通则》对贷款条件的选择性规定

《亚投行主权支持贷款条件通则》（以下简称《亚投行贷款条

件通则》）是具体规定金融条款的一般选择性规定。《亚投行贷款条件通则》与国际复兴开发银行的条件通则相比，亚投行的条件通则虽以“主权支持贷款”为名称，但从本质上看两个银行的条件通则均适用于银行与成员方或银行与项目实施实体之间签订的贷款协议条款，且内容基本一致。其中很大一部分是修改和新增的条款，完善和推动了贷款“条件性”有效性和合法性的发展。

第一，《亚投行贷款条件通则》第 1 条第 2 款明确了通则的法律地位，即任意贷款协定条款若与通则某项条款产生冲突，则以法律协定条款为准。这便表明《亚投行贷款条件通则》是亚投行贷款条件的一般选择性条款。具体而言，《亚投行贷款条件通则》并不具有实际的强制执行力和适用效力，贷款协定的签订可以选择、修改补充其中的条件安排或自行拟订，这从一定意义上反映了“意思自治原则”在亚投行贷款协定“条件性”谈判中的地位。

第二，《亚投行贷款条件通则》并没有使用《国际复兴开发银行贷款条件通则》第 2 条关于提款的“银行的特别承诺”的规定，即借款方依据贷款协定可以请求银行作出书面的特别承诺，若银行或借款人日后终止或取消贷款，银行也会支付合理费用。《国际复兴开发银行贷款条件通则》第 7 条第 1 款规定，借款国不得取消属于特别承诺范围内的任何款项。《亚投行贷款条件通则》未采纳“特别承诺”的做法，是考虑到该“特别承诺”是银行或借款人之间约定的为特别附加的“条件性”作出了更加明确的金融条款安排，用此承诺另行约束借贷双方的某些权利和义务。若《亚投行贷款条件通则》引入“特别承诺”，实则是在强化和细化对“条件性”实施作出的保障性安排，违反则借款方将面临违约而被要求提前还款或中止发放贷款的后果。

第三，《亚投行贷款条件通则》规定了详尽且具体的贷款协议的金融条款，其中包括提款的申请条件；贷款条件；消极担保条款；仲裁条款；贷款的取消、终止和加速还款条款等规定。在实践中，消极担保条款和加速提前偿付条款容易产生争议。《亚投行贷款条件通则》第6条第2款规定了，如果借款人或项目实施主体或担保人实施了本项目贷款所禁止的行为，则银行可以在任何时候决定暂停发放贷款，这是银行可暂停发放贷款中新增加的（c）项“禁止行为”的情形。对此，可将此条款看成是对《亚投行协定》第14条融资条件中为了保障银行收益而配合设定的具体条件。同时，亚投行专门出台了配套性文件《有关禁止行为的政策》，该文件以最高道德准则的方式列举了“禁止行为”的具体情形，如胁迫、共谋、腐败、欺诈、滥用资源、阻碍和盗窃行为，在今后的贷款协议中可根据贷款性质自由选择运用禁止行为的相关规定。

## 第四节　亚投行贷款条件的制度设计

亚投行贷款条件体现了不干涉内政、“差别待遇”及善意履行国际义务等国际法原则，也有众多国际组织法的有关规则在亚投行的有关文件中设置的贷款条件中有体现。以期规范贷款条件的发展模式，促使亚投行走向“善治”并推动中国正确的角色定位。

### 一、亚投行贷款条件设置理念的转变

#### （一）亚投行贷款条件所体现的国际法原则

随着金融全球化的深入，关于亚投行贷款条件所体现的国际法原则可以从贷款条件的适用对象、实施方针和效果等角度，以它所

颁布的《亚投行协定》、《亚投行贷款条件通则》、《融资业务政策》[1]及《环境和社会框架》[2]等文件为基础来进行简要讨论。

1. 不干涉内政原则

不干涉内政原则指任何国家及组织不得干涉属于一国主权管辖之事项。该原则是其他国际法原则、规则和制度制定的出发点。对亚投行而言，不干涉内政原则要求亚投行无论成员方为发达国家或发展中国家都统一对待，不干涉借款方国家主权管辖之事项。例如，《亚投行协定》第31条规定了不干涉成员方政治事务原则，即亚投行行长、职员等不得干涉任何成员方的政治事务，也不在决策时施加政治影响，决策只考虑经济因素。《融资业务政策》第3.1.6条和第3.1.7条也体现了亚投行业务不干涉政治这一原则。亚投行贷款条件设置非政治附加条件，避免公共部门治理和改革等政治性条件，坚持了不干涉内政这一国际法基本原则。

2. "差别待遇"原则

"差别待遇"是指国家给予外国人不同于本国公民的待遇，或对不同国籍的外国人给予不同的待遇。[3]由于主权国家与外国人属于不对等主体，因此该原则难以适用于亚投行与成员方间。但是该原则的核心——"差别"可适用于亚投行的贷款条件，即在适用对象平等的基础上要求采取的调整政策存在差异性。理论上，亚投行的贷款条件以"平等对待"为原则，"差别待遇"为例外。贷款条件性的"差别待遇"不等于歧视性对待，而应理解为"灵

---

[1] AIIB, Operational Policy on Financing, January 2016, http://www.aiib.org/uploadfile/2016/0226/20160226051812319.pdf.

[2] AIIB, Environmental and Social Framework, February 2016, http://www.aiib.org/uploadfile/2016/0226/20160226043633542.pdf.

[3] 梁西主编：《国际法》，曾令良修订，武汉大学出版社2012年版，第251页。

活对待”，即亚投行执行董事会在设置贷款条件的具体内容时，应该从成员方实际金融状况出发，具体问题具体分析，充分尊重成员方对金融结构性改革的主导权。例如，在《亚投行协定》第 13 条银行业务原则的具体规定中，第 8 项是对“条件性”进行限制最重要的一项原则，即亚投行不对融资项目的货物和服务采购进行国别限制；又如，该条第 11 项对“控制权”也作出了规定，即亚投行对其所投资的实体或企业既不寻求控制权又不承担管理责任。其实，通过这些文件可窥见亚投行在贷款条件设置上具有灵活性，且适当“差别”地制定了有关规定，尊重成员方的经济主权。

3. 善意履行国际义务原则

国际惯例和条约必须遵守，指出会员方应“尊重由条约与国际法其他渊源而起的义务”。善意履行国际义务有利于保持国际法的有效性和国际法律秩序的稳定。《亚投行协定》作为国际条约，成员方必须遵守。除了亚投行成员方需要遵循组织章程外，亚投行贷款条件的具体内容也应符合借款方国内相关法律规定和其他国际协议，以及国际条约和宣言。[1] 例如，2005 年签署的，被称为“巴黎规则”的《关于援助有效性的巴黎宣言》中提出的和谐、合作、所有权、成果与共同责任五项原则和 12 项具体指标，这些规定也是亚投行贷款条件设定的基础和前提。因此，国际强行法、“对一切的义务”及有关国际条约中的国际义务都无形地成为亚投行贷款条件需遵守的规则。

## （二）国际组织法下亚投行贷款条件的适用

亚投行属于政府间多边金融开发机构，其所具有的国际法资

---

[1] 王超：“中澳自贸区内保障措施的实施：以 WTO 合规性为视角”，载《浙江工商大学学报》2017 年第 4 期。

格已受到广泛认可，为此，国际组织法相关规则也必然适用于亚投行。亚投行设置贷款条件存在内外部原因，以此为基础运用国际组织法下国际合作相关规则进行分析能够更为全面地认识条件性本身所具有的本质内涵。国际合作是全球金融治理下一个多方参与的动态过程。其中，国际组织是现代国际生活中促成国际合作的一种法律形态。[1] 亚投行设置贷款条件体现着“国际合作”这一基本精神。

《亚投行协定》第 1 条第 1 款规定了亚投行依据其章程有与其他国际金融组织国际合作的义务。《联合国宪章》第 56 条可以看成是亚投行国际合作义务的国际法渊源，即联合国会员国承诺就经济或其他领域事项进行国际合作。就贷款条件性方面，亚投行重要的合作伙伴有世界银行、亚开行、欧洲复兴开发银行、非洲开发银行等。亚投行为成员方基础设施建设等生产性领域提供贷款资助，而世界银行则旨在促进成员方经济复苏而提供长期贷款。如今，各类多边金融开发机构尽管贷款条件的设置存在相类似的情形，但亚投行在与其他机构合作过程中也体现了它的独特个性。

1. 与世界银行的合作

亚投行与世界银行存在诸多合作领域，主要表现在以下几个方面：第一，亚投行成员方向世界银行会员方开放。第二，根据《亚投行与世界银行合作备忘录》第 1 条规定，世界银行和亚投行通过定期召开会议、书面文件等多种方式共享信息、交流经验；同时，该条第 2 款针对融资工具、多边开发金融机构在环境与社会

---

[1] 梁西：《梁著国际组织法》，杨泽伟修订，武汉大学出版社 2011 年版，第38 页。

框架、信息技术等方面交换法律及制度信息。❶ 尽管世界银行与亚投行都设置了政策性调整项目，但是两者设置的贷款条件在内容上存在巨大差异。亚投行方面，政策性贷款条件被限定在《亚投行协定》第 13 条银行业务原则第 2 项中，即亚投行的银行业务主要是“特定项目”“特定投资规划”“技术援助”和“股权投资”。这里“特定”便是依据《亚投行协定》第 1 条和第 2 条对亚投行业务作出的首要限定，即亚投行不会轻易设置政策性贷款条件。世界银行方面，政策性贷款条件是“自下而上”的微观经济调整方式，以宏观领域审慎政策为基础，旨在实现资源的合理配置。例如，世界银行借助“特殊情势例外”条款为其政策性条件埋下合法性依据，实际上却把业务活动逐渐渗透到借款方对内的制度建设及对外制度安排中。第三，贷款条件的具体文件方面，世界银行所要求的发展政策书及在发展政策书基础上达成的贷款协议和亚投行就基础设施领域达成的贷款协议，都具有国际条约的法律效力。❷ 而在亚投行方面，借款方要求拟订国别战略计划书连同贷款申请一起提交亚投行，这替代了传统金融机构的谈判程序，亚投行对借款方国别战略书中的贷款条件进行相关性和评估性审查，本质上不会增加有关贷款条件的内容，原则上仍以借款方自我约束和完善有关内容为主。❸

---

❶ See Memorandum of understanding between World Bank and AIIB, https://www.aiib.org/en/news-events/news/2017/_download/.world-bank-aiib-sign-cooperation-framework.pdf.

❷ 缪心毫：“世界银行与国际货币基金组织贷款交叉条件的法律分析”，载《现代法学》2010 年第 5 期。

❸ 孟于群：“‘一带一路’之亚投行贷款条件的设计理路”，载《江西社会科学》2018 年第 2 期。

2. 与亚开行等国际多边金融机构的合作。

亚投行与亚开行在 2016 年也签署了加强相互间合作的备忘录，在备忘录中强调两个机构为了地区共同利益和目标，应该在气候变化、能源、交通、农业发展、环境保护等多领域加强合作、展开对话，同时共同支持地区国家政策性改革及依据《2030 年可持续发展议程》《巴黎协定》采取更有效的合作行动。[1] 截至 2018 年年底，亚投行 30 余个项目中，与世界银行等多边机构联合融资项目占 60% 。这种合作与交流反映了包括传统金融机构在内的同业竞争者对亚投行的认可。

亚投行除了致力于为亚洲发展中国家提供基础设施建设贷款这一目标外，还要努力建设投资、运营、监管、资金偿还为一体的项目管理办法，要在遵循国际惯例和符合各国国情的情况下制定并予以实施。相比较而言，IMF、世界银行、亚开行等多边开发银行机构的目标与任务是多样化的，而亚投行则主要侧重于基础设施建设。亚投行的定位和其设定的目标相对单一，因此其更能聚集大量资金满足亚洲基础设施融资的巨大需求。亚投行的最终目标不在于取代亚开行等多边开发银行，而是在互补基础上以基础设施建设投资为突破口，推动亚太地区的经济发展。

3. 亚投行与成员方的合作

亚投行宗旨与目标的实现需要亚投行与成员方进行国际合作，亚投行作为政府间国际组织，《亚投行协定》是成员方意志协调的产物，该国际条约的订立表明成员方将部分贷款融资管辖事项让渡给亚投行，是主权国家与国际组织合作的表现形式。亚投行相

---

[1] See Memorandum of understanding for Strengthening Co – operration Between Asian Development Bank and AIIB, https://www. aiib. org/en/about – aiib/who – we – are/partnership/_ download/adb. pdf.

较于世界银行与亚开行，是一个内部制度更加开放和包容的机构。首先，金砖五国在亚投行中合计拥有 48.45% 的股权，远高于其在世界银行 14.03% 的股权，表明亚投行中发展中国家话语权得到增强，股权结构更为合理和平衡。其次，内部决策机制更加公平，中国不寻求一票否决权。最后，亚投行人事任免依据个人能力而非政治联系，更加现代化。以上这些都表明，亚投行积极与成员方合作，致力于银行内部机构、决策程序、人事任免的公开化和透明化。

亚投行作为新型的多边开发性机构，是“南南合作”的新代表，拓展了现有国际金融体系下的融资渠道。传统国际金融机构的贷款资金主要来自于发达国家，而亚投行的资金则以发展中国家为主，能更好地实现银行股本投资及储蓄盈余从发展中国家到发展中国家的良好流动。亚投行通过各种创新解决方案动员私人资本参与基础设施投资，亚投行在《2019 年亚洲基础设施融资报告》❶ 中指出，在经济下行与市场不稳定的时期，包括促进贸易、市场一体化和绿色能源分配等在内的跨境基础设施建设是必要的。

一方面，亚投行正努力调整融资方向，引进私人资本，使投资链条更加多样化。为此，亚投行拟设立一支 5 亿美元的基金，将基础设施作为一种资产类别，推动亚洲可持续的债务资本市场的发展，以此开发私人资本投资的巨大潜力。另一方面，在融资报告中，亚投行还对公共和私营部门项目进行部署。例如，重点为经济上可行的交通领域战略基础设施项目提供资金，以及重点对成员方的宽带等信息和通信技术领域互联互通项目进行投资。实

❶ Asian Infrastructure Finance 2019, https：//www. aiib. org/en/news – events/asian – infrastructure – finance/common/base/download/AIIB – Asian – Infrastructure – Finance – 2019 – Report. pdf.

际上，这两类中长期项目较少有私人部门参与，但是，由于该类项目的外溢性，私人部门的参与能够产生提高资源配置率及缓和经济周期性波动的双重效果。

目前亚投行共有一百多个成员，五年来累计批准贷款项目 108 个，累计批准融资额 220.2 亿美元，覆盖能源、电信、交通等多个基础设施领域，亚投行除主权贷款外，正在努力吸引更多的私人资本参与，由此亚投行产生的杠杆力量也必将是巨大的。

## 二、亚投行贷款条件的形式选择

从亚投行贷款条件的形式上看，贷款条件以多种表现形式出现在国际贷款协议中。例如，IMF 特殊的不具备国际贷款协议属性的“备用安排”、其他多边开发银行国际贷款协议中的“先决条件”、涉及两个贷款协议中的“交叉条件”。上述模式中哪种“条件性”更为符合亚投行的宗旨与目的呢？

基于前面几章分析，亚投行若采用 IMF“备用安排”模式显然不合适。IMF 贷款具有“临时性”和“周转性”，主要旨在解决成员方的国际收支不平衡而提供短期贷款。另外，“备用安排”一般不被认为是正式的国际贷款协议，对违约方缺乏强制的执行力，虽然有可能以中止贷款作为“威胁”，但是对 IMF 实际造成的资金损失难以救济。然而，IMF“备用安排”的灵活性特征可为亚投行所借鉴。IMF 成立之初，备用安排的创设正是基于早期 IMF 政策性条件的不确定性，当成员方协商且无法达成条件性指标时，并不认为是对国际贷款协定的违反，反而可以与 IMF 继续进行下一轮“条件性”安排的谈判。

“先决条件”是目前多边金融机构较为常见的贷款条件形式，亚投行采取先决条件更为适宜。将贷款条件作为国际贷款协议的先决条件使得贷款条件因嵌入国际协定而具有法律约束力，形式上更为稳定和规范，但缺乏一定的灵活性。换言之，如果借款方不能满足国际贷款协议中的先决条件，则可能会产生违约的情形，此时先决条件是否类似于“附条件合同”的生效要件尚未有定论。亚投行可将贷款条件进行细化，同时明确贷款融资的适用条件、贷款协议的生效条件和贷款的支付条件。这样便可在一定程度上避免一概地否定先决条件为贷款协议的生效要件。其中，亚投行贷款条件的融资需求、市场融资不能作为贷款融资的适用条件；环境因素和偿债能力可作为一般贷款协议的生效要件；政策性方面的条件因具有阶段性和长期性特色，可考虑作为贷款的支付条件。

“交叉条件”主要出现于IMF和世界银行的贷款协议中，两者互为条件渗入借款方政策性贷款条件规定之中。亚投行基于《亚投行协定》宗旨积极地与其他多边和双边金融机构开展合作，推动区域合作与发展。目前，亚投行已与IMF、世界银行等进行了合作尝试，并设立临时秘书处开展工作联系。在亚投行与其他国际金融机构进行合作时，特别是在进行联合融资和平行融资时，在贷款协议中嵌入“交叉条件”将会达到扩大亚投行职能范围的效果，因此对亚投行贷款协议条件适用“交叉条款”易产生合法性风险。

总而言之，亚投行贷款条件在坚持“非政治化”的立场之上，充分借鉴世界银行、亚开行、欧洲投资银行等现有多边机构的经验和教训，在项目评估、环境影响、保护当地文化、促进健康持续的经济发展等方面遵循高标准，并在高标准和亚洲地区受援方的实际情况之间找到平衡点，但不以附加政治条件为亚投行行为准则。

## 三、亚投行与传统多边金融机构的协同发展

### （一）亚投行贷款条件的自我提升

亚投行自成立以来，发展势头强劲，已获得国际三大信用机构的 3A 最高信用评级。如前所述，相较于传统多边金融机构，亚投行在贷款条件规则上作出了一定的创新，使其更符合发展中国家的利益诉求，更有利于国际金融体系的发展。对亚投行贷款规则可能出现的问题，需要做到“未雨绸缪”。

加强亚投行对贷款项目的评估力度，以减少项目的信用风险。亚投行在贷款程序上采用了相对简单的内部审核和风控系统，审批程序相对较少。这样的贷款制度设计虽更有利于借款方的贷款需求，但也可能存在一定的风险，导致项目成果达不到预期、非预期停工或无法偿还到期贷款等问题。对此，亚投行在加强项目评估力度基础之上，需要考虑借款方的政治及人文环境。另外，亚投行的非常驻董事会虽体现了广泛的代表性，但此制度设计可能因过于考虑国家利益，从而限制了项目的外溢效果而削弱项目的监督效果。就此问题，亚投行可在每一个项目设立一个临时监督委员会，积极鼓励当地非政治实体参与监督。

加强亚投行项目评审阶段的灵活性，采取多元化纠纷解决办法。亚投行对项目的评审主要针对借款方自拟条件承诺实施的国别战略计划进行实质性审查。依据亚投行贷款条件的“非政治化原则”，要求对项目的评审主要集中在条件的相关性和效果性上，亚投行应对此原则予以坚持。同时，由于亚投行主要集中于基础设施建设及生产领域，而该定位的项目往往周期长、数额巨大，因此面临更高的风险。如果借款方没有达到预定指标的情况，亚投行可视条件完成情况及项目性质来决定是否先中止贷款发放再

进行条件谈判，抑或是边谈判边继续发放贷款。亚投行需要以包容的心态来灵活处理贷款条件的安排。

亚投行继续坚持非政治性以及对环境和社会保障方面的要求，这契合国际社会对多边金融机构的期待和要求。亚投行应以发展的眼光设置贷款条件，以更高的标准要求自身，在坚持原则的前提下，既考虑贷款条件的动态性，又结合借款方国情作出最符合要求的调整。同时，设置完善的项目监督和激励机制，以保证项目的正常实施。

### （二）亚投行与传统多边金融机构协同发展模式探究

传统多边金融机构中，发展中国家话语权缺失，再加之发达国家将多边金融机构作为政治影响力的工具，从而在发展中国家和发达国家之间造成了严重的利益分配失衡。长期以来，世界银行等机构因贷款条件严苛、贷款程序烦琐、未能充分考虑受援国家实际情况等问题而广受诟病，其基于“华盛顿共识”而在贷款中附加的私有化、放松管制等政治性条件尤其遭到批评。亚投行的成立是为了突破原有国际金融体系，发挥发展中国家在全球治理中的作用，以利益再分配来推动新型国际金融体系的建设。亚投行作为提升发展中国家话语权的重要载体，在全球金融治理中的作用不可忽视。但是，亚投行的设立并不是为了彻底地推翻传统的金融治理体系，而是谋求发展中国家的发展之路，试图对传统金融治理体系进行调整和优化。亚投行与传统多边金融机构应相互合作、协同发展，让彼此在全球治理中实现共赢。

协同理论由德国物理学家赫尔曼·哈肯（H. Hoken）在 1972 年提出，该理论指出，在一个大系统中，各子系统之间相互协调、合作，实现“1 +1 >2”的效果。推演之，亚投行与其他多边金融机构都可认为是全球治理体系中的子系统，为了实现全球金融治理体系的变革，这些多边金融机构应该联合起来，共谋协同发展之路。例如，面对贷款需求规模大、周期长的项目，亚投行可以与传统多边金融机构进行联合贷款。由于基础设施建设资金需求量大，有时不是单个多边金融机构能够独自承担的，这时以联合融资的方式来进行贷款，似乎更为可行。但不可否认的是，亚投行与传统多边金融机构在贷款条件设置上存在不同的“认识”和规定，因此急需相互间的协调和配合。亚投行已和世界银行、亚开行、欧洲投资银行、欧洲复兴开发银行等机构进行了联合融资。亚投行相较于传统多边金融机构还是“新人”，在面对贷款项目实施过程中的财务风险、道德风险、项目中断风险等，IMF、世界银行等传统多边金融机构有着良好的项目运作经验。对此，亚投行在执行贷款审批项目上，可与传统多边金融机构联合推出一套共享的黑名单系统，实现征信体系数据信息的开放与共享，使得亚投行了解和掌握项目风险。信息和知识的共享有助于避免重复劳动，减少成本消耗，实现数据对接和核实，避免误差和偏见。总之，亚投行定位于与现有的全球性和区域性多边开发银行开展合作、形成互补，更好地为亚洲地区长期的巨额基础设施建设融资缺口提供资金支持，因此亚投行是对现有多边开发融资机制的补充而非取代。亚投行以多边主义作为治理的核心原则，将自己视为开展区域和国际合作的全球平台。亚投行和传统多边金融机构共存是时代的必然，两者需要实现优势互补，走出一种协同发展的新路。

## 四、亚投行贷款条件设置的“互补融通”与“创新发展”

### （一）亚投行设置的贷款条件总体方向

亚投行并非是对现有多边开发金融机构的替代而是补充，其作为商业化运作的国际金融机构，决定了亚投行的贷款不可能完全是“无条件”的。由于基础设施贷款资助是亚投行的职能之一且已明文规定于《亚投行协定》第5条当中，因此亚投行设置贷款条件的交易成本是相对固定的。同时，《亚投行协定》第31条规定贷款条件的“非政治化”及《亚投行贷款条件通则》等要求确保借款方对项目财政和管理的控制权。可见，亚投行设置基础设施贷款条件所产生的收益实则大于交易成本。相较于世界银行等多边开发机构，亚投行最大的区别不在于是否有附加条件，而在于贷款条件的特点、内容和性质。与之相比，亚投行下的贷款条件更宽松，且以需求为基础，不涉及一国经济主权范围内的结构性调整，亚投行应吸取IMF“不对称义务分配”的缺陷，公平合理地按照成员方的金融贡献比例，平衡本地区和非本地区国家的投票权，使亚投行真正成为为亚洲国家服务的基础设施融资平台。亚投行目前的投资主要集中于本区域基础设施建设和相关生产性领域，其贷款条件主要围绕经济事项展开，而不像亚开行和世界银行的政策性贷款那样，或多或少涉足政治领域和公共管理。❶ 亚投行的《环境和社会框架》虽规定了较为严格和全面的环境和社会条件，但实则顺应了国际社会总体趋势和可持续发展的理念。因此，亚投行非政治化的基本原则使得它的条件性与其他多边开发银行相比有所简化和弱化。

目前，亚投行应立足银行宗旨，积极引入公私合作伙伴关系、PPP等模式，建立外部评审机制，通过强化发展中国家市民社会力量的话语权与活动能力，对不合理贷款条件的设置建立外部约束机制。亚投行贷款条件设置在注重基础设施项目贷款上，应创新产

❶ 廖凡：“比较视野下的亚投行贷款条件研究”，载《法学杂志》2016年第6期。

品和服务，借鉴商业银行运行模式，通过股权融资、发放债券、丝绸之路基金等方式，以更多更丰富的金融增值服务推动亚太地区的经济发展。

### （二）主权信用贷款与公私伙伴模式的“互补融合”

亚投行的建设融入了“人类命运共同体”理念，强调共建共享、互利共赢，践行正确义利观，打破了狭隘的本位主义窠臼。当前，亚投行仍然在探索如何在不能提供主权信用担保的时候与私营部门开展有效合作，既规避风险，又能激发私营部门参与基础设施投资的活力。

亚投行格外注意解决基础设施投资相对其他投资而言周期长、回报低、不确定性大等问题。在项目调研与批准上严格对接国际标准，做好风险控制；在项目运营上以主权贷款项目为主，适当采取公私伙伴结合的非主权贷款形式。首先，在治理结构上，亚投行吸收其他多边开发银行的经验，专门设置了风险控制部门与合规部门等高级岗位，由经验丰富的人士担任部门领导，部门直接向行长负责，在管理层面做好风险管理与监督工作；其次，在项目贷款的方式上，亚投行采取主权贷款与公私合作伙伴关系相结合的方式。在运营初期，亚投行主要向主权国家的基础设施项目提供主权贷款，以确保贷款安全。针对不能提供主权信用担保的项目，适时引入公私合作伙伴关系模式。

### （三）明确技术援助原则的法律地位

《亚投行协定》“职能”条款明确规定了亚投行的职能包括“项目”和“规划”。

同时依据《亚投行协定》第 15 条第 1 款的规定，亚投行可在服务其宗旨和满足其职能的条件下，提供技术咨询、技术援助或其他相类似的援助方式。《亚投行协定》将技术援助作为其开展业务所遵循的“原则”之一。《亚投行协定》作为各成员方的“基本大法”，其对技术援助进行重新定位，将技术援助由“职能”规定到“原则”中。技术援助不再只是简单的作为一种方式和手段来辅助单纯的贷款业务以实现银行的宗旨，而是使技术援助作为银行业务的导向贯穿亚投行业务的每个阶段，且以“技术援助”专项项目申请方式为主，减少“贷款 + 技术援助”项目模式的比例，突出技术援助在基础设施建设中的重大作用，即技术援助不再担任“配角”的角色，在今后将成为亚投行贷款条件设置的主要考量因素。

### （四）充分考虑发展中国家的贷款诉求

亚投行在融资来源和融资贷款条件上也体现出一定的创新。首先，在融资来源方面，世界银行与亚开行的传统做法是秉承“南北合作”的理念，即发达国家为资金来源国，而发展中国家为受援国，发达国家通过多边开发银行向发展中国家贷款。而亚投行则尽量淡化“援助”和“受援助”的色彩，提倡发达国家和发展中国家在银行实现共同发展。根据《亚投行协定》，亚投行开展业务的方式包括：直接提供贷款、开展联合融资或参与贷款、参与机构或企业的股权资本投资、提供担保、提供特别基金的支持以及技术援助等。其资金来源主要包括：银行股本、借款、银行收益、接受的特别基金及信托基金等。其资金来源并不限于发达国家。在亚投行的融资框架下，通过发展中国家的银行股本投资及储蓄盈余的流动可以实现发展中国家对发展中国家的融资贷款，更加尊重发展中国家真实的需求和自主权。其次，在融资贷款条件上，亚投行汲取了传统多边开发银行的经验教训，承诺贷款从实际情况出发，不对融资贷款附加任何政治条件。在《亚投行协定》第 31 条明确提出“银行决策只考虑经济因素”，《融资业务政策》中也申明亚投行业务不干预政治这一原则。这种不考虑政治因素的贷款条件符合亚投行市场化运营的基本定位，从贷款有效性的角度考虑能够使资金迅速流入关键领域，能够尽快在特定领域使受援方免受经济波动的风险。综上，亚投行开辟出相对平等和多元的融资方式：多样化的资金来源、不附加政治条件、充分尊重不同国家的国情和实际需要，其中尤其体现出对发展中国家利益的尊重。

## 五、亚投行特殊贷款便利的设置

在新冠肺炎疫情挑战下，亚投行表现出了快速的反应能力。亚投行设立了 130 亿美元新冠肺炎危机恢复基金，并在为成员方提供融资方面表现出巨大的灵活性。亚投行审时度势，设立特殊贷款便利，不仅反映了亚投行自身应对能力和独立判断能力的提升，也表明了亚投行密切关注客户的需求以及与其他机构合作的潜力。亚投行推进基础设施建设的目的在于促进中长期可持续及包容性增长，同时基础设施建设也能带来新的就业机会，在短期内提振当地的经济。在非常时期，借款方期望通过基础设施建设来促进经济发展。亚投行可针对绿色经济转型设置特殊贷款便利，特别是不同行业面临着环境及气候压力和实现转型升级的能力。亚投行设立绿色贷款便利，是目前全球减少温室气体排放的重要尝试，也是中国实现“碳达峰”和“碳中和”目标的最好诠释。

作为商业化运营的国际金融组织，亚投行拥有一套体系化的财务条款及贷款合同安排来确保其作为贷款人的基本权益。虽然亚投行对贷款附加了较为全面且严格的环境和社会要求，但这从本质上符合国际社会的总体趋势和可持续发展的要求，不应认为构成对借款方的不合适或不合理的干预。亚投行依据国际金融动态，适时制定合理且特殊的贷款便利，不仅体现了亚投行的职能与宗旨，而且更能促进亚投行在国际社会的影响力。

## 本章小结

一方面，从历史发展脉络看，亚投行贷款条件的各项法律制度设计有可供参照的对象，有可供吸取借鉴的经验。但另一方面，亚投行与当前国际上主要政府间国际金融机构相比，它又是独特的，是开创性的，是一家侧重于经济领域基础设施建设融资、而尽量降低政策性贷款条件的政府间国际金融机构。面对IMF、世界银行、亚开行贷款所呈现出的种种缺陷，多边开发金融机构在现今的蓬勃发展，不仅在一定程度上补充了IMF等国际金融机构贷款资源不足和分配不对称性等问题，而且对于地区经济发展和全球金融繁荣起了巨大的推动作用。通过亚投行这样的货币合作不仅有助于解决亚太地域的矛盾冲突，而且也会在一定程度上打破现行国际货币领域的均衡，减少以邻为壑的局面，促进新型国际货币体系的建立。中国作为亚投行最大的出资国，并不意在控制亚投行的主导权，而是为了寻求新的投资渠道。亚投行现今仍然以美元计价，但日后将逐渐引入地区性主要货币或者特别投票权等措施，必将丰富亚投行资本来源和减缓资本账户危机。另外，人民币作为亚洲地区接受程度比较高的货币，有望在亚投行内部充当美元以外另一重要的货币形式，这也必将加速推动人民币国际化进程。同时，亚投行应积极利用全球基础设施基金这一全球基建平台，与国际其他机构、组织紧密合作，并以银行同业拆借和成员方发行主权债券为主要融资方式，拓展业务，丰富资金来源。

由于亚投行投资领域相对集中，且坚持“非政治化”基本原则，亚投行贷款条件实则较其他多边开发金融机构有所简化和弱化，有助于推动新型国际金融体系的建设。对此，亚投行在未来既要继续坚持“非政治化”的基本理念，又要不断创新和吸纳其他多边银行的教训，妥善设置环境和社会等非政治附加条件，避免过多介入借款方的具体政策领域的微观管理。亚投行应继续秉持贷款条件法律制度的设计由政治向经济方向转变，同时又确保其不偏离亚投行的宗旨，在经济建设与理念宗旨之间寻找平衡点，在中方与其他成员方之间寻找利益契合点，在亚投行与被投资方之间寻找基础设施建设的共同点。

CHAPTER 06 >> 第六章

# “一带一路”倡议下亚投行参与国际金融体系改革的新探索

亚投行致力于为基础设施建设提供资金帮助，是“一带一路”倡议的重要推手。“一带一路”沿线多为欠发达的国家与地区，急需大量资金进行基础设施建设。改变基础设施落后的现实，发挥基础设施建设对经济发展的正向作用，就需要促进生产要素流动、降低生产成本，提高市场进入的便利度。其中，基础设施建设成为实现“一带一路”互联互通的先决条件。在全球金融治理下，亚投行将成为开发性金融模式和中国经验的重要推广者，为“一带一路”发展提供更好的资金支持和融资服务。

## 第一节 亚投行对国际金融贷款制度改革的新方案

2008 年国际金融危机对世界政治格局产生了深

远的影响，特别是新兴经济体成为世界经济增长的主要推动力，但是新兴经济体的壮大却未能在国际社会获得相应的话语权。全球治理的呼声此起彼伏，伴随着亚洲经济的快速发展，亚洲地区的基础设施投资需求日益增长，传统多边开发机构已无法满足大规模的投资需求，急需国际社会新型多边金融机构补充力量。

## 一、全球金融治理理论下亚投行的成立背景

### （一）亚投行成立是金融危机之后全球经济结构性变化的客观需求

国际货币体系是指影响国际支付的原则、惯例、安排以及组织机构的总和，主要包含国际结算制度、汇率制度、国际收支调节机制、国际储备资产确定等内容。以美元主导的金字塔形的层次化国际货币体系表现为：首先，美元位于最顶层作为全球主导货币，其次，美英加瑞（士）日欧央行之间的常设且无额度限制的 C6 货币互换协议，再次，其他双边货币互换协议和区域性流动性货币池。最后，人民币虽已成为国际货币基金组织特别提款权一篮子货币，但人民币与美元却不能直接结算，人民币仍处于边缘地位。现今在美联储无限制放水的背景下，多国货币疯狂贬值。

金融中心与边缘国家在国际货币体系中存在地位不平等的现象，这也是当代金融危机频发的制度性根源。数字经济的发展让政府与市场的边界变得模糊，就连最需要国家信用的制度安排——货币体系也受到了数字化服务平台的挑战，如脸书（Facebook）的虚拟加密货币。数字经济激发了改革国际金融体系从边缘变革的可能性，随之将隐私保护、个人的全球化意愿推到了国际金融体系演化的中心，使国际金融体系变革呈现更为复杂的图谱。全球金融危机的负外溢性及周期性，使得全球经济在一定时期内增长乏力。例如，2008 年国际金融危机使美国经济一片

萧条；欧盟国家由于高福利制度、制造业不断向亚洲转移等情况，出现了主权债务危机及经济停滞等现象；日本则从20世纪90年代开始便一直无法走出经济泥潭的阴影。据统计，21世纪以来，中国极大地推动了世界经济的发展，平均贡献率超过了20%。中国已经成为引领世界经济发展的主要动力，但在全球金融体系中却处于边缘地位，这显然与中国的利益和诉求不一致。[1] 亚投行的成立对全球经济治理体系的改革和完善具有重大意义，是世界经济格局变革调整的必然趋势，同时也有助于推动全球金融治理体系朝着更加公正合理有效的方向发展。

（二）亚投行的设立满足了要改变亚洲基础设施严重滞后的状况，资金需求量大的要求

亚洲各个国家和地区经济发展水平存在严重的不平衡，大部分国家为发展中国家和地区。依据亚洲开发银行的数据，2010—2020年亚洲基础设施投资需求超过8万亿美元，而约70%是新增基础设施投资需求，约30%是已有的基础设施维护的投资需求等。亚投行成立至今，已批准不少金额较大的基础设施建设项目。

（三）中国可作为引领者在基础设施投融资领域发挥建设性作用

改革开放之后，中国在高速公路、隧道桥梁、深海港口、大型机场、大型水电项目、高速铁路等重要基础设施建设方面取得了技术上的进步，基础设施设计、施工和运营能力位于世界领先水平。经过四十多年的建设与发展，中国在许多工程建设领域已经出现了产能过剩问题。因此，中国扩大对亚洲基础设施建设的投资，既可以为亚洲国家提供优质的基础设施服务，又能转移国内产能过剩，拉动相关产业出口。中国外汇储备及经济总量的不

---

[1] 王跃生：“全球经济双循环与新南南合作”，载《国际经济评论》2014年第2期。

断增加，以及人民币已成功加入 IMF 特别提款权货币篮子，为倡导亚投行的设立奠定了充足的资金保障。

以国家货币体系为例，由于美国等发达国家的阻挠和拖延，改革进程缓慢并一度搁置，其最终结果仍未能改变美国在 IMF 享有一票独大和少数高收入国家掌控世界银行 60% 以上投票权的失衡格局。因此，虽然国际社会对中国参与全球经济治理改革的呼声越来越高，但中国却面临着在国际多边机制下应享有的制度性话语权与其对世界经济的贡献及承担的大国责任不相匹配的矛盾。亚投行的设立，不仅是为了满足亚洲地区对基础设施建设的投资融资需求，更是国际金融体系改革的新探索。

## 二、当前国际金融贷款制度改革面临的困境

布雷顿森林体系解体到现今以美元为主导的货币体系存在制度非均衡性，该金融体系经过 80 多年的运行，暴露出诸多严重的问题和缺陷。首先，以美元为主导的国际储备体系是导致当前国际金融体系动荡的根源；其次，IMF 和世界银行作为最为重要的多边金融机构，长期为发达国家所操控，长期损害发展中国家的利益；最后，主要发达国家由于金融审慎监管的缺乏，在发生系统性金融风险时不能有效地化解危机并进行沟通协调，促使危机的全球传染。

### （一）美国享有全球铸币权，加剧了世界的贫富差距

因为美元作为国际金融体系的主要储备货币，所以美国可以通过铸币权无限制地扩大赤字创造全球流动性，且将国内经济危机外溢而不用为美元贬值负责。一旦发生金融危机，美国便通过多次实行量化宽松政策，实现危机转移。美国此种做法不仅易增加发展中国家持有外汇储备的成本，本质上是穷国为富国的金融

危机买单，因为发展中国家所持有的外汇储备是以主要发达国家的债券形式存在的。从某种意义上说，这其实是穷国为富国进行了事实上的融资，导致严重的两极分化。因此，有必要建立一个全球储备货币体系来改变美元主导的状况。[1]

### （二）传统金融国际机构政策性贷款条件、投票权分配等备受诟病

第一，投票权分配不合理。在 IMF 和世界银行的投票权分配中，发达国家占有绝对优势，美国更是拥有 IMF 16.77% 和世界银行 16.36% 的投票权。该两大国际金融机构规定，除非特殊情况，否则所有决议要求获半数通过，而重大决议则需要 85% 以上投票权才能通过。同时，加权投票制等规则，将发展中国家置于边缘地位，而美国却拥有重大决议的否决权。

第二，“华盛顿共识”下政策性贷款条件的设置，有侵犯借款方经济自主权等嫌疑。世界银行前官员约翰·威廉姆森在 1988 年提出了“华盛顿共识”，该共识建立在新自由主义的思想之上，很快被主要发达国家作为“经济真理”强加在有贷款需求的发展中国家身上。在全球化浪潮下，贸易、资本和信息技术在全世界自由流动，发展中国家的经济发展急需大量的资金援助。但是，在 IMF、世界银行等传统国际金融机构贷款条件下提供的资金和技术援助，结果却“事与愿违”。理论上，借款方都想要建立稳定的宏观经济政策、完善的公司治理机制、健全的监管机制以及自由的贸易和金融体制，但是每个国家的文化传统、历史背景、政治文明程度、社会条件都相距甚远，只有制定符合本国国情的经济制

---

[1] 徐明棋：“国际金融体系改革：新问题与新的突破口”，载《世界经济研究》2011 年第 11 期。

度，才能有所发展和进步。

### （三）国际金融监管不力，易造成系统性风险和市场剧烈动荡

信息技术、人工智能、区块链等技术的飞速发展和金融数学工具的大量应用，全球各大金融机构通过提供杠杆、计算机自动交易和复杂的金融创新产品、衍生品在全球金融市场从事套利交易，这包括不动产市场、大宗商品市场、股票市场、债券市场和外汇市场等，这些高频投机交易造成了国际金融市场的动荡。金融创新产品和衍生品所造就的金融市场相当脆弱，这更像一场庞氏骗局。在此环境下，只有价格不断上涨或者源源不断的新投资者加入时，才能维持市场秩序。但是，如果市场出现恐慌而造成大量投资人逃离资本市场时，极易造成资本市场崩盘，引发金融危机。1998 年的亚洲金融危机和 2008 年的国际金融危机深刻地表明了，大型跨国投资银行及金融机构如何通过高杠杆进行投机活动以及金融衍生品在缺乏监管情势下如何对金融危机的形成“推波助澜”。巴塞尔委员会提出了“审慎监管”，此种倡议和做法有效地回应了现行国际金融体制在缺乏国家间宏观经济政策有效沟通情况下的“归途”，反映了国际社会在面对可能发生的系统性金融风险和全球经济动荡时的“应有之道”。

### （四）国际金融体系中最后贷款人角色的缺失

在本书上篇提到过，IMF 是否可以作为全球金融危机的“最后贷款人”。作为全球最重要的危机救助机构，IMF 原本应担任最后贷款人的角色，但该机构资金有限，无法满足庞大的资金需求，最终只能以“协调者”的身份出现在国际社会之中。传统国际金融机构由于受到机构章程、宗旨和职能的限制，一般难以自称为“全球最后贷款人”。全球金融危机的发生，特别是 2008 年之后的

欧债危机，使国际社会深刻认识到现行国际金融体系中最后贷款人功能角色的缺失。各国经济自主权决定了，每个国家都不愿意将经济政策的决策权交由某个国际金融机构，因此全球最后贷款人的角色缺失是客观存在且不可避免的现象。

## 三、亚投行推动国际金融贷款制度改革的重要意义

亚投行作为一个具有开放性、包容性的多边投资机构，极大地推动了亚洲基础设施建设的步伐，推动了人民币的国际化，加强了现有国际金融机构之间的合作，对稳定全球金融市场有着重要的意义。

### （一）亚投行丰富和推动了国际储备货币体系的多元化

2008 年全球金融危机的爆发，让世界重新审视现有国际储备货币体系的缺陷，而推动货币多元化已成为全球主要经济体努力发展的共识。首先，中国作为亚投行的发行人之一，在亚投行资金筹集和项目运营的过程中，可以推动人民币成为主要的资本货币，进而逐渐降低有关国家和企业的运营成本和汇率风险；其次，亚投行以债券融资为主要渠道之一，可以以人民币方式计价债券方式在我国香港地区、新加坡和英国发行；最后，人民币加入 IMF 货币一揽子计划，也推动了亚投行资金筹集和使用上的多元化，必将促进全球国际储备货币体系多元化的进程。

### （二）亚投行合理的治理机构和贷款条件安排，推动了国际金融体系运行秩序朝着更加有序公正的方向发展

亚投行虽是中国倡导并发起设立的，且中国所占股份最多，但是亚投行并不像其他多边金融机构一样，由某个国家控制投票权或把控重要职务。在全球化的时代，某个国家单独控制一个多边金融机构，必然会“失道者寡助”，多边金融机构也很难发挥它

的职能和影响力。亚投行建设了合理的治理机构，基本延续了既有多边开发性金融机构的三层组织架构，即理事会—董事会—高级管理人员。理事会是最高权力机构，执行董事会是决策管理机构，行长具有实际领导权、是行政管理机构的首脑。亚投行在治理模式上更加强调务实性和高效性，如在《亚投行协定》的附件二中还进一步细化了董事选举程序规则等。亚投行倡导的公平公正的理念必将促进其他国际金融机构朝着更加公正、有序、合理的方向发展，也有利于维护世界经济的繁荣稳定。

### （三）亚投行通过与其他多边金融机构的相互合作来加强金融监管

亚投行目前针对发展中国家贷款项目的运营经验，可以为 IMF 等多边金融机构提供很多现实数据，帮它们预测金融风险。纵观历史，金融监管滞后于金融市场发展是金融危机爆发和蔓延的关键原因。金融监管机构和金融市场常因监管滞后而处于监管真空状态，因此常常难以遏制过度地超越实体经济发展需求的金融创新。金融市场的全球化趋势，使金融风险在国际金融市场扩散的速度也飞快，金融危机外溢性更加明显。在此种情境下，金融监管必须超越传统单一主权国家的监管模式，深化国际金融监管是大势所趋，主要经济体的监管合作和政策协调尤其重要。

亚投行主要基于亚洲地区基础设施建设。亚洲是当今世界经济活力最强的地区，其中既有像中国、日本这样的经济强国，也有如泰国、马来西亚、印尼等东南亚容易受到金融危机冲击的国家。亚洲国家经济实力的多样性，将为亚投行提供丰富的运营经验，也能使亚投行更了解当地的国情并及时地预见与判断金融风险事件。亚投行还应积极与 IMF 等机构加强金融市场信息的共享和交流，使各方迅速且及时了解国际金融资本的流动范围和国际金融市场的风险程度等关键信息，便于监管部门及时发现监管视野之外的金融机构以及有重大风险的交易行为，并快速采取行动防止金融风险突发，避免大规模的金融动荡。同时，亚投行还可以与 IMF 共同防范热钱流动，加强在反洗钱和打击非法金融交易等领域上的合作，提高国际金融市场的安全性和透明度。

### （四）亚投行有助于加强国际金融机构合作，促进国际金融体系的稳定

在面对金融危机时，国际金融机构的资金规模太微弱了。亚投行拥有灵活的融资政策，对市场投资者有很强的动员能力。亚投行可通过在全球金融市场发行债券进行融资，也可以通过与商业银行、保险机构和私募基金合作的方式吸引更多的私人资本参与，以此增强亚投行的资金实力。从资金融通角度，亚投行可与 IMF 进行合作，特别是当发生系统性金融风险时，金融机构间的相互合作可以共同稳定全球金融市场。面对现有国际金融体系由美国等发达国家所操控，发展中国家的诉求无法得到满足，IMF 等改革遥遥无期的局面，亚投行以其公正合理的价值理念吸引了英国、法国、德国等众多国家的参与。中国通过亚投行这一渠道，将更多地承担国际责任、推动现有国际金融体系的完善，并为国际公共产品的提供作出建设性和富有成效性的探索。

## 第二节 “一带一路”倡议下亚投行贷款争端解决机制的建构

亚投行所涉大型基础设施建设，在跨国环境中往往面临多重风险。其中，最主要的就是投资风险。基础设施建设资金需求量

大、周期长、盈利能力不稳定，同时亚太地区地缘政治、恐怖主义、政权更迭等问题突出，很多不可抗力因素无法预见，使得亚投行贷款项目的投资风险愈加突出。“一带一路”沿线国家的金融实力难以抵御国际市场金融波动的影响，表现出金融脆弱性和结构性风险[1]。对此，亚投行在今后的项目运营中有必要建立适宜的争端解决机制以应对可能出现的金融风险。

## 一、“一带一路”沿线国家国际争端解决的现状

“一带一路”沿线国家众多，经济发展水平不一，国际投资争端难以避免。其一，从地域范围上看，“一带一路”沿线国家争端往往发生在“一带一路”的倡议参与国及国际组织之间。其二，从争端的双方主体上看，“一带一路”倡议下国家间争端主体主要是对外的私人投资者、借款方及亚投行。其三，相对于欧洲经济圈以及《美墨加协定》下的经济圈，“一带一路”的争端主体通常为不发达国家和地区，同时沿线各国的经济发展水平与经济社会文化环境也差别很大，因此使得“一带一路”的投资争端更为多元化、多样化。“一带一路”倡议下国际争端复杂多样且极具特殊性，亚投行作为致力于亚洲基础设施建设的多边金融机构，当面临对外投资争端时可考虑建立一个独具特色的“一带一路”国际争端纠纷处理体制，这不仅关系到亚投行和借款方的利益平衡，也关系到“一带一路”的未来发展。

---

[1] Rekha Arunkumar, G. Kotreshwar, “Risk Management in Commercial Banks: A Case Study of Public and Private Sector Banks”, *Indian Institute of Capital Markets 9th Capital Markets Conference Paper*, (7) 2006.

## 二、构建“一带一路”亚投行贷款争端解决机制的必要性和可行性

一个体制创造或组织创新，首要之义必须是分析其必要性与可行性。建立适合“一带一路”倡议下亚投行争端处理体制，不管从实际需求或是实际可行性上，都已拥有扎实的经济基础。

### （一）必要性分析

第一，“一带一路”倡议下亚投行对外投资及争端增长的需要。未来，随着亚投行对外直接投资的快速增加以及我国“一带一路”倡议的落实，对“一带一路”沿线各国进行贷款资助的项目数量将大幅提升，随之所产生的贷款争端无法避免且数量庞大，这就急需亚投行建立高效、公平的争端解决机制。要妥善解决争端要求亚投行推动建立一个更符合各国需求的专门性的机构，相较于现有的国际投资争端解决中心和世界贸易组织下的争端解决机构，这个专门化的机构更符合地理上的便捷性和争端双方的心理接受程度。

第二，亚投行对“一带一路”沿线国家贷款资助项目争端全面化、程序化解决的需要。相较于现行的各个国际投资争议解决制度中适用的主体概念和范围、程序设置，“一带一路”有所不同。“一带一路”倡议下的亚投行参与主体，相比于中国传统的投资主体来说是比较多元化的，多为发展中国家；“一带一路”涉及的区域更为广泛，横跨2/3个地球，主体遍布亚欧非大陆；而现有的投资争端解决机制无法满足其在主体和区域上全面化解决争端的需求。“一带一路”倡议的沿线国家有不同的文化环境和法律环境，各国现有的国际投资争端解决机制的具体程序也有所差异，因而引发了程序上的诸多问题，使投资争端无法得到处理和执行，

尤其不利于争端的审理和执行的程序化衔接。

第三，基于现行争端解决机制亚投行处理争端的成本耗费高。在中国与“一带一路”沿线国家签署的现有双边协定中都将“和平协商解决”作为争端解决的原则。但在现实中，“以和为贵”的思想原则很难使用到具体案件的解决过程中。而且在大多数双边条约中关于“和平协商解决”的规定不明确，仅作表面的说明。在争端解决中，大多数情况下当事方都以自身利益为主，难以达成让步、妥协的合意，所以真正在磋商阶段和平协商解决的争端很少。大多数争端双方都寻求仲裁或诉讼程序，这类程序的成本过高，步骤繁杂；加之各国社会环境如文化、宗教上的差异，使得即使通过仲裁或诉讼得出结果后也难以适应各国经济、社会环境的需求，裁决或判决的执行面临一定的困难。巨大的技术和经费投入使“一带一路”沿途各方的利益得到减损，根据世界经合组织（OCED）的统计，海外外商投资诉讼案件的一般结案时限需要耗费 3 年多，律师的聘用费更累计 500 万—1000 万美元以上。在这种情况下，“一带一路”沿途各国以经济不发达的国家为主体，国力较低，难以承担起如此高昂的诉讼或仲裁费用和赔偿费用，无论裁决或判决结果如何，早已背离“一带一路”参与各方为谋求共同利益契合点和合作领域最大公约数的宗旨。因此，当发生涉及亚投行的争议时，选择亚投行内部合理的争端解决机制是最简便、快捷且最符合“一带一路”沿线国家愿望的。

（二）可行性分析

第一，沿线各国对“一带一路”的高度投入。公平、公正、和谐解决国际投资争端是“一带一路”参与国家都希望的，现有的解决途径主要分为母国对内诉讼、仲裁裁决、外交保护三种方式。而仲裁裁决是争端双方最愿意、最常选择的方式，仲裁同时也具有高效性。随着“一带一路”沿途国家贸易来往日益频繁，各国都希望在合理维护本国利益的同时吸引更多诸如亚投行等基础设施建设方面的贷款，促进“一带一路”沿途各方的共同利益平衡。从经济利益角度出发，在亚投行内部建立一个“一带一路”地域上、主体上更适合的专门化贷款争端解决机制成为成员方的首要关切。“一带一路”倡议下参与国的国内经济快速增长，各国的政治文化环境不断完善，各国的法治体系在逐步与国际法律规则接轨，尤其是在“一带一路”沿线各国的涉外投资商事案件的解决上，各国司法体制在仲裁管辖、证据收集等方面已经有许多双边、区域投资条约，为进一步构建亚投行“一带一路”贷款争端解决机制提供了初步基础和发展可行性。

第二，中国积极推动“一带一路”倡议下亚投行贷款争端解决机制的建设。建立亚投行“一带一路”贷款争端机制是中国深入参与全球经济中，积极承担国家社会责任而提出的国家实施方案，是中方兼顾各国经济发展利益和合理关切的表现，与习近平主席所倡导的建立世界“经济利益共同体”和世界“社会命运利益共同体”的对外工作思路相吻合。2021 年，在促进全球法制合作、共建“一带一路”高质量蓬勃发展的中国法制全球讲坛上，习近平主席强调“建立公平、科学合理、透明化的国际经贸规则体制，推进‘一带一路’基础设施建设的高质量蓬勃发展，更好造福各国人民”。新时代，国内经济社会迈向了高质量发展进程，我国已在全球金融治理中发挥了越来越关键的作用，也已拥有了主导并构建地区内争端纠纷解决机制的经济基础和能力，而亚投行作为媒介，“一带一路”的沿途国家也势必会通力合作。

## 三、构建“一带一路”亚投行贷款争端解决机制的中国智慧

### （一）发挥中国倡导国、主导国的作用构建解决机制

当今时期，我国既是资本输入国，又是资本输出国，而这个双重身份在全球社会是非常稀缺的。所以，在应对建立好亚投行“一带一路”争议解决制度的重大问题上，我国应该承担起国家责任，秉持勇于创新、大胆尝试、务实发展的思路。借助中国现有参加《区域全面经济伙伴关系协定》（以下简称 RCEP）的经验，向全球社会奉献出中国智慧。亚投行可以比较试验的方法，构建以中方为主的“一带一路”投资争端纠纷处理制度，并抓住先机，以实证的数据为基础，合理地总结经验教训，向国际社会提供合理的处理思路，借以增强发展中国家在国际社会中的话语权。简而言之，中国可利用亚投行共同发出签订关于“一带一路”倡导下外商投资纠纷处理制度改革的合作倡议，并根据世界先进规则，积极主动地开展国际社会对国际投资纠纷制度的改革研究，以达到亚投行与全球社会互惠共赢的国际贷款投资纠纷制度改革目标，进而稳定全球投资秩序、推动全球经济社会的持续发展。

### （二）借鉴域外机制的有益经验

国际上有不少现有的国际贷款投资争端解决机制，它们对于构建“一带一路”投资争端解决机制的构建具有借鉴意义。

#### 1. 国际投资争端解决中心投资争端解决机制

作为使用率最高、最为主要的国际投资争端解决中心投资争端解决机制主要有三个方面的优势值得借鉴：首先，国际投资争端解决中心对于投资争端的仲裁不会被任何缔约国干涉，国际投资争端解决中心的独立性大幅度提高了其可行度。建立亚投行“一带一路”投资纠纷处理机制，这不是为某一国家利益服务，而

是所有沿线国家共同意志的体现。亚投行争端解决机制不仅要独立于成员方的国内法律程序，也不得为“一带一路”沿线国家及相关国家所任意干涉，以此保持机制的独立性，提高透明度。其次，国际投资争端解决中心的另一大优势就是以当事人的意思自治优先，如果双方不能作出选择或者意见并不统一时，可以使用国际投资争端解决中心本身的法律规则。亚投行“一带一路”争端解决机制可以仿照此种设置，充分尊重争端双方的意思自治，以吸引更多的借款方、私营实体和外商投资者。最后，是国际投资争端解决中心采用一裁终局性的裁决模式，对争端双方的约束力较强。

2.《区域全面经济伙伴协定》投资争端解决机制

2022年生效的《区域全面经济伙伴协定》中关于争端解决机制的创新性设置，为亚投行“一带一路”争端解决机制构建提供了经验借鉴。《区域全面经济伙伴协定》争端解决机制与世界贸易组织一脉相承，都强调协商一致原则，更加重视磋商的作用。这与中国一贯主张的和平共处五项原则相契合，从而促使亚投行成员方在开放协作、和谐包容、充分沟通、互谅互让、善意原则基础上，尽最大努力就争端解决达成一致意见，以期实现互利共赢。

### （三）建立亚投行独立且专门的“一带一路”贷款争议解决机构

所有机制的形成与完善，都需要实体性的公共服务产品的保障，而一个专业的服务“一带一路”的纠纷处理机制，正是在机制建设进程中所不能缺少的制度性公共服务产品。首先，创建新型的亚投行“一带一路”贷款投资争端解决中心，必须满足“一带一路”的发展目标，也唯有如此方可真正地发挥这种组织的实际作用。“一带一路”倡议要求中国和沿途各方通过协作并共同努力，一同构建包容性、开放性、平等、普惠的地区经贸合作架构，其战略方向是建立一种利益共享、合作的法律治理体系，贷款争端解决机制应当以促进上述目标的实现作为其使命。

其次，亚投行作为“一带一路”倡议的重要践行者，可参考世界银行下的国际投资争端解决中心，以亚投行为基础建立“一带一路”的贷款纠纷处理机构。从性质上，“一带一路”的贷款纠纷处理组织虽然以亚投行为基础，但必须独立于后者，有自己的法人资格，不作为亚投行的下设机构。在机构任命上，“一带一路”的贷款纠纷处理机构必须充分考虑沿途各方的合理关切，公平选任仲裁员、工作人员，并且机构人员应当保持独立性，以此确保争端解决过程中的独立性，维护争端解决机构的公正性，更好地解决沿线国家内部及相关国家之间的投资争端。

### （四）与多元化、灵活化的纠纷解决机制相互配合补充

在国际商事纠纷处理中，仲裁与协商、调解、民事诉讼都是多元化投资纠纷处理制度的一部分，促进仲裁与其他纠纷处理方法的衔接能够更好地实现仲裁在投资纠纷处理中的功能，从而实现投资纠纷处理的整体效益。从理论上，建立一种融合协商、（第三方）调解和仲裁（含仲裁内调解）为一身的亚投行综合性国际贷款纠纷处理机构，比建立专业性的国际投资仲裁机构更有魅力，但是从提高专业性、增强处理纠纷的有效性角度考虑，率先建立专业化、统一管理的外商投资诉讼中心，并以此为基础推动多元化处理方法的有效衔接，更能适应了“一带一路”建设期间国际投资纠纷处理的现实需求。

另外，多元化投资纠纷处理制度具有实用性和便捷性的优势，能够做到有效的信息沟通，迅速缓解地区争端。亚投行除自身争

端解决机构之外，通过与争端方缔结多元化投资纠纷处理制度协议，实现包括协商、调解和专业小组等多种形式的程序机制；各参加方相互之间建立了联系点，从而吸引东道方企业、多元化投资纠纷处理制度委员会等第三方机构加入进来；从而形成以协调为主导的多元化投资纠纷处理制度纠纷处理制度，将有助于长期维系“一带一路”参加方相互之间的经贸关系，也更为契合“一带一路”倡议所提出的目标。

## 第三节 “一带一路”倡议下金融国际合作新体系的构建

构建合作共赢的“一带一路”金融国际合作新体系既是“一带一路”高质量发展的应有之义，也是保障“一带一路”高质量发展的前提条件，更是当前构建“双循环”新发展格局的关键制度安排。当今世界正经历百年未有之大变局，“一带一路”倡议契合了中国和世界经济发展的现实需要，引领了开放型经济的发展道路，也凸显了中国作为负责任大国的建设性作用。

### 一、丝路基金增加了亚投行金融合作方式的多元性

“一带一路”建设的重要支撑便是实现资金融通，而丝路基金成为开展投融资合作的重要通道。中国早在 2014 年年底便设立了丝路基金，它是旨在以股权投资为主的中长期开发投资基金。丝路基金秉承市场化、国家化、专业化的原则和开放包容、互利共赢理念，以“共商、共建、共享”投资模式参与基础设施、资源开发、能源合作等领域的项目，积极运用中长期股权投资来为项

目增信和撬动贷款，并且注重与境内外投资者合作，将各类资金盘活并形成活力，提升外资引进国发展潜力。截至 2020 年年底，丝路基金已累计签约以股权投资为主的各类项目 47 个，承诺投资金额 178 亿美元，[1] 覆盖了“一带一路”沿线多个国家，充分展现了显著的金融投资杠杆作用。丝路基金投资已覆盖中东欧、南亚、中亚、西亚北非等“一带一路”主要区域，涉及能源资源、产能合作、基础设施、金融合作等多个领域，为“一带一路”沿线国家从“输血”到“造血”发挥了重大作用，“一带一路”倡议使丝路基金聚焦共同发展的方向和使命更加清晰。在国际金融体系变革的大背景下，我国金融开发也为丝路基金发展提出了新要求和带来了新机遇。

### （一）坚持“股权＋债权”投资实现互利共赢

“一带一路”倡议要求各国都是平等的参与者、贡献者、受益者，并非以中方企业或机构为出发点，鼓励国际合作实现互利共赢。纵观丝路基金过往的投资，也验证了通过吸引多方共同参与，发挥各方优势，实现互利共赢是行之有效的。其中，股权投资是丝路基金最重要的业务特点之一。2017 年丝路基金的股权投资占投资总额的 72%，涉及项目总投资额超过 800 亿美元。[2] 针对某些资金需求量特别大的项目，丝路基金不仅参股，而且还与银行等金融机构联合起来配套发放贷款，通过此类“股权＋债权”的模式可较为完美地实现企业和丝路基金的互利共赢。一方面，股权投资可降低项目的资产负债率，使项目更易获得资金支持；另一

[1] 陈杭：“丝路基金已签约的 47 个项目、承诺投资金额 178 亿美元”，2020－10－23，中国新闻网，访问日期：2022 年 2 月 21 日。

[2] 张智：“千亿丝路基金将会撬起哪些资本”，2017－05－14，华夏时报网，访问日期：2022 年 4 月 27 日。

方面，债权投资与股权投资相互配合和互为补充，能较好平衡丝路基金所投资金的风险与收益。例如，丝路基金支持的三峡集团投资的巴基斯坦卡洛特水电站项目、参与的亚马尔液化天然气一体化项目、联合中国化工收购意大利倍耐力公司、支持哈电集团投资阿联酋迪拜哈翔清洁燃煤电站等项目中，都采取了“股权 + 债权”相配套的模式。

2016 年阿联酋迪拜哈翔清洁燃煤电站是中东地区采取公私合营模式（PPP）的标志性招标项目，阿联酋作为招标方，参与方有美国、沙特和中国的有关机构和企业。在项目建设方面，中国哈电集团作为项目的 EPC 总承包商之一，通过这个项目成功地进入海外高端电力开发市场，实现了国际投资运营的突破。这个项目融资结构设计新颖，该结构化融资方案完全按照市场化方式进行专业运作，各方风险收益合理捆绑，不仅保证了阿联酋能够获得经济环保的电力资源，又能使股东拥有合理的投资回报。各参与方相互依赖，使得国际合作中发挥了各自的专长，使融资、建设、运营各环节实现了帕累托最优。

### （二）发挥比较优势，探索丝路基金投资全新模式

金融市场开放能够激发各类金融机构寻找比较优势，促进产品创新。其一，专项合作基金是其中一种类型。丝路基金牵头与哈萨克斯坦有关部门共同组建的中哈产能合作专项基金，就是此类专项基金的代表。该类专项基金是在现有机制和管理安排的基础上，由中外双方协商出资、项目推荐、政府担保和政策配套等方式，保障特定领域项目顺利推进。该类专项基金，管理成本低、运营方式灵活，有利于“一带一路”倡议与其他国家发展规划相融合，使得投资引进国获得可观且实际的经济成果。

其二，丝路基金也与多边金融机构合作，投资并发起设立联

合基金。该类基金有助于利用多边金融机构成熟的管理经验、项目资源和国际影响力，使丝路基金的投资管理与国际通用标准和准则相一致。例如，丝路基金作为有限合伙人加入国际金融公司亚洲新兴市场基金。该基金的主要投资方向是那些具有良好发展潜力的农业、服务业、制造业、基础设施、能源资源、公用事业等领域。这将有利于亚洲新兴市场国家利用丝路基金快速拓宽在亚洲的投资领域和行业覆盖面，较好地实现营利性和安全性的平衡。

其三，丝路基金也参与投资成熟的商业基金。2016 年，丝路基金作为基石投资人投资了中法 Value Trail 基金；同时作为联合管理人参与基金治理，通过创新合作机制，在促进中国与欧洲贸易往来和相互投资的同时，引入先进技术和管理经验，助力中国新兴产业发展。丝路基金投资这类基金有利于快速拓展行业布局，与成熟市场主体实现利益共享与风险共担，也便于尽快融入国际金融市场。据悉，丝路基金还参照上述模式正在与其他有关国家和地区以及其他国际金融机构积极探索开展共同合作的项目。

同时，丝路基金还可以从以下五个方面进行努力以提供多层次的投融资服务。第一，充分发挥股权投资对项目增信和贷款撬动的作用，发动商业性、政策性和开发性资金广泛参与“一带一路”建设；第二，创新和搭建合理的融资架构，运用债权、股权、夹层融资等金融工具实现各方利益和风险的合理分配；第三，积极发挥双币种基金的优势，以人民币投融资拓宽“一带一路”资金来源，减缓币种错配造成的效率损失；第四，探索 PPP 合作新模式，既减轻投资引进方的债务压力，又提高项目建设和运营效率；第五，深入了解目标市场金融、税务、法律等制度，协助企业综合利用不同细分市场的金融工具，推动产业对接。丝路基金不仅顶住极端压力保障了业务顺利推进，保持了经营安全稳健可持续，还积极主动地参加了抗击新冠肺炎疫情，与中外合作伙伴团结一致共渡难关。

## 二、金砖国家新开发银行对国际货币体系改革的推进

新开发银行由巴西、俄罗斯、印度、中国和南非共同成立，旨在为金砖国家等新兴经济体和发展中国家的基础设施和可持续发展项目调动资源，补充多边和区域金融机构的力量。新开发银行从成立之初就肩负着创新的使命。新开发银行坚持以借款国国情为基础，采取平分股权的治理结构，尊重借款国的国别制度体系，以发展本币投融资业务，推动“南南合作”下可持续基础设施建设。新开发银行经过 6 年多的积极摸索，截至 2021 年 11 月底，新开发银行批准贷款金额约 300 亿美元。形成了自身独特的业务模式，其创新实践得到了成员方和国际社会的充分肯定，已成为金砖国家引领全球治理体系变革和构建人类命运共同体的一块“金字招牌”。

### （一）新开发银行推动了“南南合作”的纵深发展

2008 年国际金融危机之后，新开发银行、亚投行等新型多边开发银行在一大批发展中国家崛起的背景下而诞生。新开发银行作为南南合作型多边开发银行给予发展中国家较多话语权，但资源相对南北合作型多边银行要薄弱。相比较而言，南北合作型多边银行关注借款方的人权、民主、公共问责、透明度、环境保护等状况，而南南合作型多边开发银行强调贷款方和借款方之间的平等互利，更注重借款方的主权独立和发展需求。新开发银行推动了国际金融治理体系的变革，为新兴经济体和发展中国家的基

础设施建设、可持续发展项目筹措资金，为实现全球经济可持续、平衡和强劲增长的目标做出了重要贡献。

（二）新开发银行创新了多边银行的运营模式

作为南南合作型的多边开发银行，新开发银行的制度创新主要体现在以下四个方面：

1. 平权治理结构

在治理结构方面，与 IMF、世界银行等采取加权累计方式分配股权不同，新开发银行的 5 个创始成员方平均分配股权，享有平等的投票权，无否决权。从某种意义上，这种制度保障了创始成员方之间的平等互利与互相尊重，展现了南南合作的基本理念。此种平权治理结构能够激发新开发银行的参与感与“主人翁精神”。但是，平权结构治理模式容易致使银行行长和副行长等高级管理层基于本国的政治任命而保持相互平衡，进而难以形成集体合力。同时，银行采取非常驻董事会的制度，董事不能专职于银行的大政方针和业务战略，仅能起到宏观指导的作用，且因缺乏对高级管理层的问责机制，银行在实践中缺乏强有力的领导力。

2. 国别体系

在处理借款国关系方面，新开发银行采用了“国别体系”，即借款国以自身的国家标准、制度体系、南南合作的平等互利精神作为贷款条件的标准。一方面，国别体系有助于维护借款国的主权独立和发展自主性。不同于传统多边金融机构政策性贷款条件，如世界银行“国际最佳标准”有干涉发展中国家内政之嫌，新开发银行直接采用借款国的国家标准，有利于借款国基于本国国情发展经济。另一方面，国别体系标准有利于降低借款国的融资成本，借款国直接采用借款国的国家标准，有利于提高贷款项目的评估效率，缩短贷款项目的审批周期，进而减少借款国的贷款时间和成本。

但是，采用国别体系容易造成不同国家采取不同的采购、社会和环境评价标准，这从客观上将加大新开发银行与借款国之间的信息不对称，增加银行风险管控的难度。新开发银行无自己一套标准，却将风险管控权交予借款国，如此容易使新开发银行处于较为被动的状态。

3. 本币投融资模式

在投融资方面，传统多边金融机构主要以美元等国际通用货币来进行投融资，新开发银行则积极摸索以成员方本币来进行投融资，有效地降低了贷款项目的汇率风险，推动了本土资本市场的发展。本币计价基础设施项目需要成员方在本土资本市场上筹集资金，然后放贷，不仅可以避免货币错配，且具有合理的商业价值。新开发银行批准本币贷款约 62 亿美元，占比约 20%；已发行 180 亿元人民币债，并计划在所有成员方发行本币债。例如，新开发银行在 2020 年 7 月在中国银行间债券市场发行了 20 亿人民币债券。但是，并不是每个成员方都成功地进行了本币融资和投资，印度、南非等金砖成员方的国内资本市场在本币投融资上面临着较大的障碍。

4. 基于可持续的基础设施项目投资

在投资项目方面，新开发银行更加注重可持续的基础设施项目，包括清洁能源、城市和交通基础设施、水处理系统和其他领域等。依据《新开发银行第一个五年总体战略：2017—2021》，新开发银行 2/3 的投资项目为可持续基础设施项目，如 73.8% 的投资项目为可再生能源。但是，新开发银行尚未公布具体领域的投资战略即可持续基础设施项目的指标，也没有对可持续基础项目清晰的界定标准。

依据《新开发银行第二个五年总体战略：2022—2026》，新开发银行未来主要关注银行扩员、应对新冠肺炎疫情和开展联合融资三个方面。第一，2021 年孟加拉国、阿联酋和乌拉圭已正式宣布加入新开发银行；第二，面对新冠肺炎疫情新开发银行作出了迅速而有力的反应，通过紧急援助项目贷款的机制，支持成员方抗击新冠肺炎疫情和实现疫后经济恢复。截至 2021 年年底，建立了 100 亿美元的抗疫紧急援助基金，已批准 90 亿美元的疫情贷款，占已批准贷款总额的 30%。[1] 第三，新开发银行与其他多边银行进行联合融资，以保持较高国际信用评级，保持惠誉、标普给予的 AA + 信用评级，并获联合国大会观察员身份。

综上所述，“一带一路”金融国际合作机制建设最重要的理念创新就是“金融经济命运共同体”。由中国倡议发起设立的国际开发性金融机构，包括金砖国家新开发银行、亚投行、亚洲金融合作协会以及丝路基金等，有助于中国与各国在项目贷款领域的互联互通、合作，共同维护全球金融稳定。

## 本章小结

“一带一路”倡议构想的明确提出，使得我国和沿途各地区及沿途国家相互之间的合作关系更加密切。在全球金融治理的背景下，在金融监管存在系统性风险、传统金融机构难以满足亚洲基础设施建设需求、最后贷款人缺位等因素的作用下，为了扩大发

[1] 周艾琳：“新开发银行副行长周强武首度发声：NDB 将聚焦三大重点”，载《第一财经时报》，2021 年 8 月 4 日。

展中国家话语权，亚投行应运而生。亚投行能够推动国际金融体系向着有益的方向转变。同时，为规范沿途各国间的投资活动，推动全球投资环境的优化，建立一种标准化、全面化且与我国“一带一路”相适应的争端解决机制来保障国际投资合作是十分必要的。“一带一路”倡议下中国政府应该积极发挥纽带作用，牵头亚投行并在其领导下设立国际投资争端解决中心，辅以一个多元化纠纷解决模式，为沿途各参与国家创造良好的投资融资环境和优良的社会法治服务。“一带一路”倡议下金融国际合作新体系的建设离不开丝路基金及新开发银行的“助攻”，多主体多层次多领域的全面合作，有助于中国与各国在贷款项目领域的互联互通，实现互利共赢。

# 结 论

新冠肺炎疫情致使各国经济增长缓慢甚至萧条，但是国际社会对于贷款的需求却有增无减。IMF根据《IMF协定》第1条第5款的规定，要求成员方在“充分保障”的前提下，IMF为其提供暂时性普通资金，以纠正成员方国际收支失调，此时“充分保障”被诠释为IMF所要求的贷款条件性。成员方依据《IMF协定》享有在普通资金账户下的一般提款权，此时成员方可“自动”提取储备部分资金。但是，IMF贷款条件性有其固定的程序和实体规则，成员方如若要提取信用部分四档贷款资金一般都要求遵循一定的贷款条件性。备用安排是贷款条件性中最为重要的内容，为IMF向成员方提供资金援助设置了一个防御性保障，即备用安排赋予成员方资信上的信誉使很多商业银行在放贷时视有无备用安排为先决条件。可见，IMF贷款条件性不仅仅是为了保障IMF资金安全，它也是成员方获得其他途径贷款的“核准戳记”。IMF法律体系下贷款条件性行为是当事方非协议性意思表示且产生非意定法律效力的“准”法律行为，其涉及的国际法问题主要包括以下几个方面：

第一，IMF 贷款条件性与国家主权问题。原则上 IMF 贷款条件性主要关注成员方宏观经济领域问题，但如今结构性调整政策也已经纳入 IMF 考虑范围，这便有可能产生贷款条件性与经济主权的冲突。IMF 提出的贷款条款十分苛刻且模式僵硬，它一般要求成员方设计出由货币供应量、公共开支、汇率和关税等经济指标组成的具体调整计划目标，而这些通常都属于一国经济主权管辖事项。IMF 定期对成员方的全面经济调整计划进行评估和检查，如若成员方没有达到贷款条件性中的绩效标准，IMF 就会考虑停止拨付贷款或终止贷款承诺以促使条件性产生事实上的拘束力。IMF 利用贷款条件性项下这样的审查，来影响成员方的货币、财政、贸易和投资等经济政策的决定，将其影响和权利渗入一国的主权管辖范围之内。尽管 IMF 的贷款和配置方案对治理巴西通胀起了巨大的作用，通过 IMF“双紧”金融方案比较成功地化解了金融风险，但是不可否认从韩国、印尼等案例中可窥见 IMF 救援方案的僵化以及对不同经济体自身特点和自主性的忽视。IMF 理应尊重成员方对经济主权事项的“自主权”并促使条件性成为当事方利益协调的产物。

第二，IMF 贷款条件性与国际人权问题。以《世界人权宣言》《经济、社会及文化权利公约》《公民权利和政治权利国际公约》为代表的国际人权法律体系已发展得较为完善，而 IMF 依据其宪章原则上不涉及人权有关问题。但是，当成员方出现违反人权行为时，IMF 可依据违反行为的性质以及来自人权机构的裁定而作出是否准予贷款的决定。当 IMF 贷款条件性具体政策要求影响成员方人民经济社会权利和政治权利实现时，IMF 应适度克制并尽量不干涉成员方的人权问题。

第三，IMF 贷款条件性的问责机制。国际金融组织主要采用垂直问责机制，适用于 IMF 时其内部问责机制。IMF 内部问责机制并无一套完整且可操作的步骤，其更多地体现为“自裁自决”，缺乏透明度和公信力。IMF 外部问责机制主要指的是公众问责制，即通过外部机构或程序以对 IMF 决策进行问责。原则上，IMF 不受外部问责机制的约束，但国际形势的发展促使 IMF 不得不考虑来自外部问责。因此，完善和发展 IMF 内部责任制度不仅是 IMF 贷款条件性有效实施的制度保障，也是增强 IMF 合法性和透明度的有效途径。

第四，IMF 贷款条件性存在问题及改革建议。自 20 世纪 90 年代以来，IMF 同时扮演了“危机防范者”“危机贷款人”“危机管理者”三种角色，如此三种角色使 IMF 在应对金融危机、缓解危机冲击和协调各方利益上都发挥了不可替代的作用。[1] IMF 在为成员方提供贷款以增强资金流动性时，IMF 所依靠的资金来源主要为成员方所缴纳的资金份额、特别提款权、借款、捐款和经营收入等五部分，IMF 不能无限地创造国际储备，因此其不适合充当“国际最后贷款人”。反而，将 IMF 职能定位为危机贷款者似乎更为合适，对 IMF 目前贷款职能进行重新审视，创设的“事前条件性”等能使 IMF 有的放矢地发放贷款。因此，IMF 三种角色定位所产生的职能困境是 IMF 改革的动因之一，其中强化贷款条件性的针对性和改革贷款条件性框架结构应是必要举措。在如今复杂化的国际金融风险背景下，IMF 可通过创设新型贷款便利临时信贷安排，使 IMF 贷款条件更具有针对性，更多地依靠事先确定的资格标准以加强 IMF 贷款的灵活性。或者，鼓励成员方“自我设

---

[1] 张南珊、段希：“IMF 在未来国际货币金融体系中的定位”，《当代经理人》2006 年第 9 期。

定”条件，充分调动成员方采取经济改革措施的积极性以达到IMF贷款条件性下国际收支平衡的目的。

全球金融治理则是全球治理理论在金融领域的具体化，体现了治理主体的多元化、手段的多样化，是正式与非正式机构相互协调配合以解决共同问题的过程。国际货币体制是全球金融治理的战略工具，而IMF改革是国际货币体制改革的重要内容，对IMF贷款条件性改革正是为了提升其预防与应对危机的能力，促进国际货币体系改革以反映当今时代格局。IMF贷款条件性不是一成不变的，它随着时代的发展也在不断变革，如减贫任务有时也成为IMF贷款资助的考虑因素之一。又如，从20世纪80年代中期开始，IMF不断调整贷款的“条件性”要求，并对向市场经济转轨的发展中国家资助以专门的“体制性转换贷款”。因此，尽管IMF贷款条件性存在诸多问题，但是不能否认其存在的合法性和合理性，对它进行改革减少其负面影响应是其改革的必然路径。IMF尽管作为国际社会最重要的金融机构之一，但针对其内部贷款条件性改革的呼声从未停止，IMF应在新金融形势下不断改革贷款条件性设置、实施、评估、保障等内容。面对IMF贷款所呈现出的种种问题，多边开发金融机构在后危机时代蓬勃发展，不仅在一定程度上补充了IMF等国际金融机构贷款资源不足和分配不对称性等问题，而且对于地区经济发展和全球金融繁荣都起了巨大的推动作用。

亚投行的建立无疑进一步推动了人民币国际化和多元储备货币体系的发展，同时亚投行“无条件”贷款也创新了贷款模式，便利了国际投融资市场。通过亚投行，不仅有助于解决亚太地域矛盾冲突，而且也会在一定程度上打破现行国际货币领域的均衡，减少以邻为壑的局面，促进新型国际货币体系的建立。

本书从较新颖的视角全面阐释亚投行贷款条件的理论基础与国际法依据，揭示贷款条件性与贷款项目实施之间的互动机理，打破学科壁垒，弥补现有理论的不足，拓展多边金融机构贷款制度研究的新视野。以实际问题带动理论研究，分析并构建出一套适合亚投行的贷款制度化体系。但是，区域货币组织的增多，也有可能会给国际金融体系中有效的危机管理带来更大的不确定性，对此，长远的国际合作才是全球发展的根本。从历次金融危机可知，IMF 以一己之力对金融危机的预防和救助是不够的，关键仍在于国际社会各主权国家间的协调和合作。为此，亚投行自当顺应形势积极进行创新，特别是贷款条件的设置，以促使亚投行重新定位并促使职能得到充分发挥，使之成为国际货币新秩序建立的助推者和构建者。

各类多边金融机构的贷款条件性所涉及的法律问题有很多共性，如贷款项目要求不损害当地环境和人权，但更多的是个性，即便是向面临同一情况的国家发放贷款，贷款条件性也会根据具体情况采取不同的设置模式。中国作为世界较大的经济体之一，虽然拥有雄厚的外汇储备及稳健的国际收支状况，但是随着中国货币政策的不断宽松化、资本项目的自由化以及人民币自由兑换等形势的出现，中国如何在金融实践中更好地理解和运用国际法，对维护本国权益具有重要的意义。对亚投行贷款条件进行全方位的研究，能为中国提升在国际社会的话语权并灵活运用国际金融工具提供有益经验。对此，中国需要积极推动“一带一路”倡议下丝路基金、新开发银行的建设，并在此过程中发挥主导作用。在未来，急需探寻现今贷款条件性困境的出路，构筑亚投行贷款制度的基本框架和具体条款，使之更具有可操作和实用性。

# 参考文献


## 一、条约及相关文献

### （一）条约及有关规定

1.《国际货币基金组织协定》

2.《联合国宪章》

3.《公民权利和政治权利国际公约》

4.《经济、社会及文化权利国际公约》

5.《亚洲基础设施投资银行协定》

6.《亚投行贷款条件通则》

7.《亚投行融资业务政策》

8.《亚投行环境和社会保障框架》

### （二）网站

1. 国际货币基金组织网站：http：//www.imf.org/external/index.htm

2. 亚洲基础设施投资银行：https：//www.aiib.org/en/index.html

3. 联合国网站：http：//www.un.org/en/

## 二、中文文献

### （一）著作

1. A. W. 胡克. 国际货币基金组织：它的演变、组织机构与业务活动 [M]. 北京：中国金融出版社，1983.

2. 刘振亚. "世界政府" 国际货币基金组织 [M]. 北京：人民出版社，1993.

3. 哈特. 法律的概念 [M]. 张文显，等译. 北京：中国大百科全书出版社，1996.

4. 姜波克. 国际金融新编 [M]. 上海：复旦大学出版社，1996.

5. 张杰. 国际货币基金组织概览 [M]. 北京：中国金融出版社，1999.

6. 杨松. 国际货币基金协定研究 [M]. 北京：法律出版社，2000.

7. 余元洲. 国际货币基金组织法律制度改革研究 [M]. 武汉：武汉大学出版社，2001.

8. 王贵国. 国际货币金融法 [M]. 2 版. 北京：北京大学出版社，2002.

9. 董小君. 金融风险预警机制研究 [M]. 北京：经济管理出版社，2004.

10. 朱祝霞. IMF 贷款政策研究 [M]. 北京：中国人民大学出版社，2004.

11. 张建伟. 转型、变化与比较法律经济学：本土化语境中法律经济学理论思维空间的拓展 [M]. 北京：北京大学出版社，2004.

12. 饶戈平. 全球化进程中的国际组织［M］. 北京：北京大学出版社，2005.

13. 李仁真主编. 国际金融法［M］. 修订版. 武汉：武汉大学出版社，2005.

14. 王德迅，张金杰. 国际货币基金组织［M］. 北京：社会科学文献出版社，2005.

15. 王曼怡，朱超. 国际金融新论［M］. 北京：中国金融出版社，2009.

16. 克恩·亚历山大，拉胡尔·都莫，约翰·伊特威尔. 金融体系的全球治理：系统性风险的国际监管［M］. 赵廖志，译，大连：东北财经大学出版社，2010.

17. E. 博登海默. 法理学：法律哲学与法律方法［M］. 邓正来，译. 北京：中国政法大学出版社，2010.

18. 张文显. 西方法哲学［M］. 北京：法律出版社，2011.

19. 村瀬信也. 国际立法：国际法的法源论［M］. 秦一禾，译. 北京：中国人民公安大学出版社，2012.

20. 廖凡. 国际货币金融体制改革的法律问题［M］. 北京：社会科学文献出版社，2012.

21. 李莉莎. 国际货币基金协定变革研究［M］. 北京：知识产权出版社，2012.

22. 梁西. 国际法［M］. 曾令良，修订. 武汉：武汉大学出版社，2012.

23. 莫里齐奥·拉佳齐. 国际对世义务之概念［M］. 池漫郊，等译. 北京：法律出版社，2013.

24. 窦海阳. 论法律行为的概念［M］，北京：社会科学文献出版社，2013.

25. 黄梅波，陈燕鸿. 国际货币基金组织改革研究［M］. 北京：经济科学出版社，2014.

（二）期刊论文

1. 徐崇利. 国际货币基金组织运行机制的主要特征及基本走向［J］. 厦门大学学报（社会科学版），1992（2）.

2. 徐崇利. 国际货币基金组织贷款条件的利益分析和法律性质［J］. 中国法学，1995（5）.

3. 万国华. 从亚洲金融危机看 IMF 法律机制亟待改革的几个重要问题［J］. 南开学报，1999（2）.

4. 孙世彦. 论国际人权法下国家的义务［J］. 法学评论，2001（2）.

5. 鄂晓梅. 析 IMF 贷款条件的法律效力［J］. 法学评论，2002（5）.

6. 周先平. IMF 贷款条件新指导方针研究［J］. 国际金融研究，2003（2）.

7. 冯玉军. 法经济学范式研究及其理论阐释［J］. 法制与社会发展，2004（1）.

8. 何志鹏. 国际经济法与可持续发展［J］. 法商研究，2004（4）.

9. 江国青. 略论国际法实施机制与程序法制度的发展［J］. 法学评论，2004（1）.

10. 刘青建. 国家主权理论探析［J］. 中国人民大学学报（社会科学版），2004（6）.

11. 徐泉. 经济主权原则的发展趋向论析［J］. 现代法学，2005（6）.

12. 曹勇. 国际货币基金组织贷款的政治经济学分析：模型与

案例［J］. 国际政治研究，2005（4）.

13. 曹勇. 国际货币基金组织贷款条件研究：以阿根廷为例［J］. 国际金融研究，2005（11）.

14. 郑振龙，江孔亮. 关于 IMF 能否作为国际最后贷款人问题研究［J］. 现代财经，2000（9）.

15. 卢萍. 从国际货币基金组织的贷款条件性谈国际货币体系的改革［J］. 世界经济与政治论坛，2003（3）.

16. 温树英，冯丽. 国际货币基金组织贷款条件改革的法律分析［J］. 山西大学学报（哲学社会科学版），2006（4）.

17. 张立坤. 浅论 IMF 的缺陷及改革［J］. 经济与管理，2006（2）.

18. 张磊. 关于 IMF 援助条件的本质辨析：以亚洲金融危机的反思为视角［J］. 新金融，2006（3）.

19. 林威. IMF 改革及中国策略［J］. 法制与经济，2008（5）.

20. 洪一帆. 评析 IMF 救援模式对国家主权原则的影响［J］. 金卡工程：经济与法，2009（1）.

21. 占云生. 对国际货币基金组织贷款新政的评析［J］. 中国集体经济：财税金融，2009（7）.

22. 张明. 国际货币体系改革：背景、原因、措施及中国的参与［J］. 国际经济评论，2009（1）.

23. 廖凡. 国际货币体制的困境与出路［J］. 法学研究，2010（4）.

24. 缪心毫. 论世界银行政策性贷款条件的合法性与有效性［J］. 国际经济法学刊，2010（4）.

25. 缪心毫. 世界银行与国际货币基金组织贷款交叉条件的法

律分析［J］. 现代法学，2010（5）.

26. 常鹏翱. 事实行为的基础规范［J］. 法学研究，2010（1）.

27. 蔺捷. 金融危机背景下 IMF 贷款条件性改革［J］. 国际商务研究，2011（5）.

28. 张庆麟，刘天姿. 论全球金融治理中的软法［J］. 国际经济法学刊，2011（1）.

29. 张晓静. 国际金融机构的公众问责制［J］. 法学家，2014（1）.

30. 宋国友. 后金融危机时代的全球经济治理：困境及超越［J］. 社会科学，2015（1）.

31. 王萍. 一带一路”框架下亚投行贷款条件性问责机制研究［J］. 社会科学家，2019（4）.

32. 王萍. 论国际法视阈下国际货币基金组织贷款条件性的法律属性［J］. 政治与法律，2019（4）.

（三）博士学位论文

1. 危勇. 基于道德风险视角的最后贷款人救助政策研究［D］. 广州：暨南大学，2008.

2. 刘天姿. 全球金融治理中的软法问题研究［D］. 武汉：武汉大学，2010.

## 三、英文文献

（一）英文专著

1. Joseph Gold. Stand - By Arrangements［M］. International Monetary Fund, 1970.

2. Joaquín Muns ed. Adjustment, Conditionality, and International

Financing [M]. International Monetary Fund, 1984.

3. Erik Denters. Law and Policy of IMF Conditionality [M]. Netherland: Kluwer Law International, 1996.

4. Joseph Gold. Interpretation: The IMF and International Law [M]. Netherland: Kluwer Law International, 1996.

5. Michael Mussa. James M. Boughton, and Peter Isard ed. The Future of SDR in Lights of Changes in the International Financial System [M]. International Monetary Fund, 1996.

6. Jean Victor Louis. The New Monetary Law of the European Union [M] // Mario Giovanoli ed., International Monetary Law Issues for the New Millennium, Oxford: Oxford University Press, 2000.

7. Mario Giovanoli ed. International Monetary Law: Issues for the New Millennium [M]. Oxford: Oxford University Press, 2000.

8. Rosa M. Lastra ed. The Reform of the International Financial Architecture [M]. Netherland: Kluwer Law International, 2001.

9. Sigrun Skogly. Human Rights Obligations of the World Bank and the IMF [M]. England: Cavendish Publishing, 2001.

10. Eva Riesenhuber. The International Monetary Fund under Constraint—Legitimacy of it's Crisis Management [M]. Netherland: Kluwer Law International, 2003.

11. Anne – Marie Slaughter. A New World Order [M]. New Jersey: Princeton University Press, 2005.

12. Charles Proctor. Mann on the Legal Aspect of Money [M]. 6th edition, Oxford: Oxford University Press, 2005.

13. John W. Head. The Future of the Global Economic

Organizations: An Evaluation of Criticisms Leveled at the IMF, the Multilateral Development Banks, and the WTO [M]. Transnational Publishers, 2005.

14. Monica Blagescu, Lucy de Las Casas and Robert Lloyd, Pathways to Accountability [M]. The GAP Framework, One World Trust, 2005.

15. Erica R. Gould. Money Talks: The International Monetary Fund, Conditionality, and Supplementary [M]. Stanford: Stanford University Press, 2006.

16. Mac Darrow. Between Light and Shadow: The World Bank, The International Monetary Fund and International Human Rights Law [M]. Oxford: Hart Publishing, 2006.

17. James Raymond Vreeland. The International Monetary Fund: Politics of Conditional Lending [M]. London: Routledge, 2007;.

18. Ambrose & Muchhala. Fruits of the Crisis Leveraging the Economic Crisis to Secure Development Resources and Reserve Reform [M]. European Network on Debt and Development, 2010.

19. Mario Giovanoli, Diego Devos. International Monetary and Financial Law [M]. Oxford: Oxford University Press, 2010.

20. Celine Tan. The New Disciplinary Framework: Conditionality, New Aid Architecture and Global Economic Governance [M] // Governance through Development: Poverty Reduction Strategies, International Law and the Disciplining of Third World States, London: Routledge, 2011.

21. Thomas Cottier. John H. Jackson etc. ed. International Law in Financial Regulation and Monetary Affairs [M]. Oxford: Oxford

University Press, 2012.

22. Matthias Herdegen. Principles of International Economic Law [M]. Oxford: Oxford University Press, 2013.

23. Colin Bamford. Principles of International Financial Law [M]. 2nd edition, Oxford: Oxford University Press, 2015.

（二）英文论文

1. Joseph Gold. Use of the International Monetary Fund's Resources: "Conditionality" and "Unconditionality" as Legal Categories [J]. Journal of International Law and Economics, 1971, 6 (1).

2. Pierre M. Landell – Mills. Structural Adjustment Lending: Early Experience [J]. Finance and Development, 1981, 18 (4).

3. Sidney Delli. On Being Grandmotherly: the Evolution of IMF Conditionality [J]. CEPAL Review, 1982 (16).

4. R. S. Eckaus. How the IMF Lives with Its Conditionality [J]. Policy Sciences, 1986, 19 (3).

5. Brian Turbitt. International Monetary Fund Conditionality and Options for Aggrieved Members [J]. Vanderbilt Journal of Transnational Law, 1987, 20 (4).

6. Cynthiac Lichtenstein. Aiding the Transformation of Economics: Is the Fund's Conditionality Appropriate to the Task? [J]. Fordham Law Review, 1994 (62).

7. John W. Head. Lessons from the Asian Financial Crisis: The Role of the IMF and the United States [J]. Kansas Journal of Law & Public, 1998, 70 (7).

8. Peter Nunnenkamp. Dealing with the Asia Crisis: IMF Conditionality and Implications in Asia and Beyond [J].

Intereconomics, 1998, 33 (2).

9. R. Rajesh Babu. IMF Conditionality: A Perspective [J]. Cochin University Law Review, 2001 (15).

10. Morris Goldstein. IMF Structural Conditionality: How Much Is Too Much? [J]. Institute for International Economics Working Paper No. 01 - 04, 2002.

11. Vivien Collingwood. Indispensable or unworkable? The IMF's new approach to Conditionality [J]. Global Public Forum, 2003, Available at: http://www. globalpolicy. org/socecon/bwi - wto/imf/2003/01condition. htm.

12. Axel Dreher & Roland Vaubel. The Causes and Consequences of IMF Conditionality, Emerging Market Finance and Trade [J]. Emerging Markets Finance and Trade, 2004, 40 (3).

13. Benedict Kingsbury, Nico Krisch & Richard Stewart. The Emergence of Global Administrative Law [J]. Law and Contemporary Problems, 2005 (68).

14. Ofer Eldar. Reform of IMF Conditionality: A Proposal for Self - imposed Conditionality [J]. Journal of International Economic Law, 2005, 8 (2).

15. Dreher, A. & JENSEN, N. M., Independent Actor or Agent? An Empirical Analysis of the Impact of US Interest on IMF Conditions [J]. Journal of Law and Economics, 2007, 50 (1).

16. Stone, Randall W. The Scope of IMF Conditionality [J]. International Organization, 2008, 62 (4).

17. Axel Dreher. IMF Conditionality: Theory and Evidence [J]. Public Choice, 2009, 141 (1).

18. Andre Broome. The International Monetary Fund, Crisis Management and the Credit Crunch [J]. Australian Journal of International Affairs, 2010, 64 (1).

19. Ambrose & Muchhala. Fruits of the Crisis Leveraging the Economic Crisis to Secure Development Resources and Reserve Reform [J]. Third World Network, 2010.

20. Jose Antonio Ocampo. Building an SDR – Based Global Reserve System [J]. Journal of Globalizaiton and Development, 2010, 1 (2).

21. J. A. Ocampo. Building an SDR – Based Global Reserve System [J]. Journal of Globalizaiton and Development. 2010, 1 (2).

22. Wolfgang Bergthaler & Wouter Bossu. Recent Legal Developments in the International Monetary Fund [J]. European Yearbook of International Economic Law, 2010 (1).

23. D'aspremont, Jean. The Politics of Deformalization in International Law [J]. Goettingen Journal of International Law, 2011, 3 (2).

24. Bernhard Steinki & Wolfgang Berhthaler. Recent Reforms of the Finance of the International Monetary Fund: An Overview [J]. European Yearbook of International Economic Law, 2012 (1).

25. Sunfjoon Cho & Claire R. Kelly. Promises and Perils of New Global Governance: A Case of the G20 [J]. Chicago Journal of International Law. 2012, 12 (2).

26. Pieere – Hugues Verdier. The Political Economy of International Financial Regulation [J]. Indiana Law Journal, 2013, 88 (1450).

27. Wolfgang Bergthaler & Andrew Giddings. Recent Quota and Governance Reforms at the International Monetary Fund [J]. European Yearbook of International Economic Law, 2013 (1).

28. Hassan Naqvi. IMF Conditionality and the Intertemporal Allocation of Resources [J]. International Review of Finance, 2014, 14 (2).

29. Susanne Lütz & Matthias Kranke. The European rescue of the Washington Consensus? EU and IMF lending to Central and Eastern European countries [J]. Review of International Political Economy, 2014, 21 (2).

30. Stephen C. Nelson. Playing Favorites: How Shared Beliefs Shape the IMF's Lending Decisions [J]. International Organization, 2014, 68 (2).

31. Scott Greer. Structural Adjustment comes to Europe: Lessons for the Eurozone from the Conditionality Debates [J]. Global Social Policy, 2014, 14 (1).

32. Axel Dreher, Jan - Egbert Sturm, James Raymood Vreeland. Politics and IMF Conditionality [J]. Journal of Conflict Resolution, 2015, 15 (1).

（三）其他资料

1. Joseph Gold, Financial Assistance by the International Monetary Fund Law and Practice, International Monetary Fund, Pamphlet Series No. 27, 1979;

2. Joseph Gold, Conditionality, International Monetary Fund, Pamphlet Series No. 31, 1979;

3. Joseph Gold, The Legal Character of the Fund's Stand - By

Arrangements and Why It Matters, International Monetary Fund, Pamphlet Series No. 35, 1980;

4. Manuel Guitián, Fund Conditionality: Evolution of Principles and Practices, International Monetary Fund Pamphlet Series No. 38, 1981;

5. A. W. Hooke, The International Monetary Fund: Its Evolution, Organization, and Activities, International Monetary Fund, Pamphlet Series No. 37, 3rd edition, 1983;

6. Anand G. Chandavarkar, The International Monetary Fund: Its Financial Organization and Activities, International Monetary Fund, Pamphlet Series No. 42, 1984;

7. Michael Ainley, The General Arrangements to Borrow, International Monetary Fund, Pamphlet Series No. 41, 1984;

8. Joseph Gold, SDRs, Currencies, and Gold Seventh Survey of New Legal Developments, International Monetary Fund, Pamphlet Series No. 44, 1987;

9. Mohsin S. Khan & Sunil Sharma, IMF Conditionality and Country Ownership of Programs, IMF Working Paper WP/01/142, 2001;

10. Anna Ivanova, IMF Conditionality Under Uncertainty about Reform Outcome, IMF Staff Paper November 29 – 30, 2002;

11. Independent Evaluation Office, Evaluation of Prolonged Use of IMF Resources, IMF, 2002;

12. Anna Ivanova & Wolfgung Mayer, What Determines the Implementation of IMF – Supported Programs?, IMF Working Paper WP/03/8, 2003;

13. Ashoka Mody & Diego Saravia, Catalyzing Private Capital Flows: Do IMF-Supported programs Work as Commitment Devices?, IMF Working Paper WP/03/100, 2003;

14. Independent Evaluation Office, Fiscal Adjustment in IMF – Supported Program, IMF, 2003;

15. Ernesto Crivell & Sanjeev Gupta, Does Conditionality in IMF – Supported Programs Promote Revenue Reform, IMF Working Paper WP/14/206, 2014.

# 后　记

国际货币体系规则重构是全球经济秩序大调整、大变革的体现。新一代多边金融机构正积极推动改革，亚投行、金砖国家新开发银行等均体现出国际货币体系规则重构的时代特征。当前，去全球化思潮正在兴起，单边主义有所抬头，进一步加剧了全球金融秩序的不稳定性。在俄乌冲突等国际背景下，我国对外贸易的发展必然受到以美国为代表的单方面“关税战”的影响。尽管我国经济增长的主要动力已经源于国内消费拉动，但对外贸易、对外投资依然具有举足轻重的作用。一方面外在发展受到压制，另一方面国内深层次改革才刚起步，如果通过深入研究亚投行贷款法律制度，使亚投行在“一带一路”倡议中起到“发动机”的作用，那么我国在对外战略上就可以取得“避其锋芒、另辟蹊径”的效果，实现“西方不亮东方亮”的目标。在全球经济发展越来越重视经济本身而意识形态重要性下降的情况下，本书以国际社会发生的深刻变化为视角，全面阐释贷款条件性的理论基础与国际法依据，揭示政府间金融机构贷款条件性与国际社会和国际关系变动之间的互动机理，探索在大幅降低贷款政治性条件情形下，如何推动国际货币金融体系的变革。

全书分为两篇，从贷款条件性的界定着手，结合目前 IMF 贷款条件性所面临的困境，借助法学、经济学、政治学、国际关系学等学科的理论，对贷款条件性的功能与地位进行分析，并对国际实践中贷款条件性所涉及的法律问题进行梳理，总结出若干规律性认识。亚投行是“一带一路”倡议的重要践行者，其宗旨的实现最终落脚于亚投行贷款法律制度的设计。上篇是国际金融机构贷款条件的变革及路径选择，这一部分以 IMF 贷款条件性为视角，全面分析了贷款条件性改革的内在机理和路径选择，围绕贷款条件规则、经济主权、国际人权保护和 IMF 改革路径展开。下篇是中国参与国际金融机构贷款条件性改革的对策研究，这一部分以亚投行为视角，针对传统多边开发金融机构贷款条件性存在的问题，详细阐述了亚投行贷款条件应如何与“一带一路”倡议相衔接，并提出亚投行的发展理路和参与国际金融体系改革的路径选择。

从历史发展脉络看，亚投行贷款条件各项法律制度设计有可供参照的对象，有可供汲取借鉴的经验，这一方面可以说相对而言“轻车熟路”。但另一方面，亚投行与当前国际上主要政府间国际金融机构相比，它又是独特的，是开创性的，是一家侧重于经济领域基础设施建设融资、而尽量降低政策性贷款条件的政府间多边金融机构。亚投行的建立无疑进一步推动了人民币国际化和多元储备货币体系的发展，同时亚投行贷款条件规则也创新了贷款模式，便利了国际投融资市场。亚投行因“一带一路”倡议提出而设立，自然服务于这一倡议。准确判定“一带一路”倡议的金融需求，最大限度地满足亚洲国家尤其是发展中国家在基础设施方面的融资需求，同时又与其他性质金融机构的贷款条件有所错开，发挥各自优势，是现今亚投行面临的重要研究议题。亚投行应继续秉持贷款条件法律制度的设计由政治向经济方向转变，同时又确保不偏离亚投行的宗旨，在经济建设与理念宗旨之间寻找平衡点，在中方与其他成员方之间寻找利益契合点，在亚投行与被投资方之间寻找基础设施建设的共同点。